新金融

新格局

中國經濟改革新思路

巴曙松　著

目　錄

新 金 融　新 格 局 ● 中 國 經 濟 改 革 新 思 路

8

金融改革

確立激勵相容的監管理念

當前的新形勢及金融監管改革

●○ 當前的宏觀金融形勢及經濟基本面

當前的宏觀金融形勢

當前正處金融強監管、市場去槓桿周期，監管政策成為至關重要的市場影響因素。央行加強宏觀審慎政策，中國銀監會對"三套利"、"四不當"進行專項檢查，中國保監會整治險資運用風險，中國證監會對證券市場亂象加大打擊力度，四個方面政策疊加。當前對宏觀金融的擔心主要集中在三點：第一，穩健中性的貨幣政策和監管政策疊加，對實體經濟的融資收緊累及宏觀經濟；第二，金融市場整體流動性偏緊，債市風險加大，小型流動性危機發生的風險上升；第三，來自於銀行理財中委外和保險資金中萬能險等投資於股票市場的資金離開市場，引發股市下行，如何看待當前金融去槓桿的節奏、力度和疊加？

首先，貨幣及監管"雙緊"對實體經濟的衝擊將滯後顯現。2017 年一季度經濟超預期表現以及後續地產投資保持高位，出口回暖為去槓桿提供了有利的時間窗口。由於中國商業銀行資產負債表的二元分割特性，金融市場利率向信貸利率的傳導具有明顯的時滯。

其次，邊緣企業和邊緣機構的流動性風險會加速暴露。2017 年一季度表內 [1]，票據融資合計減少 1.08 萬億元，創 2008 年以來一季度新低，票據利率的快速回升以及規模萎縮，會給一些流動性風險偏高的企業及金融機

1　是指資產負債表中，資產和負債欄目可以揭示的業務。

構帶來壓力。票據融資與民間融資關係密切，也是民營企業流動資金的重要來源。2016 年 9 月以來生產價格指數（Producer Price Index，簡稱 PPI）的快速轉正極大地改善了部分上游企業的盈利水平，但一些相對邊緣的企業並未從中受益，流動性風險不容忽視。

最後，一般認為資金離開市場並不準確，監管政策影響的主要是增量資金，對存量影響不大。例如，中國銀監會發佈的幾份規範文件都是基於 2016 年底銀行的台賬進行風險摸底和排查的，這實際上是一個新老劃斷的安排。

當前的經濟基本面

上市公司 2017 年一季度報告已全部披露完畢，A 股近兩個報告期營收增速和利潤增速均大幅提升。同時，也有機構提出，2017 年 3 月工業企業利潤數據顯示，利潤增速已經開始下滑。這是拐點的出現，是周期下行的開始。這一輪工業企業盈利回升的驅動力來自於庫存周期的回暖，以及結束了長達四年半的通縮並快速攀升的批發物價指數，因而推動了 PPI 與工業企業原料、燃料、動力購進價格指數（Purchasing Price Index of Raw Material, Fuel and Power，簡稱 PPIRM）之間差值的回升。進一步分析 PPI 的高位運行可以看出，更多的原因來自供給層面的變化，而非需求端的強勁回暖。A 股非金融企業和規模以上工業企業的盈利走勢基本一致，過去三個報告期盈利回升，價格是最主要的影響因素，一季度工業企業盈利改善的 90% 來自 PPI 的回升，上市公司淨資產收益率的回升也集中在鋼鐵、煤炭和建材等上游行業上。從採購經理指數（Purchasing Managers' Index，簡稱 PMI）來看，2016 年大企業加速擴張，小企業則在收縮區間徘徊，直至 2017 年初景氣度才明顯回升。

由於 PPI 同比在 2017 年一季度已經見頂回落，不論 A 股非金融企業還是工業企業，利潤增速都將趨於下行，拐點已經到來。考慮到過去一年

PPI 的回升有很多是價格修復的因素，PPI 環比不會持續陷入負增長，工業走出通縮對盈利中樞有一定的支撐。

關於經濟基本面，2017 年隨着 PPI 的下行和企業主動補庫暫時告一段落，短期內經濟擴張動能正在邊際放緩。在監管貨幣雙緊的環境下，由債務驅動的地產和基建投資會受到約束，財務費用的回升也會直接侵蝕企業盈利。

當前，全球小周期共振為中國 "擠泡沫" 和 "去槓桿" 創造了適宜的時間窗口。2016 年中以來，全球迎來小周期共振，此前持續疲軟的美國企業投資增速回升，歐日擴張動能更高於美國，巴西等大宗出口國經濟也從低谷企穩回升。小周期共振對中國的積極意義至少有兩點：一是外需復蘇帶動出口回升，2017 年一季度淨出口對 GDP 的拉動較 2016 年同期回升了 1.1 個百分點，在一定程度上緩解了穩增長的壓力；二是匯率壓力階段性的減輕，當前歐日和新興經濟體復蘇動能都強於美國，這使得雖然美聯儲在 2017 年 3 月已加息一次，但美元走勢已經階段性偏弱。當然，美元加息預計還會持續一段時間，但是短期內上述積極因素使中國可以將政策重心轉到去槓桿及化解金融風險上。

美聯儲趨勢性的加息和縮表對人民幣匯率構成一定的潛在壓力。美國正迎來歷史上持續時間最長的一次經濟復蘇，就業市場充分，產出缺口正在收斂，接下來預計美聯儲的加息和縮表的確定性是比較高的。當前中國市場上的貨幣監管雙緊和資本管制階段性的趨嚴對人民幣短期匯率有一定的支撐作用，但從中長期來看，未來根本出路還應當在於：一方面改革匯率的市場化形成機制，增強對美元的雙向波動的靈活性，同時積極發展人民幣匯率風險管理產品；另一方面應加快深化關鍵領域改革，提升全要素生產率，提高對境內外實業資本的吸引力。

2017 年 4 月下旬，美國已公佈減稅計劃，英國、法國和印度等其他主要經濟體也正積極推動減稅政策，各國掀起的減稅潮都是旨在提升本國製造業的競爭力。此外，在美國經濟戰略收縮的大背景下，由減稅可能引發的資本回流也會形成一定程度的人民幣的匯率壓力。全球減稅潮會進一步強化中國的稅制改革。

　　金融去槓桿的目的是推動資金脫虛向實，抑制資產泡沫，引導金融資源更多地服務於實體經濟。金融槓桿的去化必然要求實體槓桿率隨之同步降低。目前談論比較多的金融“空轉”，更多的是基於資管產品交易的某一個環節孤立來看的，例如多層嵌套等問題。如果追蹤這些交易背後的最終資金流向，大致可以估算，目前的社會融資總量規模實際是低估了資金進入實體的部分，被低估的這部分主要投向融資平台、地產和過剩產能行業等灰色地帶，也就是遊走在預算法和信貸投向指導之外的行業。例如，銀行業理財登記託管中心的數據顯示，理財底層信貸基建佔比 38%、房地產佔比 16%、鋼鐵煤炭佔比 6%。對於這類高風險但又並未真正打破剛兌的資產，金融機構採用分級嵌套實現風險增信、分擔和緩釋。這也是為什麼金融機構要採用特殊目的載體（Special Purpose Vehicle，簡稱 SPV）、優先劣後等多層嵌套來“過度包裝”這類非標資產。因此，金融去槓桿的指向是如何有效去化僵屍企業和政府隱形債務的槓桿。否則，如果僅僅強調金融去槓桿的效果，而實體低效資產的出清仍然較為緩慢的話，那麼利率水平的抬升和融資可得度下降的成本將會轉嫁給民營和中小企業。在以國企改革、財稅改革來推動低效資產從資產負債表上剝離的同時，應該加大直接融資的比例，這也是降低實體債務率的有效手段。

●○ 巴塞爾協議 III 與金融監管

　　金融體系是一個複雜的系統，包括市場的內在運行機制、風險的發生和傳播途徑及監管者在內的參與者行為等因素，這些因素持續變化且相互作用。監管活動不是在真空中進行的，而是必須跟蹤金融體系的變化，特別是風險的變化。

今天，在金融全球化、市場金融創新的推動下，不同金融子市場之間的聯繫更緊密，但是風險的傳播也更迅速，這是一個擺在金融體系面前的現實。而縱觀人類的金融創新史，則呈現出一個非常清晰的“鐘擺效應”，那就是：金融創新─市場波動─強化監管─放鬆監管─鼓勵金融創新，這可以說是一種螺旋式推動金融體系發展的方式。超出金融體系風險管理能力的金融創新往往導致金融體系的風險累積，甚至導致金融危機的發生，於是促使更為嚴格的金融監管的實施，嚴格的金融監管必然會提高金融體系運行的成本，也可能使經濟金融體系逐步喪失活力。此時，如果要尋找新的增長點，必然會促使金融體系專項金融創新，然後放鬆管制，鼓勵創新，才能迎來金融創新的活躍期。我們在全球金融體系的變化中可以看到這種鐘擺式的監管周期，其實在巴塞爾資本協議的演變中也有類似的軌跡。

在反思金融危機的教訓後，為適應全球金融行業和金融市場的發展，實現金融監管的目標，防範未來危機的發生，危機後的全球金融監管規則發生了重大改變，並仍在持續完善和修訂中。雖然當前一些發達經濟體有推動“逆全球化”的趨勢，但是總體上看，全球化的趨勢依然還在繼續，全球金融市場的傳染性以及相關性特徵逐漸凸顯，使得風險傳導路徑更加撲朔迷離，也給國際金融監管規則的制定者帶來新的挑戰。

巴塞爾協議Ⅲ作為國際銀行業監管規範的倡導者和指引者，其政策的制定及在全球的實施都滿載了國際社會的希冀。從政策制定方面來看，巴塞爾委員會旨在從銀行個體和金融系統兩方面加強全球金融風險監管。在微觀層面上，對原有資本監管的要求進行完善、建立流動性監管標準、強化風險的覆蓋範圍及敏感性關注，提高銀行及其他金融機構在市場波動時期的恢復能力，使銀行能夠更好地抵擋經濟金融風險所帶來的壓力；在宏觀審慎層面上，增加對系統性風險的關注與防範，以形成促進全球長期金融穩定的拉動力量。除了對現有風險和潛在風險的全方位識別和覆蓋，金融監管規則在全球的實施也是保證國際監管效果和國際公平機制正常運行的關鍵。從這幾個方面看，巴塞爾協議Ⅲ是在朝着正確的方向前進的。當然，監管體系的完善是漸進的，同時也需要金融機構等的配合推進，不可能一蹴而就的。

●○ 危機後的金融監管改革、金融監管的"六大缺陷"和改進邏輯

危機後的金融監管改革

金融監管的目標是維護金融體系的穩定，金融危機則往往成為推動金融監管改革的動力。2008 年金融危機的爆發給全球金融體系，特別是國際銀行業帶來了前所未有的衝擊與挑戰，暴露了金融體系內部矛盾、金融與經濟體系矛盾，更對當時金融監管的有效性提出了疑問。危機後的金融監管改革，是對原來的金融監管理念和規則的重大革新。

第一，認識到市場過度擴張的缺陷。放鬆監管的政策基調事實上鼓勵了許多不適當的金融創新，造成金融市場外部約束和監控不足，高風險金融衍生產品充斥市場，卻不在監管範圍之內。金融危機爆發後，監管理念明顯趨嚴。

第二，為消費者提供更多保護。金融監管應重視保護金融機構和金融市場的發展，但更重要的是在於保護消費者以及其他納稅人的公共利益。此次危機中，包括資產證券化和結構化金融工具在內的複雜產品的透明度不高，造成眾多普通投資者無法準確了解其資產的風險暴露情況和內在價值，而受到市場波動的衝擊；同時，這種情況也容易引發投資

者的快速壓縮投資行為，放大去槓桿化過程，導致恐慌蔓延和擴散。另外，在危機救助中，道德風險問題也使公眾利益遭受很大侵害。從某種程度上說，危機的發生在一定程度上源於缺少對消費者的保護，而危機爆發後消費者信心的缺失又推動金融危機走向深淵，並進一步損害消費者利益。因此，在危機後的金融監管改革中，加強投資者和消費者利益保護便成為重點之一。

第三，質疑分散的監管體系。格林斯潘曾信奉"幾個監管者比一個好"，但事實證明，多頭監管模式下並存的監管重疊和監管空白一定程度上為危機的形成和蔓延提供了溫床。縱觀眾多發達國家的金融監管體系，均存在不同程度的多個監管機構並存的現象，其中以美國的情況最為嚴重，在聯邦一級，就有貨幣監理署、聯邦儲備委員會、聯邦存款保險公司、商品期貨交易委員會和聯邦住房企業監督辦公室等部門。即使在實現了金融市場統一監管的英國，依然存在實施金融市場監管職責的金融服務局、承擔金融穩定職能的財政部和英格蘭銀行等多個監管部門。而歐盟除存在三大監管機構外，監管權力更是分散在各個成員國。因此，通過設立法制化的監管協調機構以加強監管體系的合作，是去除監管重疊和監管空白、解決多頭監管弊端的重要選擇。傳統的多頭監管向雙峰監管甚至是一元的綜合監管方式發展。

第四，加強宏觀審慎監管。宏觀審慎監管的核心是保障金融系統的安全，微觀審慎監管的主旨是確保個體穩健。然而，由於微觀審慎監管的局限性，個體穩健並不代表集體安全，所以宏觀審慎監管及其監管工具成為危機後金融監管改革的熱點。在後危機時代的英國、美國、歐盟金融監管體制變革中，宏觀審慎監管均賦權於央行，宏觀審慎分析與政策以央行為主；微觀監管體制取決於各自的金融結構和路徑依賴，但從屬於宏觀審慎監管，需要遵守宏觀審慎政策。需成立專門的機構——金融穩定監督委員會、金融穩定理事會、歐洲系統風險委員會，監控系統性風險，並對具有系統重要性的機構加強監管。

第五，實施覆蓋市場空白的全面監管。此次金融危機暴露出許多監管漏洞，有的是源於監管理念和監管法律，有的是由於機構交叉卻又覆蓋市場不足形成的，但更多的是源於監管相對於創新的滯後性帶來的監管空白，主要表現在對影子銀行和資產證券化等金融創新的監管上。因此，強調全面監管，成為英國、美國、歐盟國家幾個主要監管改革方案中的一致目標。在機構方面，美國提出要對包括對沖基金、私募股權公司和風險投資基金等在內的私營投資基金進行一定程度的監管。英國指出對沖基金應實行更嚴格的信息披露要求以及關於融資、槓桿率、投資戰略、特定的投資頭寸方面的信息報送要求等。歐盟委員會也提出建立全面監管框架的計劃。在產品方面，對包括場外金融衍生品在內的全部產品進行監管，也成為共識。

第六，全面實施巴塞爾協議III。金融危機爆發之後，巴塞爾委員會針對危機中暴露出的金融監管問題對巴塞爾協議進行了修訂和完善，形成了巴塞爾協議III。較之全球範圍內實施進度不一的巴塞爾協議I和巴塞爾協議II，巴塞爾協議III的全球實施在2010年韓國首爾的G20峰會上被成員國元首共同認可，並形成了基本一致的實施時間安排、明確的適用範圍和一定的約束效力。巴塞爾委員會的27個成員國或地區都已經公佈並開始實施巴塞爾協議III，在非巴塞爾委員會和非歐盟成員國的大部分國家的實施也取得很大進展。

第七，加強國際監管合作。此次金融危機的快速蔓延充分說明，金融創新活動的國際化與金融監管本地化之間的矛盾日益加劇，面對全球系統性金融風險，任何一個國家無力單獨防範和處置，擴大國際監管合作是抗擊下一次全球金融危機的必然選擇。美國的改革方案就提出，如果不能讓國際監管標準同時提高，那麼無論在國內採取什麼監管行動，都將收效甚微，而且國內外標準的不一致會影響本國金融市場的競爭力，因此建議各國與其一同提升監管標準。歐盟改革方案將成員國相互分離的監管格局統一在泛歐監管體系框架內，這無疑有助於整個歐盟層面的監管合作。英國的改革方案認為，應通過推動制定國際標準和措施，充分發揮國際貨幣基金組織和金融穩定委員會的職能，來促進相互合作，加強國際監管架構的穩定性。

從全球的一些金融監管在危機前後的改進來看，大致的邏輯就是：從微觀開始變成宏觀和微觀的結合，從事後開始到事前預防性和前瞻性，從定量到定量和定性的結合，比較重視監管和經濟周期波動性的協調以及金融監管的國際協調。

隨着中國經濟金融規模的擴大，中國金融界愈來愈注重參與國際經濟金融治理，提升國際影響力。但是，這一影響力不是靠空喊就能形成的，而是靠了解規則，熟練地利用國際平台去談判、修訂這些規則，使它在符合國際慣例的同時也更有利於中國金融業的發展，更適應中國金融機構的市場環境。可以說，在金融市場中，最關鍵、最有影響力的競爭就是規則的競爭。

在國際金融界，圍繞巴塞爾協議展開的各種修訂與討論、爭議，可以說就是典型的規則之爭。這背後反映了不同經濟體、不同金融機構的不同利益，不同的市場環境，不同的金融體制和談判的影響能力、執行能力。

六大缺陷

每次金融危機，實際上都是從特定的角度暴露了當時的金融體系缺陷。只有明確把握了其中的缺陷，才能在規則的修訂與改進中更有針對性。

從 2008 年美國次貸危機到現在，以巴塞爾協議為代表的國際金融監管體系，暴露出哪些不足與缺陷呢？大致來說，主要體現在如下幾個方面：

第一，監管指標單一，過分看重資本充足率。1988 年的巴塞爾協議 I 非常簡單，當時協議的核心內容之一就是關於資本充足率的約束規定。從歷史上來看，它可以說是全球範圍內第一次主要經濟體共同遵守的一個關於銀行監管的準則。

如果比較不同銀行之間經營水平的高低，往往就能看到不同銀行對資本充足率的經營策略。對比不同銀行的資產負債表，可以發現，銀行為了保證資本充足率，有的使用分子策略，在資本構成中採用核心資本、附屬資本及資本創新工具；有的則使用分母策略，比如改進優質客戶風險權重，調整風險資產，以達到減小分母的目的。所以這一個小小的公式，在當時確實發揮了重要作用，到現在也是金融監管的基礎之一。

但是，在此次危機中也體現出，過於看重資本充足率也有過於單一的缺陷。近年來爆發危機時，不少銀行的資本充足率都明顯高於巴塞爾協議 I 規定的 8% 的水平。比如，雷曼兄弟公司的一級資本充足率是 11%，巴林銀行在 1993 年出現危機之前，資本充足率也遠遠超過 8%。

第二，過於側重微觀監管的理念。面對微觀的一筆筆貸款和一個個機構，現有的監管體系準則定得很嚴格。但對宏觀層面形成的疊加和產生的恐慌，或者說宏觀審慎問題，以前的監管體系很少會涉及。

第三，事後監管方法不足，出了問題再去救助，通常效果欠佳，且事倍功半。金融業有一個很重要的特點，就是收益和風險的錯配。以商業銀行對分支機構的考核為例，商業銀行往往就不能很好地匹配風險與收益。例如，如果一家支行在經濟擴張期，放了很多貸款，賺了很多錢，當期把獎金一分，相關人員跳槽或者換人了，等到經濟進入調整期，風險釋放時，再事後追究責任，相關人員都不知道去哪兒了。所以在風險收益的錯配狀況下，這種事後監管方法自然就暴露出了不足。

第四，監管的協調不足。國家和國家之間、機構和機構之間，確實存在不少的監管漏洞和真空。

第五，監管的順周期性。順周期性是金融業存在的一個非常重要的特性。在上升周期面，貸款刺激經濟上升、資產價格上漲，有了這些特徵，再融資的時候，似乎賬面上更為安全。但這個特徵實際上放大了收益，低估了風險。到經濟收縮期時，往往越是認真清理，不良率反而升高，風險也不斷顯性化。

第六，救助機制不健全。在通常的金融監管體系中，往往因為好多年沒有出過金融機構的危機，所以當一個規模稍微大一點的金融機構真出大問題時，整個市場就會出現巨大的震蕩。比如說，雷曼兄弟公司的倒閉可能是出乎市場意料的，但這種驚訝實際上就是市場沒有預料到的風險，同時又沒有安排事先的救助機制，因此往往對市場的衝擊就會非常大。

這點從英國脫歐事件中也可以窺見一二。觀察脫歐一兩天前各大投行、報紙頭條和研究報告可以發現，當時主流的觀點基本上認為"這是英國的朋友們一起開了個玩笑"，但誰能想到他們真投票支持了脫歐，因此影響才特別大。

當然，在中央銀行學上有一個說法，即中央銀行的救助必須是不確定的，如果中央銀行的救助是確定的，就會激勵金融機構鋌而走險，賺的利潤自己分，賠了錢央行買單，因而產生道德風險。所以，中央銀行的救助必須是不確定的、搖擺的。

改進邏輯

從全球的一些金融監管機構在危機前後的變化來看，它們大致的邏輯是：從微觀（原來主要重視一筆一筆地審批）開始變成宏觀和微觀的結合，從事後決策變為事前的預防性和前瞻性，從定量到定量和定性的結合，比較重視監管和經濟周期波動性的協調以及金融監管的國際協調。這是各個國家共同的改革大方向。

美國是危機爆發的源頭，但也確實為改進金融監管體系做出了不少努力，例如《多德－弗蘭克華爾街改革與消費者保護法》等都是影響較為廣泛的案例。美國以前一直比較抗拒巴塞爾協議，但是在 2012 年首爾會議簽署之後，於 2013 年 7 月正式立法接受了巴塞爾協議 III 金融監管的資本規則。

歐盟的改革與美國有很多類似的地方，其實也是增進了資本金在監管機構間的協調，以及對波動比較大的對沖基金的監管、場外衍生品的場內化以及確定實施巴塞爾協議 III 標準和清算指令的實施覆蓋等方面。

從 2007 年一直到現在，英國金融監管的各項改革穩健推進，包括對銀行改革的討論文稿、特別條款法案都做了比較大的調整。具體來看，主要包括：其一，對金融監管體系做了很大調整，將金融服務局撤銷，監管職能由金融政策委員會審慎監管局和金融市場新聞監管局來承擔，將重點放到了系統性風險監管；其二，對有些問題機構的救助和處置機制實施改革，同時加強對金融業的薪酬制度的監管和對消費者的保護。

實際上，歐盟、英國、美國的金融監管改革的重點很相似：糾正不當的激勵約束，加強市場透明度，注重系統風險、宏觀審慎等。同時，各國基本上都成立了一個覆蓋多領域的所謂的系統風險監控的機構或者說金融機構監管委員會，歐盟叫系統風險委員會，日本叫金融政策委員會。

以巴塞爾協議為例，從引進和落實的基本時間軌跡中也可以看到監管規則改進的邏輯。

從 1988 年 7 月實施巴塞爾協議 I 到巴林銀行倒閉，各國在反思後，意識到防範市場風險很重要，因此開始討論巴塞爾協議 II，一直到巴塞爾新協議誕生。2004 年實施巴塞爾協議 II 時，又出現了新的金融危機，所以經過了一系列改革，到 2015 年才確立巴塞爾協議 III。不同的是巴塞爾協議 III 不是一個很嚴格的監管框架，而是一組修修補補、不斷完善的文件。

不同階段的巴塞爾協議，實際上是監管規則和金融市場的互動，以及金融波動後金融危機反思的成果。不同時期的標誌性事件、危機促使了監管體系的反思和改進，然後產生了新的監管規則和框架，這實際上就是一個不斷演進的過程。

巴塞爾協議 I 奠定了整個全球金融監管的基本框架，銀行業監管的一個基本框架就是資本充足率等於資本除以風險加權資產，後面雖然有改進但是這個基本框架的變化不大。巴塞爾協議 I 的基本內容是創立了全球認可的一個資本監管標準，表內資產分為五個檔次，即 0%、10%、20%、50%、100%，表外資產按照一定的信用轉換系數轉換為表內同等的風險資產，業務的擴張需要資本的約束，這就奠定了全球金融業進行比較的一個基本的參照系基礎。

巴塞爾協議 II 最有價值的部分在於對分母更加風險敏感，這一監管理念深刻影響了證券、基金和保險的監管，在不同領域這個約束指標雖然叫不同的名字，在保險業叫償付能力，在證券業可能叫淨資本，但基本上都是通過資本金來約束整個資產負債表和資產的擴張。

具體而言，那些業務結構風險資本消耗低的銀行，分母就較小，就可以用同樣的資本做更大的業務。這就展示出了不同銀行的業務結構差異帶來的業務競爭優勢的差異。所以巴塞爾協議 II 引入了信用風險、市場風險、操作風險，並分別對三種風險給予了不同難度、不同階梯式的評估方法，越能夠實施難度高的複雜的系統風險管理方法，越能證明你的風險管理能力高，驗收合格之後，相應的佔用資本金相對較低。因此節省了資本之後，其實就使得整個金融體系中風險管理能力強的金融機構擴張得更快。這個監管理念也可以叫作"激勵相容"，促使監管者的目標和金融機構的業務發展目標相容。

巴塞爾協議 III 真正有價值的地方在於強調分子的質量，在資本中要求提高不同的分子、不同的資本所需要覆蓋的風險，重點是應對危機風險的吸收，建立更穩健、多層次的監管框架。

中國資本監管的沿革

中國資本監管的沿革，也是經歷了一個逐步探索的過程。1995 年的《商業銀行法》中提出了 8% 的資本充足率，相當於正式採納了 1988 年的巴塞爾協議 I。

對於中國而言，從一個滯後的實施者開始，到成為一個非常活躍的在巴塞爾框架下有發言權、在有些實施方面還走在國際前列的金融體系，取得了非常大的改進。

那麼，在巴塞爾資本協議實施的過程中，中國銀行業相應地出現了哪些積極的變化呢？

第一，原來都是在比規模，有了基本的資本約束後，還要看業務結構盈利能力，要把資本佔用扣除之後再看能不能盈利，這是一個非常大的轉變。

第二，原來大家比賬面利潤，但如果考慮風險，就不能僅僅看賬面利潤，還得看利潤結構、資本佔用、業務結構等。

第三，原來誰的資產規模大誰的排名就靠前，而現在還要比較盈利能力、風險控制能力。

第四，原來是強調事前審批式的控制，現在要學會對風險進行定價，一筆貸款定價的基本等於資金成本加上可能產生的尾餘，加上資本的佔用，再加上市場競爭的影響因素。

第五，商業銀行盈利原來比較單一，主要是利差，有了資本約束之後才倒逼金融機構願意去做一些不佔用資本的業務，願意去做一些資產證券化業務。

另外，在原來的監管體系中，動不動就談比例關係，例如存貸比，這個是非常粗淺的表現。而資本管理是通過對資本的約束提供資本在不同業務之間的配置方案，通過資本在不同產品之間的配置來引導組合，推動整個銀行業的管理上升到一個新的水平。

當前的中國銀行業

當前中國銀行體系的風險主要是信用風險，但是市場風險、操作風險也隨着利率匯率的市場化而迅速上升，上述這些監管體系為中國未雨綢繆、防範這些風險提供了一個監管的參照框架，當前主要是信用風險的風險架構，也使得當前中國實施巴塞爾資本協議Ⅲ的難度相對要小一些、複雜程度也相對要低一些。當然，這也讓中國的銀行業在新的監管框架下逐步積累了經驗和數據，爭取在未來國際監管框架的完善中為發出中國聲音提供新的空間。

在國際金融監管改革的大背景中，中國結合本國銀行業具體情況，陸續出台了一系列的監管標準。其中，2013 年起開始實施的《商業銀行資本管理辦法（試行）》標誌着巴塞爾協議Ⅲ在中國的落地實施。從實施範圍與標準來看，《商業銀行資本管理辦法（試行）》實現了信用風險、市場風險、操作風險、流動性風險和系統性風險監管的全覆蓋，並且資本質量和風險計量的監管指標水平也高於國際標準。總體上講，中國在監管方面引入巴塞爾協議，對提升銀行業風險管理水平、完善資本監管制度大有裨益。

中國央行推出的宏觀審慎評估體系（Macro Prudential Assessment，簡稱 MPA）考核，實際上是對巴塞爾協議Ⅲ所提倡的宏觀審慎監管的積極嘗試。2017 年 4 月，中國銀監會發佈了《中國銀監會關於銀行業風險防控工作的指導意見》，點題信用風險、流動性風險、房地產領域風險、地方債務違約、交叉金融產品、理財等十大重點風險領域，並將信用風險管控列於首位。這主要是針對在中國經濟增速放緩、新舊動能轉換和產業結構深度調整中，中國銀行信貸資產質量與信用風險管理面臨潛在巨大考驗而加強風險管控的重要舉措。中國商業銀行應在“加強信用風險管控，維護資產質量總體穩定”的總體要求下，建立逆周期信用風險預警與管理機制，實施表內外資產全面信用風險管理，在實時評估信用風險底數的基礎上，嚴控新增信用風險，化解存量風險，依據資本與風險計量標準，做好及時足額計提資產減值準備，增加利潤留存，提升整體風險緩釋能力。

●○ 金融監管與市場 "激勵相容"

從金融監管理論的角度看，如何使金融監管與市場 "激勵相容"，或者說在尊重市場機構盈利動機的基礎上，達到提高金融體系穩健性的目標，是個理論和現實的難題。從歷次金融危機來看，往往是金融體系的放鬆，輔之以盲目的信貸擴張，導致了泡沫的形成和風險的積累；而在危機之後，出於對金融體系的憤怒，人們通常會強化對金融體系的監管，而且力度也會相對較大，而這又會抑制市場活力。這種監管的 "鐘擺效應" 在美國此次應對金融危機的過程中也是不同程度地存在着。

監管者想要達到的目標和金融機構要達到的目標最好是能夠一致，只有激勵這些經營得比較好的銀行獲得更好的發展，才能夠實施監管規則，而不能只是一味地給市場金融機構加各種各樣的約束規則，畢竟每個措施的實施都是有成本的，這會加大金融機構經營的負擔。

激勵相容的金融監管政策，強調的是金融監管不能僅僅從監管的目標出發設置監管措施，而應當參照金融機構的經營目標，將金融機構的內部管理和市場約束納入監管的範疇，引導這兩種力量來支持監管目標的實現。激勵相容的監管，實際上就是在金融監管中更多地引入市場化機制。隨着全球市場化趨勢的發展，在激勵相容的監管理念下，金融監管不再是替代市場的手段，而是強化金融機構微觀基礎的手段，金融監管並不是要在某些範圍內取代市場機制，而只是從特有的角度介入金融運行，促進金融體系的穩定和高效運行。

在當前的金融監管中應當引入激勵監管的理念，充分尊重金融機構的創新能力,同時,要鼓勵經營良好的金融機構快速發展,在機構設立、業務開展等方面給予其更大的自主權和靈活性。這樣,在中長期過程中整個金融體系的效率和穩定性必然相應提高。

●○ 中國的金融監管體制改革的可行方案

從金融結構角度看,金融危機後全球金融體系延續了向金融市場傾斜和向金融混業發展的趨勢,系統性風險、市場透明度建設以及金融消費者保護成為在當前金融結構下面臨的主要矛盾和突出問題。全球各國加快推進金融監管改革,統一的功能監管或目標監管模式逐漸取代多頭的機構監管模式。中國應結合當前國內金融結構特徵,加快推進金融監管改革。在目前世界範圍內,有三種監管模式可以供中國改革者參考。

第一種模式是類似美國的保持多頭監管的模式,但同時在跨領域的產品和機構的連接部位成立金融穩定委員會。第二種模式是雙峰模式,以澳洲為範例,該種模式由行為監管及機構監管組成。前者糾正金融機構中的不法行為,保護投資者利益,後者確保金融機構的穩健經營,防範系統風險,兩者統籌協調、相輔相成。第三種模式類似英國式的央行與監管機構全部整合的"超級機構"。中國金融監管改革可以參照以上國際模式,結合中國的市場狀況,做出判斷。

無論具體的監管架構如何選擇,關鍵還是要評估其政策效果,特別是面對中國迅速一體化的金融市場,相互割裂的監管框架肯定是不適應於當前的市場需要,2015 年中國股市的異常波動就暴露了現有的監管框架的突出缺陷;而理財產品的快速發展和影子銀行體系的膨脹,也表明了監管體系已經在不同領域滯後於市場的發展。在市場的推動下,不能僅僅強調鬆散的、缺乏實質約束能力的金融監管協調機制,而需要進行一定程度的功能整合。

　　加強金融監管，首要的是中國銀行保險監督管理委員會和中國證監會在各自監管領域內完善監管制度和規則，填補監管漏洞，解決監管制度滯後、缺位等問題，構建嚴密有效的監管體系，提升監管效能。其次，應提升各監管部門內部的協同聯動，避免各管一段，加強監管信息的共享，建立對金融機構全流程監管的監管體系。

●○ 互聯網金融對銀行業的衝擊及金融監管的應對措施

　　中國的科技革新，打破了銀行業依賴網點與櫃台的傳統經營模式，開啟了新的金融產業革命。據統計，2016 年末，網上銀行用戶與網上支付用戶已分別突破 3.5 億人和 4.5 億人。在金融科技倒逼銀行業變革的背景下，中國銀行業對互聯網金融等新經營模式的發展日益重視，絕大多數銀行都將其作為發展重點。在互聯網金融的各類業態中，網絡銀行、移動支付和直銷銀行最受中國銀行業關注。

　　在技術變革的大背景下，順應技術與外部環境的變化，中國銀行業的外部環境也正面臨變化，未來的發展走向也逐步向智慧化、輕型化、國際化銀行轉變。

　　首先，未來智能化銀行的出現，將給未充分享受銀行金融服務的消費者提供便利，同時給中小企業帶來更豐富的金融服務。與傳統銀行不同，IT 技術將會成為智能化銀行最重要的發展基石，一家智能化銀行的成敗將主要取決於其科技力量，而非金融產品。在未來信息系統建設的過程中，中國的銀行業正在重點聚焦於核心交易系統、信貸管理系統和風險管理系統。根據我們的調查，在信息化技術的各領域中，移動互聯網技術、大數據技術和安全可控信息技術最受中國銀行業的關注。

其次，金融科技的深入應用將推動銀行商業模式的轉型，目前我們看到中國銀行業的資產規模增速與利潤增速在逐漸脫鉤，這將是銀行業轉型的一個重要參考指標。中國銀行業的傳統發展模式是：融資（補充資本金）—放貸（擴大資產規模）—收入增長（實現收入增長）—再融資。然而，自2015年以來，中國銀行業的規模增長與利潤增長開始逐步脫鉤，以招行為代表的部分銀行風險加權資產與總資產的比重不斷下降，輕型化轉型初現效果。具體表現為資產更輕，收入更輕。在資產方面，表外資產（理財為主）增速高於資產負債表增速，同時，資本耗用低的零售業務佔比不斷提升。在收入方面，儘管中國銀行業非息收入佔比仍相對較低，不過近年呈現出不斷增長趨勢。

討論金融科技，就必須要關注金融科技的監管。中國的互聯網金融活動在起步階段時，監管環境是相對包容的。這就給了中國互聯網金融主體一個相對寬鬆的探索機會。在出現了一些局部的風險之後，總體上看，監管力度在加強，互聯網金融活動開始進入調整期。隨着金融科技的發展，行業的發展與監管的力度、水平將形成相輔相成的關係。中國的監管機構對於傳統金融機構的監管已經逐漸摸索出一套成熟的辦法，其關鍵在於促使互聯網金融機構與傳統金融機構在金融活動意義上保持監管的一致性，構建傳統金融機構與互聯網金融機構平等競爭的創新平台。

近年來，中國現金貸依托互聯網後發技術優勢快速發展。與國外類似，中國的現金貸具有方便快捷、金額小、期限短、利率高、無場景等特徵，主要用於小額消費或應急周轉。從用戶對象來看，其客戶群主要是30歲以下的年輕人，這部分人群收入低、經濟負擔小、負債消費觀念強，偏好通過借貸的方式提升生活品質。從服務方式看，中國現金貸自"出生"起就帶有"互聯網基因"，主要通過互聯網平台運營及提供服務，在便捷性上完全不遜於英美同行。從風險控制技術看，中國現金貸充分依托大數據技術所帶來的後發優勢，通過數據建模、信用評分、智能反欺詐等工具和手段提升風控水平和效率，在一定程度上支持了現金貸業務的發展。

　　總體來看，現金貸具有推進金融市場化，完善金融供給體系，豐富金融市場層次，增加消費者選擇空間的價值。然而，中國現金貸尚無專門的監管機構對其進行管理，在為市場普遍接受的同時，也存在諸多弊端。中國徵信體系也遠不夠發達，多頭貸款、惡意欺詐等現象更加難以防範。因此，需要完善的監管體系加以約束和規範。

　　一方面，要加強行業立法。一是明確監管部門，可以借鑑個人對個人（Person-to-Person，簡稱 P2P）監管方式，由監管部門與地方金融辦實施機構監管和行為監管雙條線的監管方式。二是建立准入制度，如在工商登記環節明確現金貸的主體資格和經營範圍要求，確立行業從業者的合法地位。三是建立適當的行業規範，對貸款利率、多頭借貸、滾動續貸等突出問題進行限制。特別是對借貸利率的適當限制。四是建立簡明有力的執法機制。當前，由於現金貸主要通過互聯網發放，執法手段也應以互聯網和大數據為基礎，實現高效監管。

　　另一方面，要優化行業發展環境。一是加大力度建設基礎徵信體系，加強徵信資源共享，幫助現金貸平台有效實現反欺詐、多頭貸款識別和信用不良用戶的識別，提升行業整體風險控制水平。二是建設行業自律機制和信息披露機制，增強信息透明度，減少對消費者的欺瞞、不正當誘導行為。要重點發揮中國互聯網金融協會平台作用，出台行業標準，引導行業自律。三是加強消費者金融知識教育和信用意識教育，讓借款人了解借貸行為的責任與風險。

●○ 現行資產管理業務的監管思路

對銀行理財的監管

近年來，銀行理財產品規模迅速擴張，促進了金融市場的發展，豐富了市場的投資產品，但是，也積累了不少的風險。一方面，部分銀行在理財業務開展過程中主要遵守表面合規性，但實質上通過資金池、期限錯配、層層嵌套等方式規避監管政策，難以真實地反映理財業務的風險。另一方面，不少從銀行體系流出的資金，大多通過信託計劃、資管計劃等通道投資到非標產品中，其本質屬於一種貸款行為，但是銀行承擔信用風險卻不計提撥備及資本佔用，導致監管指標失真。

2017，中國銀監會發佈《關於印發 2017 年立法工作計劃的通知》，把理財業務納入立法的重點領域。實質重於形式是未來理財業務監管的最大特徵。一方面，本着資本約束資產擴張的原則，對本質上與表內業務同質，而銀行承擔信用風險和流動性風險的部分，引導其回歸表內；另一方面，鼓勵行業回歸資產管理本質。對於類信貸的資產配置，表外理財的資產配置與銀行表內資產有一定的同構性和替代性，而同構性的資產波動會對表內外產生一致性的影響，因此，強調全口徑下的表內外全面風險管理成為監管的思路。監管的最終目的就是引導理財成為真正的資產管理業務，實現真正的"受人之託，代人理財"。而當務之急就是，逐步消化和清理目前銀行理財業務中存在的違規操作，降低理財業務風險，從短期看肯定會對現行的業務產生負面影響，但是從長期看有利於銀行理財的風險控制。

從目前披露的信息看，巨額飛單業務暴露出目前銀行銷售過程中存在着巨大的操作風險與道德風險。截至 2016 年底，商業銀行的理財產品存續餘額為 29.05 萬億元，年增長率超過 20%，銀行理財的內控及管理制度的建設在特定程度上跟不上理財業務的發展速度。而某些銀行職員正是利用內控管理漏洞及職業特殊性，違規銷售牟取不正當收益，可以說，制度不健全為理財銷售留下了隱患。同時，由於客戶對理財產品的辨別能力有限，加之目前理財剛性兌付未被實質性打破，商業銀行的信用實質上提供了理財背書，客戶在購買理財產品時往往主要追求高收益，對於理財投資標的、產品信息披露等缺乏深入了解，對風險關注也不夠，這也在客觀上為少數銀行員工違規銷售提供了可乘之機。

理財合規銷售，或者說，把合適的產品銷售給合適的客戶，應當是商業銀行理財業務操作風險防範的關鍵。監管方面應當加強法規及制度建設，加強對理財合規銷售的檢查，對於違規銷售的行為應當增加處罰力度。銀行也應當順應理財市場的發展，建立健全管控制度，及時彌補銷售環節存在的漏洞。當然，還應當加強對投資者的教育，提高投資者的辨別意識，充分了解自己購買的理財產品，保障自身合法利益。

對險資的監管

保險業出現了個別保險公司「盲目舉牌」的現象，這一現象暴露出的風險和問題顯示出保險監管制度與實踐方面存在的短板。從資產配置來講，在當前低利率和資產荒的市場背景下，保險公司加大股權投資是市場驅動的投資行為，但呈現出的短期炒作、短資長配和激進的投資行為，給行業發展帶來巨大負面影響，積累了行業風險，因此強監管的背後是監管機構用來降低行業呈現的短資長配的期限錯配風險、潛在流動性風險與償付風險，以規範行業發展，防範系統性風險，有利於保險回歸其保險保障功能。

（本文來自於《巴曙松教授談次貸十年》、《全球小周期共振與中國去槓桿》及《全球金融危機下的國際金融監管改革》，分別發表於《澎湃新聞》2017年5月26日、《第一財經日報》2017年5月16日及《國際金融報》2016年8月8日。）

負利率政策如何影響經濟

目前，全球已經有日本、丹麥、瑞士、瑞典及歐洲央行實施了負利率政策。對於負利率政策的影響，各界所持觀點並不一致，分歧較大，甚至將其作用"妖魔化"。那麼，負利率政策究竟如何影響經濟？中國的負利率時代到來了嗎？

自日本央行宣佈加入負利率陣營以來，這個非常規貨幣政策就備受市場各界關注。

負利率本質上是量化寬鬆的一種延續，就歐洲和日本而言，實施負利率政策的初衷在於刺激銀行信貸和提升通脹預期；相比之下，丹麥和瑞典當初實施負利率政策主要是為了緩解資本流入和本幣升值的壓力。

不過，從基本面來看，負利率實際上來自於實體經濟投資回報水平的下滑，這也顯示出在金融危機後全球經濟增長缺乏增長點的現實情況。

●○ 首當其衝影響銀行業

市場對於負利率政策的見解莫衷一是，其關注的焦點往往在於該政策對於實體經濟運行的影響究竟幾何，對於現行金融體系的穩定性又會有何衝擊。

從微觀層面來看，負利率對依賴傳統定價模型的金融機構造成了威脅，這類似於"電腦千年蟲問題"。傳統定價模型中不包含負利率這個變量，因而這些模型不能正確發揮定價的功能，這勢必影響到這些金融機構的正常運轉。此外，由於存款利率尚被隔離在負利率之外，雖然該政策對於個人儲戶目前的影響並不顯著，但日本在實施負利率政策之後，也使得日本民眾囤積現金的現象愈來愈嚴重。負利率對於民眾心理預期的影響是一個不容忽視的問題。

就行業層面而言，首當其衝的是銀行業。商業銀行是負利率政策實施過程中最重要的一環，負利率縮小了商業銀行的利差，而銀行迫於同業競爭的壓力往往又不敢將這種賦稅轉嫁給消費者。以歐洲為例，2015 年第四季度歐洲大型銀行的財務報告顯示，15 家大銀行中虧損的有 6 家，利潤下降的有 9 家，而 2016 年以來這些銀行的股價悉數下跌，跌幅遠大於同期歐洲主要股指的跌幅。究其原因，負利率造成的銀行盈利水平下降難辭其咎。

負利率對全球資產配置行業也有影響，其中債券市場尤甚。這表現為債券收益波動率加大，收益率曲線下滑，2016 年以來歐洲多國的國債收益率均下跌至歷史新低，負收益率債券頻繁出現。根據美銀美林的統計，截至 2016 年 8 月，全球負收益率的國債規模達到 13 萬億美元，而這一數據在英國脫歐公投之前還僅為 11 萬億美元。一方面，負收益率導致銀行對國債市場的興趣降低，比如日本在實施負利率政策的幾個月以來銀行對國債的購買熱情明顯降低，日本央行成為新發國債的最終購買者。另一方面，債券市場的負收益率對壽險及社保機構等長期投資者的資產配置造成了挑戰，這些機構依靠持有及到期債券來獲得收益，負利率降低了其投資組合的收益率，從而可能使其採用更為激進的投資策略，增加對風險更高資產的投資。

●○ 歐日負利率政策大不同

從實施負利率政策的各國來看，其政策初衷不盡相同，政策效果和影響也不盡相同，但這些國家無一例外地都對該政策比較自信。

其中，歐元區的負利率政策推行時間較久，其對於銀行信貸有一定的刺激作用，在一定程度上也緩解了債務壓力，但通脹率提升的效果不盡如人意；日本實行三級利率體系，基準利率仍然為正，負利率更像是日本央行對外表露其將繼續執行寬鬆貨幣政策的決心。與此同時，日本通脹預期依然較弱，日元匯率不降反升，甚至在脫歐事件中成為風靡一時的避險貨幣，這都與日本央行政策推行的初衷背道而馳。

實際上，歐元區和日本的經濟狀況有共性，通脹率低下、經濟增長緩慢等更多是消費需求不足、人口老齡化等結構性問題所致。因此，單純依靠貨幣政策推動過於局限，需要推行更深層次的結構性改革，實施政策組合來為經濟注入活力。

●○ 中國已進入實際負利率

就中國而言，實際上從 2015 年 10 月央行下調 1 年期存款基準利率至 1.5% 之後，當月的實際通脹率為 1.6%，中國就可以說是進入了實際負利率的時代。目前雖離名義負利率政策還有較遠的一段距離，但在當前全球低利率的大背景下，中國也需要加快推行供給側的相關改革，尋找新的經濟增長的內生動力，同時也需要關注一些經濟體實行負利率政策在多大程度上會給中國帶來外部溢出效應。

（本文發表於《國際金融報》2016 年 8 月 29 日，原題目為《多國央行陷負利率泥潭中國咋整》。）

借鑑紐約聯儲經驗推進金融改革

　　紐約聯儲作為美聯儲的重要組成部分，在貨幣政策的制定和執行、金融機構的監管和中央銀行的溝通上均有着獨一無二的作用。紐約聯儲在美國聯儲系統的特殊性主要體現在如下幾個方面。

　　第一，紐約聯儲是 12 個地區性儲備銀行中資產規模最大的銀行，其資產甚至超過其他 11 個儲備銀行的資產總和。應對金融危機期間，在實行大規模資產購買計劃過程中，紐約聯儲的資產負債表實現了比美聯儲更快速度的擴張，其資產規模目前已達到整個美聯儲資產的 60% 以上。

　　第二，紐約聯儲是 "美國政府的銀行"，負責財政部存款賬戶的日常維護及協助財政部融資。美國財政部存款 100% 存放在紐約聯儲。紐約聯儲還一直負責銷售美國的政府債券，是財政部發行短期票據和長期債券的唯一指定的營銷機構。正是在這樣一種背景下，財政部的存款賬戶為紐約聯儲在危機期間發揮積極靈活的救助作用提供了穩定的資金來源。

　　第三，紐約聯儲在貨幣政策的制定與執行，以及創新貨幣政策工具的運用上高瞻遠矚。其一，紐約聯儲的核心職能之一就是執行公開市場操作，貫徹美聯儲的貨幣政策。在危機期間為向市場注入充足流動性資金，紐約聯儲的公開市場操作實現了資產負債表的大規模擴張。在規模上，紐約聯儲的總資產年均增長率高達 38.7%，遠高於美聯儲 27.9% 的擴張速度；在結構上，美聯儲資產負債表增加了許多新的貨幣政策工具，而這些創新貨幣政策工具幾乎都是由紐約聯儲負責研究推出和市場操作的。其二，紐約聯儲在危機期間的資產流動性供給方面發揮了巨大的作用。一方面，通過貼現窗口和定期拍賣信貸（TAC）向銀行等金融機構提供的貸款額佔整個美聯儲貸款額的 80% 左右，另一方面，獨創一級交易商貸款工具，定期資產支持證券貸款工具（TALF）和"對美國國際集團（AIG）貸款"，向銀行等金融機構注入流動性資金。其三，由於傳統公開市場操作工具不具有指向性的缺點，而在金融危機中特定金融機構亟須專項救助，針對這種現象，紐約聯儲實施了創新多樣的直接救助措施。在美聯儲的授權下，紐約聯儲成立了多個可變利益實體對"大而不倒"的金融機構進行了直接的救助。其四，紐約聯儲行長是美聯儲貨幣政策制定機構聯邦公開市場委員會的永久會員，享有終身投票權，在貨幣政策的研究和制定中也起着關鍵作用。

第四，紐約聯儲在金融監管領域扮演領導角色。紐約聯儲管理着整個聯儲系統三分之二以上的法定準備金和超額準備金。紐約聯儲負責監管的"聯儲二號區"包括紐約州、新澤西州北部的 12 個郡、康涅狄格州的費爾菲爾德（Fairfield）郡、波多黎各以及美屬維京群島，這些機構均需要接受紐約聯儲的監管並在紐約聯儲開立准備金賬戶，將其法定準備金和超額準備金存放在紐約聯儲。

第五，紐約聯儲與國外央行密切合作。外國政府 99% 以上的存款存放在紐約聯儲，美聯儲與國外央行的流動性互換協議中有約三分之一是由紐約聯儲與國外央行簽訂的。紐約聯儲與境外機構保持着密切合作，貨幣互換正是紐約聯儲與境外中央銀行緊密合作的項目之一。貨幣互換後，這些境外中央銀行承擔風險，將美元貸給其國內需要美元的金融機構。目前是我國加速推進經濟金融改革創新的關鍵時期，亟須學習借鑑美聯儲的貨幣政策變革和運行經驗，以完善我國央行體系和監管體系的建設，應對利率逐漸走向市場化、匯率波動更加頻繁和經濟增長出現放緩的複雜經濟金融形勢的挑戰。

（本文發表於《經濟》2014 [11]）

美國金融核心競爭力的形成與影響

2007 年 8 月，由美國次貸危機引發的全球性金融危機席捲全球，對全球金融系統的核心市場和機構造成了全面衝擊，並演變為一場自經濟大蕭條以來最嚴重的全球性金融和經濟危機。在格林斯潘的眼中，此次金融危機甚至比經濟大蕭條時期更為嚴重，也給美國金融體系和國民經濟帶來了沉重打擊。然而，通過在危機中及時採取調整監管體系、分散金融風險、創新金融救助手段以及推行多輪量化寬鬆政策等措施，美國成功地將危機對本國的損失降到了較低水平，實現了快於歐洲的經濟復蘇。

●○ 美國金融體系的靈活調整能力和分散風險能力

進行內部的金融體系調整，同時積極將損失分散到全球金融市場

21 世紀初，美國互聯網泡沫破裂，政府將房地產作為經濟發展的主要動力，美聯儲的貨幣政策趨向寬鬆、金融管制放鬆，創新金融工具迅速發展。美國和歐洲的銀行開始轉變經營模式，追求更高的利潤，證券化的衍生金融工具被大量運用於住房抵押貸款，這些衍生金融工具將投資組合的風險分散打包並重新配置，在促進房地產市場快速發展的同時也加大了金融領域的風險。2008 年 3 月 16 日，美國投行貝爾斯登公司被以每股 2 美元的超低價出售給摩根大通銀行；2008 年 9 月 15 日，美國第四大投資銀行雷曼兄弟公司宣佈破產，同日，美國第三大投行美林公司被美國銀行收購；2008 年 9 月 21 日，美聯儲宣佈批准美國第一大投行高盛和第二大投行摩根士丹利實施業務轉型,將其轉變為普通商業銀行。至此,美國金融業前五大投行"全軍覆沒",華爾街經歷了一場"世紀洗牌"。然而,美國的銀行業並非這次危機的最大輸家,從國際貨幣基金組織(International Monetary Fund,簡稱 IMF)統計數據來看,歐洲等其他國家和地區的累計損失遠遠超出了美國本土銀行業(見表 1)。這一方面源於美國在危機發生之前運用衍生金融工具將潛在的風險和損失轉移到國際市場,更在危機發展過程中通過區別化的金融救援措施向國際市場轉嫁損失。如 2007 年 12 月和 2008 年 3 月,美聯儲分別為美國銀行收購美國國家金融服務公司(Countrywide 公司)和摩根大通收購貝爾斯登提供了利益擔保,但在 2008 年 9 月,時任美國財政部部長的保爾森宣佈不會援助美國第四大投資銀行雷曼兄弟,美國銀行隨即拒絕了雷曼的並購意向,雷曼兄弟公司最終申請破產保護。然而,在雷曼申請破產保護後的一個月,美國財政部即宣佈將盡力挽救銀行等金融機構,美國銀行也在拒絕收購雷曼兄弟後迅速與陷於困境的美林達成收購協議。對比同樣陷入次貸危機的金融機構,美聯儲選擇放棄對雷曼兄弟的援助有其必然性。一方面,雷曼兄弟風險資產投資比例最高,根據雷曼兄弟 2008 年第二季度公佈的數據,雷曼兄弟總計持有 65 億美元的債權抵押證券(Collateralizee Debt Obligtion,簡稱 CDO),投資規模排名第五,次於摩根士丹利、摩根大通、高盛和花旗集團,但是其抵押證券業務佔其總投資資金的比重則排名第一。儘管美林證券和摩根士丹利在衍生品上也有較大虧損,但是其經紀業務比例和資產結構要優於雷曼兄弟。另一方面,雷曼兄弟的國際業務比例相較其他投資銀行更大,尤其在歐洲的業務規模超過了本土。因此,對於雷曼兄弟的破產,美國經常被批評的一點就是將損失轉移給國際投資者,以此來減少國內的損失。

表 1　各個國家和區域銀行業在 2008 年金融危機中的損失

單位：10 億美元

國家／區域	銀行業總資產	估計損失 （2009 年 10 月）	估計損失 （2010 年 4 月）
美國	12561	1025	885
英國	8369	604	455
歐元區	22901	814	665
歐盟其他成員	3970	201	156
亞洲	7879	166	115
全球	55680	2810	2276

數據來源：IMF，http：//www.imf.org/。

出台一系列靈活的金融救助措施

　　一是推出一系列創新金融救助工具，推動金融救援措施的實施。金融危機發生後，美國資本市場功能嚴重退化，傳統的貨幣政策難以發揮較好的救市效果，美聯儲通過貨幣市場的金融工具創新，增加貨幣政策的投放渠道，從而保證量化寬鬆政策順利推行。創新型貨幣政策工具的迅速推出反映了美國金融業強大的創新能力和恢復能力，通過這些政策工具，美聯儲順利向金融體系甚至實體經濟及時提供了流動性資金，有助於增強投資者的信心，避免市場情緒崩潰，從而抑制了經濟在短期內的迅速衰退。

　　二是綜合利用救市手段。首先，在危機發生時，美國政府出手干預市場，對大型金融機構及房地美（聯邦住宅貸款抵押公司）、房利美（聯邦國民抵押貸款協會）實施擔保和融資手段，但是美聯儲在實施救市行為時並不改變企業的經營方式，沒有進行價格干預，並且美國政府對經濟的干預大多是非政府性的干預行為（見表 2），因此在救市的同時保持了經濟的市場運行機制；其次，美國政府綜合利用減稅和降息政策，從而增加資本，擴大在經濟中的投資，從供給角度調節經濟活動。[1] 從 2007 年 9 月開始，美聯儲開始逐步調低利率，2008 年 12 月，美聯儲利率水平已達到 0% 至 0.25%。2008 年 1 月 4 日，美國政府通過總額 1500 億美元的 "一籃子計劃"，使美國家庭得到不同程度的稅收返還，商業投資第一年可以享受 50% 的折扣。2008 年 1 月 20 日，美國政府又提出了總額 1450 億美元的財政刺激方案，通過減稅手段刺激投資和消費。最後，利用財政擴張和貨幣供給的手段展開救市活動，配合奧巴馬政府的擴大基礎設施建設、新能源開發等經濟措施政策。由此可見，美國在開展本輪的救市活動時，並沒有像大蕭條時期一樣，單純通過財政政策直接干預經濟活動，而是在保留自由市場經濟基本運行機制的基礎上，從維護市場機制的角度出發，以非生產性的方式對經濟進行扶持，從而從供給的角度刺激經濟的內生恢復。

表 2 美國政府在此次危機中的緊急救市行為

時間	救市主體	救助對象	救助內容
2008 年 3 月 17 日	美聯儲	貝爾斯登	通過摩根大通銀行對貝爾斯登實行為期 28 天的短期融資
2008 年 7 月 13 日	美聯儲	房地美 房利美	允許房地美和房利美直接從貼現窗口借款而對其進行救助
2008 年 9 月 7 日	美國財政部	房地美 房利美	計劃向 "兩房" 提供 2000 億美元的資金
2008 年 9 月 11 日	美聯儲	儲蓄機構銀行	雷曼兄弟倒閉後，通過貼現率向受此牽連的儲蓄機構和銀行提供無追索權貸款。

---

1 鄭有國、杜連豔：《重回凱恩斯主義——美國救市經濟思想評析》，《和平與發展》2009 (5)。

時間	救市主體	救助對象	救助內容
2008 年 9 月 14 日	美國財政部	美國國際集團 （AIG）	直接提供了 850 億美元的高息抵押貸款，並且因此擁有了 AIG 79.9% 的股權，但並不干涉具體的經營活動。
2008 年 10 月 8 日	美聯儲	美國國際集團 （AIG）	提供 378 億美元的貸款限額

　　三是修訂出台相關法律，進行全面金融監管改革。為了加強監管和對金融體系的重塑，美國進行了一系列金融監管改革。2009 年 6 月，美國公佈了《美國金融監管改革——新基礎：重建金融監管》，該方案涉及金融業的各個領域，包括金融機構、金融市場、金融產品以及投資者和消費者，堪稱大蕭條時期以來美國最雄心勃勃的金融監管改革計劃。2009 年 10 月，眾議院通過了專門針對系統性風險的法律——《金融穩定改進法》，賦予新的金融服務監管委員會、美聯儲、存款保險公司巨大權力，來監管並解決受困的金融控股公司給經濟與金融帶來的系統性風險問題。2010 年 7 月，《多德—弗蘭克華爾街改革與消費者保護法》正式簽署實施，標誌着歷時近兩年的美國金融監管改革立法完成。該法案是經濟大蕭條時期以來美國最嚴厲的金融改革法，成為與《格拉斯—斯蒂格爾法案》地位相當的又一個金融監管基石。

　　在對國內金融監管體系進行改革的同時，美國也積極聯合歐洲等發達國家和地區，以及以中國為代表的新興經濟體，推動國際組織的金融改革，嘗試重塑全球金融發展與監管格局。2009 年 10 月，金融穩定理事會提出了《降低系統重要性金融機構道德風險的工作計劃》，明確了應對金融機構 "大而不能倒" 問題的總體框架。2009 年 11 月，根據 G20 領導人要求，國際貨幣基金組織、國際清算銀行和金融穩定理事會共同制定了《系統重要性金融機構、市場和工具的評估指引》制度。2010 年 11 月，金融穩定理事會按照 G20 領導人匹茲堡峰會的相關要求，發佈《降低系統重要性 金融機構道德風險的政策建議及時間表》的報告，提出加強系統重要性金融機構監管的總體政策建議框架。在這一個框架下，巴塞爾銀行監管委員會、國際證監會組織、國際保險監督官協會等國際機構提出了一系列改革措施和建議。美國作為危機的發生國和改革的先行者，在國際金融監管框架的重新構建上發揮了表率作用。

在量化寬鬆措施實現復蘇的同時，也給全球金融體系埋下隱患

在金融危機發生之後，美國通過量化寬鬆的貨幣政策，應對美國本土的金融動蕩，同時也在向全球市場徵收鑄幣稅和通貨膨脹稅，向全球市場轉移風險和損失，為其國內市場短期內的恢復爭取了時間窗口和經濟資源。2008 年 11 月，美國啟動第一輪量化寬鬆政策，美聯儲通過抵押貸款支持證券、美國國債和機構證券向市場注入 1.7 萬億美元的流動性資金，以恢復金融體系運行。2010 年 11 月，美國通過調整基準利率、購買財政部長期債券等方式開啟了第二輪量化寬鬆政策，在 2011 年 6 月前進一步收購了 6000 億美元的較長期美國國債，每月平均購買額度約 750 億美元。2012 年 9 月，美國推出第三輪量化寬鬆政策，宣佈維持 0% 至 0.25% 的超低利率水平，同時每月採購 400 億美元的抵押貸款支持證券。2012 年 12 月，美聯儲又追加每月 450 億美元的國債採購量。至此，美聯儲每月的資產採購額達到 850 億美元，通過認購抵押貸款支持證券向市場投放貨幣，刺激市場風險偏好，帶動經濟增長。

量化寬鬆政策使得全球範圍內的美元數量迅速增加，美國利用美元的國際性貨幣地位向全球轉移本應其獨立承擔的經濟損失，也引發了歐洲、日本等國競相採取量化寬鬆政策，從而導致全球流動性氾濫。首先，在信用貨幣體系下，貨幣的發行直接為發行機構帶來等額的購買力，即所謂的鑄幣稅，美元的國際地位使得美元在全球範圍內流通，從而為美國帶來直接的鑄幣稅收益；其次，量化寬鬆政策使美國利率水平保持低位、美元貶值，從而減輕了美國的債務壓力及企業的經營壓力，為美國國內經濟復蘇提供了良好的外部環境。

●○ 靈活調整的金融業是推動美國經濟現代化並保持全球巨大影響力的關鍵因素之一

金融業是美國經濟的支柱產業之一

首先，金融業產值佔國內生產總值（Gross Domestic Product，簡稱 GDP）的比重持續上升。20 世紀 70 年代以來，美國金融經濟化趨勢逐步顯現。一方面，金融業在美國經濟中的地位不斷上升。20 世紀 80 年代中期，美國金融業增加值比重超過傳統的製造業，隨後在 GDP 中的比重持續上升。當前，儘管受到金融危機的影響，但金融業佔 GDP 比重仍然穩定在 20% 以上。另一方面，非金融企業的金融化趨勢明顯，非金融企業中金融業資產的數量迅速上升 [1]，由 1970 年 4000 多億美元上升到 2012 年近 20 萬億美元。非金融業企業利潤來自於金融渠道的比重也大幅增加。金融業的迅速膨脹使美國經濟活動的核心由物質生產過渡到金融產品、金融資產等財富的管理、流動和增值。

其次，金融業市值處於世界領先地位。美國金融業的強大不僅表現在國內金融業佔經濟總量的比例不斷提高，也體現在其全球第一的金融規模上。2011 年，美國股票、債券、銀行資產市場規模合計達到 63 萬億美元，佔全球總值的 25%，是排在第二名的日本的兩倍（見表 3）。

---

[1] 銀鋒：《經濟金融化趨向及其對我國金融發展的啟示》，《求索》2012（10）。

表 3　2011 年全球資本市場規模

國家 / 區域	股票市值 / 萬億美元	債券餘額 / 萬億美元	銀行資產 / 萬億美元	合計 / 萬億美元	全球佔比 / %
全球	47.09	98.39	110.38	255.82	100
美國	15.64	33.70	14.64	63.98	25
英國	3.27	4.84	10.95	19.06	7.4
德國	1.18	5.32	5.10	11.60	4.5
日本	3.54	15.37	12.76	31.67	12.4
中國	3.41	3.36	14.04	20.81	8.1

數據來源：IMF，http：//www.imf.org/。

最後，金融業吸納就業人數多。隨着金融業的不斷發展，金融行業從業人數快速上升。1933 年，美國金融業從業人數與信息業和建築業相當，到了 20 世紀 70 年代中期，金融業從業人數超過建築業。截至 2012 年末，美國金融業從業人數達到 783 萬人，是 1970 年就業人數的兩倍以上。制造業從業人數由 1970 年的 1730 萬人下降到 2012 年的 1195 萬人。儘管此次金融危機對美國金融行業造成了較大影響，僅 2007 年，美國金融業裁員人數就達到 15 萬人，但金融行業依然是吸納就業人數最多的行業之一。此外，美國金融業憑借其自身的強勢地位，在全球範圍內吸引了大量的優秀人才加入，為金融業的強大源源不斷地注入動力。

金融業是美國經濟體系加速現代化的助推器

美國金融業不僅自身發展迅速，更帶動了美國經濟的繁榮與強大。金融業根據不同時期經濟發展的特點和需要，不斷調整自身結構，以更好地適應、支持實體經濟發展。從 19 世紀初期開始，金融業在支持美國工業化、城鎮化及戰略性新興產業發展的過程中均起到了重要的支持作用。

美國工業化過程始於南北戰爭時期，到第一次世界大戰後基本完成。美國工業化進程儘管起步晚，但是發展速度較快，並且趕超了歐洲傳統強國。工業化階段也是美國金融體系發展和金融結構演進最為迅速的時期，金融業在此過程中起到了資金融通和資源配置的作用。在這一時期，美國金融機構和金融資產的數量增長迅速。伴隨着工業化的發展，美國城鎮化也加速進行。在此階段，美國直接融資市場得到了迅速發展，政府在金融制度方面不斷創新，金融業在美國城鎮化過程中為基礎設施建設、農民遷移、創業及中小企業發展都提供了重要的資金支持。

工業化和城鎮化的完成為美國的產業創新提供了良好的經濟環境，使得美國在新興技術領域有了高速發展的機會。新興行業研發費用高、風險大，在其發展初期需要巨大的資金投入，從 20 世紀末的電腦和信息技術行業，到 21 世紀初的新能源、生物科技等行業，美國都通過直接和間接融資市場的方式獲得了大量的發展資金。除了傳統的低息貸款和資本市場外，金融市場衍生出的更為積極有效的途徑為戰略性新興產業的發展帶來了更多的便利。

在參與全球經濟金融治理方面，金融業為美國帶來了全球控制力和影響力

金融業的發展大大提升了美國的經濟實力與綜合國力，成為鞏固美國"超級大國"地位的重要基礎之一；強大的金融業更為美國取得了對全球經濟的控制和影響能力，使得美國經濟在大部分時間內保持着長期穩定的增長，並獲取超額的收益。一方面，金融業的發展幫助美國在全球範圍內擴大了影響力。二戰後，金融業的發展為美國積累了大量財力。1947 年 10 月 30 日，在美國的倡議下，23 個國家在日內瓦簽訂了一項包括關稅和貿易政策的多邊國際協定，就關稅減讓達成了一系列協議，這些協議與《哈瓦那憲章》中有關貿易政策的部分共同構成了《關稅及貿易總協定》，事實上形成了以美國為中心的國際貿易體系。此後,美國憑借其經濟體量與金融實力,在國際貨幣基金組織和世界銀行中佔有最大的股金認繳份額,因此也擁有了重要的投票權,使得美國在世界金融和貿易發展中取得了絕對性的話語權。另一方面,強大的金融業幫助美國在全球範圍內獲得超額收益。美國金融業在全球範圍內尋找最佳投資機會,利用市場、區域、政治等多方面的區別在全球範圍內進行套利,並通過最領先的量化技術尋找市場上微小的盈利機會以實現超額收益,最終幫助美國積累了巨大的財富,進一步增強了其綜合國力和國際影響力。

●○ 美國金融核心競爭力的五大支柱

以紐約為代表的全球金融中心地位是構建美國金融核心競爭力的基石

第一次工業革命後,英國成為當時世界經濟最強的國家,倫敦憑借強大的經濟實力、穩定的金融環境和良好的地理位置成為國際金融中心。然而,兩次世界大戰迅速改變了世界金融格局。一戰期間,倫敦證券交易所宣佈暫停交易,身為美國第一大金融中心的紐約迎來了自己的第一次大牛市。此時紐交所已成立 100 周年,紐約的股權市場規模迅速擴大,具備充足的資本供應量和市場容量,全世界的交易都從倫敦轉移到華爾街。美國作為中立國積極發展本國經濟,世界經濟中心開始向美國轉移,紐約抓住機遇,積累金融資源,向國外輸出資本,並逐步成長為與倫敦同樣重要的世界金融中心。二戰後,美國再次憑借優越的地理位置、科技優勢和經濟實力成為世界經濟頭號強國,構建了以美元為中心的"布雷頓森林體系",美元順勢取代英鎊成為全球第一的國際貨幣,而紐約也成功取代倫敦成為世界最重要的金融中心。至此,美國在世界金融業的霸權已初現端倪。儘管此後倫敦通過大力發展 "歐洲美元" 市場及相關金融創新體系，重新獲得了金融業的世界影響力，但紐約在世界金融中心排名中依然略勝一籌，再加上芝加哥等區域性金融中心，共同奠定了美國金融業的絕對地位。

具有重要影響力的國際金融治理框架是維持美國金融核心競爭力的重要基礎

美國的金融霸權與其在國際經濟政治舞台的活躍度密切相關，目前的國際金融秩序可以說是在美國和歐洲等主要發達國家控制下的金融秩序，特別是美國在國際貨幣基金組織、世界銀行等重要的國際組織中擁有的佔主導權的影響力，反過來又為美國金融業的強大提供了強有力的支撐。

美國的國際信用評級體系對現有的國際金融秩序同樣有着巨大的影響。信用評級是金融體系中十分特殊的中介服務行業，是維護一國金融主權的重要力量。信用評級是由專業的評級機構對特定的有價證券的信用風險進行評估，或對發行相關有價證券的企業、機構以及其他實體的資信狀況、償付能力進行評估，並確定其信用等級的行為，是資本市場最為重要的徵信服務之一。1975年，美國證監會批准標準普爾公司（Standard & Poor's，簡稱 S&P）、穆迪公司（Moody's）和惠譽國際（Fitch）三家信用評級機構作為首批 "國家認可的統計評級組織"，以便對債券市場進行有效監管。這一做法促使美國信用評級機構業務向全球範圍擴張，並逐漸壟斷美國乃至全球的信用評級業。[1]美國三大機構高度壟斷世界評級市場，實際上是將美國的國家意志和相關法律法規的標準延伸到世界各主權國家。在本次次貸危機發生前，美國國債及大量的證券化產品依然維持了很高的評級，誤導了許多國家的投資判斷，使得美國可以輕鬆地獲取信用資源和相關利益。

1　白欽先、黃鑫：《美元霸權和信用評級壟斷支撐美國霸權》，《高校理論戰線》2010（12）。

美元的國際儲備貨幣地位是實現美國金融核心競爭力的支柱

首先，美元在世界經濟活動中發揮着重要的計價貨幣職能。在國際貿易市場上，美元於 1973 年開始成為石油的計價貨幣，此後鐵礦石、有色金屬、農產品等重要的大宗商品都是開始以美元計價的；在國際金融市場上，大多數金融產品特別是衍生金融工具也是以美元來計價的。全球最早的金融衍生品是美國芝加哥期貨交易所推出的"期貨合約"，該合約產生於 1865 年，此後美國一直作為金融創新的"領頭羊"，推動着全球金融創新的發展，而美元也成為國際計價貨幣。此外，美元還在外匯市場上發揮着"錨貨幣"的職能。

其次，美元作為國際貨幣發揮了重要的支付職能。國際性貿易及跨國公司的發展使得美元作為國際流動資金和全球支付性手段的地位持續鞏固，在世界貿易中用美元結算的比重遠高於其他貨幣，歐元的計價結算基本上只局限於歐元區內。1980 年國際貿易結算使用美元的比重為 56%，德國馬克佔 14%，日元佔 2%，法郎、英鎊、里拉和荷蘭盾四種貨幣合計佔 17%；歐盟成立後，美國的國際貿易只佔全球的 16%，而美元的國際結算仍然佔全球總量的 53%。[1]

最後，美元的國際貨幣職能也體現在儲藏手段方面。美元作為外匯儲備貨幣，佔國際儲備貨幣的比重從 20 世紀 70 年代中期的 80% 左右持續下降到 80 年代的 50%，此後又開始緩慢回升。進入 21 世紀，美元佔國際儲備貨幣的比重一直維持在 60% 以上。

強大的創新能力是維持美國金融核心競爭力的發動機

首先，美國擁有世界最發達和最先進的交易平台，為產品創新提供了

---

[1] 尹應凱、崔茂中：《美元霸權：生存基礎，生存影響與生存衝突》，《國際金融研究》2009 （12）。

較好的環境。美國擁有世界上最發達和最先進的證券市場，紐約證券交易所經過 200 多年的發展已成為世界上最重要的證券交易所，在美國經濟的騰飛中扮演了重要角色。紐約證券交易所成立後，美國又發展出了世界規模的金融衍生品市場。

2006 年 10 月 17 日美國芝加哥商業交易所（CME）和芝加哥期貨交易所（CBOT）合併成為芝加哥交易所集團，市值超過紐約證券交易所。此後，基於匯率、利率、股票等基礎資產的金融衍生品相繼推出，芝加哥商業交易所成為美國金融業不斷發展的重要推動力。

其次，美國高科技產業的迅速發展對融資結構形成新的刺激，催生了金融創新的需求。20 世紀 90 年代，美國的電腦、通信、電子、生物、醫藥等高新技術之所以能夠取得長足發展並引領美國步入新經濟時代，與從 1995 年到 2000 年短短幾年間，美國先後有 3000 多家高科技公司通過首次公開募股（Initial Public Offerings，簡稱 IPO）上市募集資金，獲得創新助力息息相關。新技術的發展也為金融資本提供了高回報的投資機會。隨着金融危機後美國經濟的“再工業化”，碳匯技術、核能運用、新能源技術、節能環保技術和生物科技等高新技術產業成為經濟關注的重點。技術創新為美國直接融資市場中的風險資本提供了大量的投資機會，為美國金融業帶來了新的機遇和活力。

最後，美國先進的電子信息技術為金融創新的發展提供了技術支持。以期貨市場為例，20 世紀 80 年代以來，電子信息技術被引入美國期貨市場，在電子化交易、量化技術應用的推動下，美國期貨市場的運行速度和運行效率顯著提升，成交量快速增長。此外，依托於電子信息技術的量化技術還被廣泛運用於資產管理和風險管理領域，投資經理利用各種創新金融量化工具進行投資管理和風險控制。

作為金融衍生產品的發源地及主要創新領導者，美國金融衍生產品市場在全球金融衍生產品市場中佔有絕對主導地位，在規模和交易品種上幾乎壟斷了整個國際金融衍生產品市場，對美國金融市場的發展起到了不可或缺的積極推動作用。

靈活調整的金融體制是強化美國金融核心競爭力的穩定器

美國一直被視為世界上金融市場最發達、金融創新最活躍的國家，其金融監管制度也較為完備，金融的發展創新與監管的完善健全是螺旋式上升的，兩者共生共榮。美國金融監管體系有較高的靈活性，並且可以較快地應對市場的變化和需求，從而保證美國金融業的良性健康發展。同時，美國作為世界金融大國，在國際金融規範與監管規則的創立方面引領了世界潮流。

本次金融危機後，美國政府對金融監管提出了新的目標與改革方向，其監管範疇進一步擴大。隨後，英國、歐盟等國家（地區）均對原有金融監管體系進行了全面改革。其中，針對具有系統重要性的綜合化金融機構的監管改革都是各國的重點，整體上反映了在未來一段時期全球金融監管發展的主要趨勢。

根據金融監管改革的目標，美國的金融監管改革將覆蓋系統性風險控制、微觀的投資者保護、監管漏洞的填補以及國際監管合作等多個方面。儘管目前美國金融改革還在推進過程中，但是其靈活調整的金融監管制度已產生了廣泛的國際影響。

（王志峰與周冠南參與本文起草與討論，文章來源：《國家治理》2015 [15]。）

國際評級機構的評級框架與"中國因素"

2017 年 9 月 21 日，標準普爾宣佈調降中國的長期主權信用評級，引起廣泛的關注與爭議。從評級方法角度看，目前國際評級機構的評級框架主要立足於發達經濟體，在對中國進行評級時，還有一些獨特的"中國因素"需要考慮，才可能給出令人信服的評級。

●○ 評估主權債務風險，需要考察債務市場的結構，特別是債務市場的對外開放程度

從中國債券市場的結構觀察，由於中國債券市場的開放程度目前還比較低，投資者基本是以境內機構為主。從國際經驗來看，內債為主的債務結構的安全性高於外債為主的債務結構，典型的對照是日本和受歐債危機影響的重債國。日本中央政府負債佔比遠超希臘、西班牙等國，但日本政府的債券主要由日本國內部門持有，加上日本國內儲蓄率較高，因此日本並沒有發生通常意義上所說的債務危機。國際社會也普遍認為日本國債安全性遠高於希臘、西班牙等國。

反觀中國的債券市場，雖然近年來不同形式的債券開放形式陸續啟動，其中最有代表性的是債券通的開通，但是從總體上看，在境外機構投資中中國國債市場的佔比仍然較低。

從圖 1、圖 2、圖 3 的中、日、美三國對比可以看出，2016 年以後，中國政府部門債務佔 GDP 的比重持續下降。相較於日本、美國等發達國家而

言，從負債率（即政府債務佔 GDP 的比重）來看，中國政府負債率從 2016 年後開始逐步下滑，低於國際公認的警戒線（60%），而且均值距離穆迪 A 級主權政府 2016 年債務負擔的中值（40.7%）仍有一段差距。而美國的負債率在緩慢上升，近幾年都在 100% 左右，日本的負債率則將近 250%。

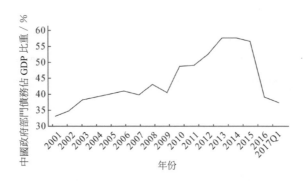

圖 1 2001—2017 年中國政府部門債務佔 GDP 比重（政府部門槓桿率）

數據來源：2000—2015 年數據來自社會科學院，2016—2017 年 Q1 數據來自湯鐸鐸：《實體經濟低波動與金融去槓桿——2017 年中國宏觀經濟中期報告》，《經濟學動態》2017 年第 8 期。

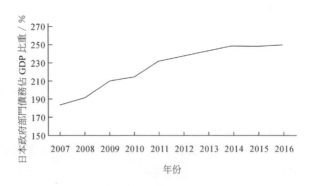

圖 2 2007—2016 年日本政府部門債務佔 GDP 比重

數據來源：TRADING ECONOMICS/ 全球經濟目標數據網。

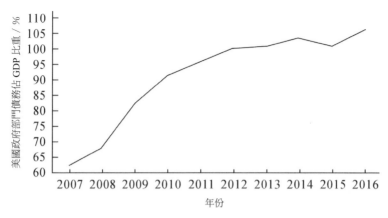

圖 3　2007—2016 年美國政府部門債務佔 GDP 比重

數據來源：TRADING ECONOMICS/ 全球經濟目標數據網。

　　從理論上說，判斷一國槓桿率是否合理、是否安全，不僅要看該國當前的靜態的槓桿率水平，還要分析槓桿率增長與經濟增長是否同步，經濟增長能否覆蓋債務成本的增長。通過借債即提高槓桿率去發展經濟，最基本的條件之一是借債成本要小於資金投入產出的效益。從微觀來看，即邊際成本要小於邊際收益；從宏觀來看，即債務成本要小於經濟增速。因此，槓桿率的發展趨勢從根本上取決於經濟增長的速度和可持續性。中國經濟平穩回落後正逐步在新的增長區間站穩，並且依然保持相對較快的增長速度，這也是支持槓桿率的現實因素。

　　如果從靜態指標觀察，與全球其他主要經濟體的非金融企業槓桿率水平相比，中國非金融企業部門槓桿率確實偏高，但這需要放在動態的大背景下考察，與美國等發達國家的槓桿率加載在金融部門、政府部門相比，中國將槓桿率加載在實體經濟部門，可以說是轉槓桿的不同表現形式。

●○ 評估主權債務風險，需要評估中央政府債務與地方政府債務、融資平台債務的界限是否清晰

標普[1]認為，一些地方政府的融資工具，儘管重要性日益減弱，但仍然繼續以公共投資為借口，借貸可能需要政府資源來償還。實際上，自中國的新預算法實施以來，地方政府債務限額管理和預警機制得到明顯加強，"借、用、還"的一系列規範清晰，地方政府融資平台總體上實現了市場化轉型。標普將融資平台公司債務全部計入政府債務，從法律上和事實上看也是不成立的。

目前中國地方政府債務的範圍，包括地方政府債券和經清理甄別認定的 2014 年年末非政府債券形式存量的政府債務。截至 2016 年末，中國地方政府債務餘額 15.32 萬億元，加上納入預算管理的中央政府債務餘額 12.01 萬億元，中國政府債務餘額 27.33 萬億元，佔 GDP 的 36.7%。新的預算法實施以後，地方國有企業（包括融資平台公司）舉借的債務依法不屬於政府債務，其舉借的債務由地方國有企業負責償還，地方政府不承擔償還責任；地方政府作為出資人，在出資範圍內承擔責任。同時，《中華人民共和國公司法》（簡稱《公司法》）明確規定，"公司以其全部財產對公司的債務承擔責任"；"有限責任公司的股東以其認繳的出資額為限對公司承擔責任，股份有限公司的股東以其認購的股份為限對公司承擔責任"。

截至 2017 年 10 月，中國的財政赤字佔 GDP 比重僅為 2.8%，總債務餘額佔 GDP 的比重為 18%，比主要西方國家相應指標低得多。從國際主要評級機構質疑中國債務水平會持續走高的情況來分析，國有企業負債率雖然比較高，但近年來在去槓桿政策的推動下呈現穩中趨降態勢，目前基本

1　標準普爾，世界權威金融分析機構，簡稱標普。與穆迪投資服務公司（簡稱穆迪）、惠普國際信用評級有限公司（簡稱惠普）合稱三大評級機構。

上在 65% 至 67% 之間波動。對於地方政府融資平台而言，快速增長的債務的確是值得關注的風險隱患，面對不斷擴大的地方政府融資平台債務規模，中國相關部門也陸續出台了一系列政策，一方面規範地方政府融資平台公司的融資情況，控制整體債務規模，降低融資成本；另一方面釐清政府債務範圍，明晰地方政府融資平台債務與地方政府債務之間的關系，剝離地方政府融資平台的政府融資職能，禁止地方政府對地方政府融資平台進行違規擔保，明確融資平台公司債務不是地方政府債務。

●○ 主權信用評級在關注債務的同時，還需要同時關注中國債務形成的資產

標普在關注信貸增速過快、債務負擔等問題時，主要關注的是債務問題，但是忽視了中國政府財政支出伴隨着基礎設施建設所形成的資產，這是國際評級機構長期以來所持的評級框架的不足，以及基於發達國家的經驗對中國經濟狀況一定程度的誤讀。中國政府的債務與美歐日和其他新興市場的主權債務有明顯的不同。相對於主要發達經濟體主要將債務用於養老等，中國當前這個階段的大多數債務通過投資變為資產。這決定了同樣的負債率，給中國政府帶來的負擔和未來的債務壓力，遠遠低於通常意義上的發達經濟體。聯繫資產來分析負債，把政府的負債與這些負債形成的資產統一起來分析，對於客觀評估中國的狀況尤為重要。如果說一些出現債務壓力的發達經濟體的政府從事債務融資，主要是為了彌補其公共消費虧空，彌合養老金收支缺口和進行收入再分配等，那麼中國政府的債務融資則主要是為各類公共投資籌集資金，並且通常會形成大量的資產。

債務資金用途不同，產生的經濟後果大不相同：債務資金用於消費，償付資金仍需另行籌措，這無疑會加重政府未來的財政負擔。中國的債務

融資在很大程度上用來投資，而債務資金若用於投資，這些投資形成資產並通常會有現金流產生，便為未來的償債奠定了一定的物資基礎。

截至 2016 年，從國家資產負債表的角度，根據有關研究機構按寬口徑的估算，中國主權資產負債為 139.6 萬億元，主權資產為 241.4 萬億元，資產淨值為 101.8 萬億元。在資產中若扣除非流動部分，得到窄口徑的主權資產淨值仍為 20.2 萬億元。無論用何種計算方式，中國目前均不存在無力償還債務的"清償力風險"。由於中國政府擁有或控制的存量資產（包括其他可動用的資源）比例高，債務危機爆發的風險相應地顯著降低。

●○ 評估主權債務風險需要考慮不同金融結構和經濟結構可能對債務增長產生的影響

從經濟結構看，中國一直保持了較高的儲蓄率，近年來儲蓄率高達 50% 左右，顯著高於國際平均水平。

從特定角度也可以說，高儲蓄支撐了在工業化城鎮化快速推進階段中國以間接融資為主導的金融體系。標普認為政府加大控制企業槓桿水平的力度，有望穩定中期金融風險趨勢，但預計未來兩到三年的信貸增長速度仍不低，會繼續推動金融風險逐步上升。應當說，信貸增長是一個國家經濟發展階段及融資結構等的綜合反映，受經濟結構、經濟增長、歷史文化等多重因素影響。不同經濟體的融資結構本身存在較大差異，客觀上會使貨幣信貸呈現不同的水平。銀行佔據主導地位的間接融資體系，必然導致企業的負債水平相對較高，此時不僅要關注企業的負債水平，還要在商業銀行佔據融資主渠道的環境下，關注商業銀行體系的經營管理狀況。

從邏輯上說，資本充足性、淨利差、不良資產比率等指標是衡量商業銀行金融穩健性、盈利能力和吸收風險能力的重要指標。從這幾項指標可以看出，中國的銀行資本充足率指標一直保持在高位，淨利差經過持續回落後開始趨穩並有階段性的小幅回升，不良資產比率也開始呈現趨穩態勢（見圖 4）。

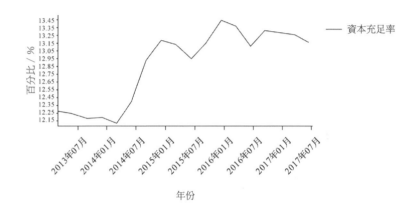

圖 4　中國金融機構 2013 年 7 月—2017 年 7 月資本充足率

　　自 2008 年國際金融危機以來，世界主要發達國家先後實行量化寬鬆的貨幣政策。在經歷了階段性的應對危機的一籃子刺激政策之後，中國貨幣增速正在逐步下降（見圖 5）。從最新的數值來看，廣義貨幣供應量（M2）同比增長遠低於 2008 年國際金融危機以來的平均增速，貨幣增長與經濟增長的協同性增強。

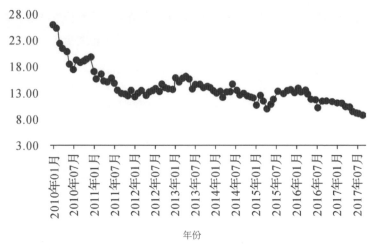

圖5　中國貨幣供應量（M2）2010年1月—2017年7月同比增長率

數據來源：FinD 數據庫。

●○ 主權信用評級需要考慮經濟周期的不同階段，特別是要防止滯後性誤判

　　中國經濟經過 2008 年金融危機之後幾年的調整，目前處於探底階段，經濟運行呈現較強的韌性，主要經濟金融指標自 2017 年以來逐步改善，此時調低主權債務評級，並不能準確地反映中國經濟的周期波動狀況。一直以來，三大評級機構主權信用評級的定量分析採用的都是各個國家的宏觀經濟數據，由於宏觀經濟數據樣本相對較小，周期較長，評級結果往往是危機爆發的事後反映，信用評級的信息含量大打折扣。根據目前三大評級機構揭示的評級方法，它們的主權評級主要是從被評級國家的歷史數據出發，主要採用的是全球各國比較排序的分析方法，對被評級國家長遠的經濟增長方式、經濟發展程度、經濟周期波動等方面的關注顯然

不夠。具體表現在不同的指標上。例如,在評估經濟發展方面,評級機構往往將分析集中於通脹、名義利率、人均國內生產總值、失業率等定量指標上,卻忽略了對被評級國家的經濟增長方式、科技發展水平、產業結構轉型升級進展等信息的綜合評價;在國際貿易與國際收支方面,主要分析集中於匯率、外債、經常賬差額、外匯儲備等歷史數據之上,卻往往缺乏對一個國家的對外貿易依存度、國際資本流動等動態信息的實時監控。因此,長期以來,三大評級機構主權評級結果的有效性會打折扣。

根據國際清算銀行數據,2016 年末,中國非金融企業槓桿率為166.3%,連續兩個季度環比下降或持平,這是非金融企業槓桿率連續 19個季度上升後首次改變;中國信貸/GDP 缺口比 2016 年一季度末降低 4.2個百分點,連續 3 個季度下降,表明潛在的債務壓力趨於減輕。

從積極意義上說,標普此次下調中國主權信用評級,可以提醒相關機構關注經濟中存在的效率不足問題並加快推進改革。但是,此次評級下調並不可以明顯證明中國信用風險上升或是基本面惡化。從主要經濟指標觀察,中國經濟在經歷了長達五年的增長放緩後開始顯現企穩向好的跡象,企業盈利則迎來了明顯的改善性增長。因此,國際評級機構在評估中國經濟基本面變動時明顯有些滯後。

綜上,標普此次針對中國主權評級的降級舉動,在關注中國信貸增長的現象的同時,背後也有許多具有中國特色的因素需要考慮。以標普為代表的評級機構各自都擁有一套系統性的主權評級模式,但預設價值取向和技術性問題以及不可避免的主觀定性判斷的存在,以及這些評級框架對中國這樣的新興市場經濟體的適應能力,都在不同程度上使它們的評級模式具有明顯的缺陷,需要採取相應的舉措來進行調整和改進。

(熊婉芳參與本文的起草與討論,本文發表於《第一財經日報》2017 年 10月 10 日,原題目為《國際評級機構的評級框架需考慮"中國因素"》。)

對國際評級機構的評級結果的再評價

　　通常來說，信用評級機構進行的國家主權信用評級，實質就是對中央政府作為債務人履行償債責任的信用意願與能力的一種判斷，其評級結果往往對各國政府債券的融資成本等產生一定的影響力。但是，相比較來說，主權評級方法的科學性遠遠不如其他類型的評級，如評級樣本有限，違約樣本少，缺乏客觀科學的評級框架而主要依賴評級機構的主觀判斷等。

　　正由於此，即使都在評級領域，兩家評級機構，也可能同一時間對同一評級對象給出不同甚至相反的評級結果。通常來說，評級是對償債能力和償債意願，即相對信用風險（不是絕對信用風險）的預測。既然是預測，從操作層面看，就需要立足於假設條件和所掌握信息的充分性。這兩個條件不同，評級結果就有差異。同時，不同評級機構的評級理念、評級思想、評級方法和評級標準都是有差異的，也就是需要不同的評級機構給投資者提供不同甚至相反的投資參考和看法。從目前的一些分析資料看，如穆迪似更注重"違約損失率"預測，而標普似更注重"違約率"預測；穆迪對主權評級時似更注重地緣政治因素分析，而標普似更注重對被評級國家或地區的財政政策、稅收政策和貨幣政策等的分析。這也是 2012 年 6 月 22 日，穆迪和標普兩家評級機構對哈薩克斯坦主權評級做出完全相反方向調整級別的原因。

　　因為國際主要的評級機構的主權信用評級體現了這些機構的看法，其調整評級的原因也自然有一定的參考價值，例如標普在評級報告中指出的信貸增長過快，以及地方政府債務和國有企業債務是否會轉嫁為中央政府債務等問題，這也正是中國政府近年來一直在積極採取舉措着手解決的問題。

與此同時，這些國際評級機構的評級結果，特別是主權信用評級結構，長期以來也一直受到不少的批評，具體來說，主要包括以下幾個方面。

●○ 從事後評估看，評級結果往往過於親經濟周期，有時過於受市場情緒影響

在一些代表性的評級實例中，國際評級機構的評級結果往往容易表現出一種明顯的親經濟周期性，即在周期的繁榮階段往往容易傾向於高估，而在周期的衰退階段往往容易傾向於低估。這一點在 2009 年金融危機階段對希臘的評級中表現得較為明顯，而國際評級機構受到的批評也較為激烈。

在 2009 年底，標普、穆迪和惠譽分別下調了希臘的主權債務評級。2009 年 12 月 8 日，惠譽將希臘主權信用級別由 A- 下調至 BBB+；12 月 16 日，標普將希臘的長期主權信用評級由 A- 下調為 BBB＋；隨後於 12 月 22 日，穆迪則將希臘短期主權信用級別由 A1 級下調至 A2 級。連續的主權信用級別下調，短期內明顯加劇了希臘的債務壓力，使希臘馬上面臨政府融資成本被抬高的困境，眼看到期的債務無法通過市場再融資來償付，政府只好求助於其他官方資金的援助。同時，希臘政府融資成本的上升也明顯增加了希臘政府的利息負擔，為已經捉襟見肘的財政赤字添加了壓力。在這種市場困境下，希臘主權債務危機因為國際評級機構的評級調整而在市場上迅速發酵，並產生了連鎖效應。2010 年 4 月 27 日，標普將希臘主權債務評級從 BBB+ 下調至 BB+，一次下調三個級別，前景展望為

負；同日，標準普爾將葡萄牙主權債務級別從 A+ 下降到 A-，一次下調兩個級別，前景展望為負；4 月 28 日，標普宣佈將西班牙主權債務級別從 AA+ 下降到 AA，且前景展望為負；5 月 5 日，穆迪將葡萄牙主權信用評級列入負面觀察名單。5 月 6 日，穆迪發佈報告，認為希臘債務危機可能擴散至歐洲多國銀行業，其中葡萄牙、西班牙、愛爾蘭和英國將是最易發生危機的幾個國家。一時間，整個歐洲風聲鶴唳，債務危機陰霾籠罩。正是由於這種惡性循環的連鎖反應，局部的希臘主權債務危機迅速"傳染"，演變為歐洲主權債務危機。從事後評估看，其實當時已經算是歐洲主權債務問題最為嚴重的時期，連續的主權債務評級降低客觀上加劇了市場的盲目恐慌情緒。

●○ 評級框架相對單一，容易忽視新興市場的不同市場條件

如果觀察標普的一些評級下調的實際事例，可以看到，其對較高的債務增速十分關注。但是，需要注意的是，金融結構的差異直接會影響到債務的增長速度，在以銀行為主導的金融結構中，債務的增長顯然是快於以直接融資為主導的經濟體的。因此，不考慮金融結構的差異和發展階段的不同，主要以信貸 /GDP 缺口作為指標測算信貸風險有明顯的評級技術上的偏頗。

同時，在關注信貸增速是否過快，債務負擔是否上升等問題時，還需要評估政府支出所形成的資產積累，因為這會提升政府的債務償還能力。而一些與地方政府有一定關聯的融資平台債務是否應當計入政府債務，還需要考察這些地方政府債務、融資平台債務是否有清晰的邊界和法律的界定，如果已經有清晰的界定，那麼，盲目計入則顯然會誇大中央政府的債務規模。

●○ 主要國際評級機構享有事實上的免責權與市場壟斷地位，需要珍惜由此帶來的市場影響力

實際上，因為國際評級機構的評級調整可能帶來的市場影響，不僅其評級結果在國際市場上會有爭議，而且在美國國內也同樣會有爭議。從歷史上看，美國的評級機構在遇到因重大評級失實而導致的訴訟時，基本是以美國憲法第一修正案作為自辯依據的，將自身的評級辯訴作為一種觀點，認為應受"言論自由"權利保護。

比如 2009 年 11 月，美國俄亥俄州養老基金起訴三大評級機構，控告它們給予抵押貸款支持債券虛高評級，造成其 4.57 億美元的投資損失。不過，美國地區法官詹姆斯‧格雷厄姆卻支持評級機構的辯護，認為評級是預測觀點，受美國法律保護，於 2011 年 9 月 27 日判決俄亥俄州養老基金敗訴。這種免責保護實際上給予了國際評級機構不對稱的市場地位，有免責權而且佔有市場壟斷地位的專業機構，需要高度珍惜這個獨特的市場地位，珍惜這種獨特的市場地位帶來的市場影響力，否則必然會帶來市場的質疑，以及市場認可度的降低。

針對國際信用評級行業所存在的缺陷，特別是在金融危機中國際評級機構的表現受到廣泛詬病，不少國家的監管機構開始關注評級機構的監管，並採取一系列應對政策的措施。主要包括以下方面：一是提高信用評級行業的透明度和多樣性，例如要求對所有的評估機構公開證券發行人的信息，通過信用評級機構的主動評級，增強信用評級的多樣性；二是適當降低對信用評級機構評級的依賴，探索支持金融機構的內部評級等方式，如有的國家調整了法規中對信用評級機構評級的強制性的引用；三是嘗試增加信用評級機構的責任和義務，有的國家考慮取消評級機構的"專家責任"豁免機制，增加信用評級機構的法律責任和義務，要求評級機構改善內部的公司治理結構，有的國家還針對評級機構成立了專門的監管機構。

實際上，主要的國際評級機構也意識到自身在評級方法等方面的不足，也在嘗試改進和完善自身的評級體系。例如，在銀行評級方面，主要評級機構近年來就採取了一些新的改進舉措，例如，引進新的分析方法，穆迪引進了共同違約分析法，補充分析銀行可獲得的外部援助。同時，探索提高總體評級的透明度，惠譽單獨發佈 5 分制的支持評級，用來表述從國家或者機構所有者處獲得外部援助的可能性和幅度，將其 9 分制的單獨評級改為與總體評級完全一致的 19 分制，使財務能力評估更加精細，外部援助的益處更加清晰等。

因此，從國際評級行業的發展看，這本身就是一個在爭議中不斷發展的行業，對於評級機構的評級調整，既要看到其調整中隱含的一些合理的風險提示並採取相應改進措施，更要看到這些評級結果本身也有許多局限性和不足，對於這些評級結果，也要冷靜地進行再評價。

（游詩棋參與本文的起草與討論，本文發表於《國際金融報》2017 年 9 月 23 日，原題目為《對國際評級機構的評級結果進行再評價》。）

8

資本市場

打造互聯互通的共同市場

香港股市估值的高與低

　　長久以來，香港股票市場一直是中國內地企業上市及集資的國際平台。2014 年 11 月滬港通開通，2016 年 12 月 5 日，深港通正式啟動，這為內地投資者開拓了投資香港股票市場的正式渠道。不論是發行人還是投資者，香港市場的股價是決定上市及投資的一個重要因素。市場一般用市盈率計量上市股票的價值，再以市場指數的市值加權市盈率計量整個股票市場的價值。香港市場自 2014 年起，市盈率一直低於內地市場，而 A 股大部分時候的買賣價均高於相應的 H 股，但單憑這兩點得出香港市場不太吸引准發行人招股上市，投資者較難從中獲利的結論未免過度簡單化。

●○ 股價差異何來？

　　香港和內地在主要市場指數、上市公司規模、上市公司行業組成、新股集資市場、市場成熟度及投資者基礎等方面均有差異。香港與內地市場在宏觀層面存在的股價差異，在微觀層面上卻未必如此。

　　從個別市場不同指數的差異來看，香港主要的市場指數包括：恒生指數（簡稱恒指）、恒生中國企業指數（簡稱恒生國企指數）與恒生香港中資企業指數。恒生指數成分股為香港交易所主板上市市值最大及流通量最高的 50 隻股票，2016 年 5 月佔主板市值 57% 及成交額 54%；恒生中國企業指數成分股 40 隻，2016 年 5 月佔主板所有 H 股市值 81% 及成交額 30%；恒生香港中資企業指數成分股為市值最大及流通量最高的 25 隻紅籌股，2016 年 3 月佔主板市值 17% 及成交額 13%。在上海市場，相當於恒指的是上證 50 指數，它涵蓋上交所市值最大及流通量最高的 50 隻股票。從香港市場的各個指數與上證 50 指數的市盈率對照來看，2015 年至 2016年 5 月，恒指及恒生國企指數的市盈率均低於上證 50 指數，但恒生香港中資企業指數的市盈率自 2011 年起大部分時間均高於上證 50 指數。這顯示不同的內地股票的股價不但存在跨市場差異，在同一個上市市場也有所不同。而從上海市場和深圳市場主要指數的市盈率來看，普遍有指數成分股規模愈小，指數的市盈率傾向愈高的特點。

從不同規模公司之間的差異來看，內地市場上市公司規模愈大，市盈率傾向愈低，但在香港市場，股票的市盈率多視個別股票情況而定，市盈率與上市公司規模之間並無顯著的特定關係。而從 AH 股來看，不論其行業，公司規模愈大，AH 股溢價便愈小。

從不同行業之間的差異來看，雖然行業未必是決定股票市盈率的關鍵因素，但一些行業的股票的市盈率或會因行業性質關係，而高於或低於同一市場的其他股票，例如，傳統金融業的市盈率傾向較低，而新經濟行業如科技及醫療保健等的市盈率傾向較高。一些行業的公司在香港做首次公開招股，估值也可能比在內地高。

從新股集資市場的股價差異來看，2012 年至 2016 年 5 月，香港首次公開招股個案按招股價計算的市盈率（市值加權後）平均低於上海及深圳市場。不過，不同行業的首次公開招股有不同的定價差異（見圖 1）。在此期間，在香港進行首次公開招股的定價在非必需消費品、必需消費品、能源、醫療保健及公共事業這些行業中均比上海高，其中某些行業香港也比深圳高。換句話說，若干在香港進行首次公開招股的行業或可在內地取得更高的估值，不過發售時的市盈率還是要視個別股票情況而定。

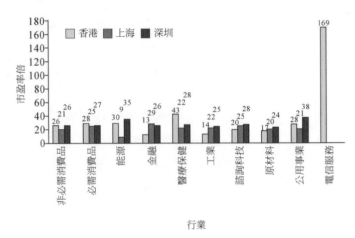

圖 1　2012 年—2016 年 5 月香港與內地首次公開招股的市值加權市盈率（按行業）

另外，從市場常態差異來看，每一個股票市場不論開放程度，皆會在一段時期內維持其常態水平的市盈率。新經濟行業比重較高的市場，其加權平均市盈率水平會較高；金融業比重較高的市場，其平均市盈率水平則會較低。所謂的市場常態，是該市場的各方面特徵包括上市公司的行業組成及發展階段、投資者基礎、投資者的成熟程度及投資行為等產生的綜合結果。此市場常態將一直維持，直至市場基礎因素改變、衍生新的常態為止。而對投資者來說，投資股票的價值包括持有期內的資本增值以及派息。市盈率計算出來的股價水平只反映資本增值情況，總回報的評估還應計算股息率。

事實上，在過去七八年間的大部分時候，上證 50 指數的股息率均較恆指低，而自 2011 年起，恒生國企指數的股息率大部分時候均高於其他香港指數及上證 50 指數的股息率。相較之下，納斯達克 100 指數的市盈率雖相對較高，其股息率卻是最低（見圖 2）。

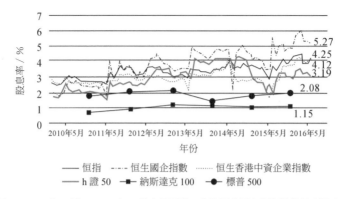

圖 2　2010 年 1 月—2016 年 5 月中國香港、上海及美國主要指數的月底股息率

　　上交所及深交所不同指數的股息率也顯示，指數的市盈率較高，其股息率會較低，相反亦然。原因可能與成分股的性質有關，即如屬業務及收入穩定的傳統行業，派息會較高，但增長前景偏低，市盈率因而也較低；如屬高增長的新興公司，市盈率會較高，但因收入不穩定或尚無盈利的，其派息會偏低甚至不派息。

　　從投資者喜好差異來看，香港與內地市場的投資者組成很不一樣。在香港現貨市場的交易中，機構投資者的交易佔比逾 50%，海外機構投資者的交易佔比逾 30%，本地散戶投資者的交易僅佔 20% 左右。相反，內地市場大部分交易為本土散戶投資者的交易，發展機構投資者基礎一直是內地監管機構的長遠市場發展策略。

　　此外，散戶與機構投資者的投資行為相去甚遠。大型國際機構投資者會根據先進的股票估值模型及經風險調整的組合管理技術做出投資決定；散戶投資者則絕大部分是非專業的投資者，一般按個人喜好投資，性質上或含炒賣成分。對一個擁有國際機構投資者高參與度的市場來說，市場中的股價會傾向符合股票的基本因素。但如市場由散戶投資者主導，股價將是眾多投資者個人偏好匯集的結果。

在內地，散戶投資者還不是太成熟及老練，不少交易屬於炒賣。這些投資者對高風險的小盤股有偏好，認為其潛在收益較高。因此，在內地市場，公司規模愈小，市盈率愈高。香港股票市場是高度國際化的市場，在其過去百年的歷史中多次經歷狂升暴跌，即使是散戶投資者也相對成熟。在更為成熟的投資者結構下，公司規模在香港市場並非是股價的決定性因素。

同時，由於內地衍生品和結構產品種類較少，投資者投資股票時缺少機會做出更靈活的投資但卻善用套利和對沖。這導致投資者的投資行為變得單向，投資資金只追逐相近的投資目標，推高了價格水平。

另外，投資者對股票估值除了會尋求風險溢價外，也願意付出流動性溢價以購入流動性較高的股票，也就是為可更輕易沽出股票而支付的溢價。內地上市股票一般比香港股票有更高的流動性比率：2015 年上交所流動性比率為 449%、深交所為 521%，而香港交易所流動性比率為 106%。就 AH 股而言，2015 年 A 股的合計流動性比率為 286%，相應 H 股為 131%，在 87 隻 AH 股中，僅 15 隻（或 17%）的 H 股流動性比率較相應 A 股高。

雖然 2014 年 11 月滬港通開通後兩地市場已打通部分連接通道，且深港通尚待開通，但基於交易額度及內地投資者資格準則等監管限制，兩地市場之間可消除流動性差異的資金流動仍然有限。

●○ 香港市場還有機會嗎？

由於在市場特性和投資者結構上，香港與內地市場之間存在差異，故兩地市場在宏觀層面的價格差異，即內地市場市盈率較高的情況預測仍將持續一段頗長時間。但香港市場在個別股票和行業的微觀層面上股價亦有可能比內地市場高。發行人和投資者仍可通過香港市場受惠於上述種種差異所帶來的機會，包括以下幾個方面。

利用 AH 股中股價較低的 H 股。AH 股公司的 H 股買賣價較相應 A 股股價有折讓，投資者可購入股價較低的 H 股，這較持有同一公司的 A 股可獲得較高的股息率。由於是同一公司，股票基本因素相同，股票的資本增值回報亦會差不多。

善用種類廣泛的投資工具。相比在內地市場進行交易，在香港市場進行交易的投資者可利用許多不同的股票衍生產品和結構性產品進行股票投資對冲及套利。這些投資工具在波動的市況下起着緩衝的作用。因此，投資者更有能力應對高風險的市況，也較在內地市場有更多的獲利機會。

若干行業首次公開招股的較高定價。消費品製造、能源及醫療保健等若干行業以往在香港首次公開招股較在內地獲得的市盈率更高。放在個別股票的微觀層面上，這代表潛在發行人如能迎合香港市場投資者的胃口，將可獲得優於內地市場的定價。

研判市場對新經濟行業股票的興趣。香港市場現時的行業組成過度集中於金融業，資訊科技及醫療保健等新經濟行業仍有大量空間可增加比重。這些行業的潛在發行人對投資者有一定吸引力。再者，醫療保健行業過去在香港首次公開招股，市盈率均遠高於內地。

更靈活的首次公開招股及上市後集資機制。相比內地市場，香港的新股發行制度限制較少，也更靈活。在香港首次公開招股，由遞交申請到推出發售所需的時間較少，因而申請的輪候隊伍相對內地短許多。每宗首次公開招股以至上市後的集資活動，均是發行人的商業決定。這種靈活性及由市場帶動的取向，非常有利於發行人應業務需要和當時的市況決定股票發行的時機。

善用國際化的上市平台。香港股票市場是全面開放、全球投資者皆可參與的市場，按國際常規及監管標準營運，在這個平台上市的發行人可輕易接觸到國際專業機構投資者及全球資金，尤其是發行人將得以吸引國際的基礎投資者。對具有國際視野的公司來說，國際上市地位可帶來大量機會，使公司可通過品牌營造、全球併購和企業重組等方式做全球業務部署。香港股票市場也將是支持內地企業實現跨國發展和擴張戰略的跳板。

（蔡秀清參與本文的起草與討論，文章來源：《清華金融評論》2016 年 9 月刊，原題目為《換一個角度看香港股市估值之高與低》。）

中國金融大格局下的滬深港共同市場

　　從國際範圍上看，交易所之間的互聯互通並不少，但成功的不多。滬港通和深港通的廣受歡迎，主要是因為順應了中國內地金融格局調整的現實需要，也順應了全球金融市場的調整趨勢。

　　深港通的政策框架，延續了滬港通主要的交易、結算、監管的制度，但有新突破，即取消了總額度限制，再加上互聯互通從上海延伸到深圳，實際上把三個交易所聯繫起來，成了一個事實上的共同市場。所以，評估深港通、滬港通的很多影響，都需放在共同市場的大框架下。比如，在滬港通剛啟動時，A 股和 H 股之間存在顯著差價，所以部分市場投資者預期，兩個不聯通的資本市場通過滬港通聯通之後，就像兩個水量有差異的湖面聯通後，水面可能會逐步拉平。但滬港通開通後相當長的一段時間內，兩者之間的差距不僅沒有縮小，反而擴大了。這讓不少的投資者和研究者大跌眼鏡，為什麼會是這樣？

　　深入研究可以發現很多有意思的判斷。例如，滬港通項下的額度限制使海外資金進入上海市場和上海資金進入香港市場佔的交易比例非常小，遠不能達到改變當地交易習慣、估值水平和估值習慣的程度。所以，估值差異在聯通之後反而擴大了，顯示出實際上聯通的兩個市場的估值波動周期以及不同的市場環境和投資者群體，是決定各自估值水平的關鍵因素。如果這個推理成立，現在互聯互通延伸到深圳，總交易限額取消了，估值的差異是會繼續擴大，或是會繼續保持，還是會縮小呢？主流看法傾向於縮小的可能性相對比較大，但從滬港通運行的經驗來看，聯通之後，幾個市場之間的差異預期還是會不同程度地以不同方式存在。

如果說深港通全面開啟了深滬港市場的互聯互通，那麼這個共同市場的需求動力來自哪兒呢？

第一，中國內地的產業轉型，需要調整金融結構。比如激勵創新，靠銀行的貸款融資來激勵創新不容易，所以要發展直接融資。中國內地居民投資的產品需求要多樣化。目前中國內地居民的財富持有結構的特點是集中在比較少的金融產品、貨幣和市場上。經過幾十年改革開放積累的財富，中國內地居民持有形式最多的資產類別之一是房地產。我看到一個估算，現在中國內地城市居民持有的房地產市值是 270 萬億元，而滬深和香港股市的市值也分別就是 50 萬億元、40 萬億元。一旦啟動資產結構轉換，內地投資者只要把房地產財富的 10% 拿來投資香港市場，就會深刻地影響港股。

中國內地居民的財富的第二大儲存形式是銀行。這些財富怎麼轉換成其他的金融產品？怎樣進行適當的跨境配置？這些都對金融市場提出了很重要的實際要求。2016 年，中國內地對國際市場的投資首次超過了外商在中國內地的直接投資。中國內地企業發展到目前這個階段，有國際跨市場多元化配置的需要。從企業層面說，中國內地企業已從吸引國際投資為主轉為逐步拓展對外的投資。同時，機構投資者如保險公司、個人投資者也有同樣或相似的國際化配置訴求。

當前，我國諸多內地機構投資者面臨着所謂的"資產荒"問題。這並不是指有錢買不到資產，而是指在低利率環境下，在市場上找到能覆蓋負債成本和期限的適當資產的難度愈來愈大。將資產過分集中在單一貨幣上會面臨很大的匯率風險。舉例來說，作為長線投資的內地保險資金，如果在 2014 年投資海外市場，比如通過滬港通，即使投資產品本身低盈利，但從人民幣角度來測算，賣出來兌換成人民幣，也多了百分之十幾的利潤。可見，以多貨幣、多市場的組合投資來平衡風險，其實際需求非常大。滬港通、深港通這樣的國際配置平台的出現恰逢其時。

第二，中國內地資本市場開放也意味着更多國際資金可能會進入中國內地市場，所以，滬港通、深港通提供了資金雙向流動的渠道和平台。從 2015 年到 2016 年，國際資產管理行業有一個很重要的特點，即主動型管理的資金大幅流向了被動型的、指數型的投資產品。在動盪的市場條件下，這些標誌性的指數往往還能提供一個與市場大致一樣的表現，這些指數的影響力在擴大，愈來愈多的被動型基金跟蹤着一些標誌性指數。因此，只要被納入特定的指數，全球參照這個指數跟蹤配套的基金就會相應買入市場的金融資產，資金就會相應流入。在債券市場用得比較多的是摩根新興市場債券指數。滬港通、深港通的啟動，為內資以較低的成本進行國際配置，為外資能順暢地進出中國內地市場提供了一個不錯的通道，有助於推動中國內地市場加入那些國際上有標誌性意義的金融市場指數，進而吸引新的國際資本流入。

第三，中國內地資本市場雙向開放的空間非常大。在以額度管理為代表的雙向開放體系下，把中國內地資本市場已批准給金融機構的所有額度全部用滿，是 4750 億美元。假設這個容量全部流入中國內地市場，也只佔中國內地資本市場的 3%。中國保險資金對海外投資最大的容許額度是 15%，現在保險公司對外市場的規模佔總資產的比例僅為 2% 左右。如果我們將所有對外投資的額度全部用滿、用足，佔國際資本市場的市值比例也僅僅是 0.1%。2016 年以來，中國內地債券市場的開放邁出了新的步伐，這個比例的計算需要做出一些調整。但是，基本的結論還是成立的，那就是中國內地已是世界第二大經濟體，貿易世界排名第一，但在國際資本市場上還是不易看到以人民幣計價的金融產品，中國內地資本市場的雙向開放具有很大的潛力。這些機構投資者現在也迫切需要一個高效率、穩定進行國際資產佈局的平台。滬港通、深港通恰逢其時地提供了這樣的平台。

第四，40 年前，香港的上市公司基本上是香港本地公司。伴隨着改革開放，中國內地的上市公司希望籌集資金，而國際投資者想進入中國內地市場，卻找不到適當的通道。香港抓住了這個連接中外市場的機會，直接推動香港成了一個國際金融中心。在過去幾十年改革開放的過程中，國際市場的投資者和來自中國內地的上市公司在香港市場進行了匹配。做個比喻的話，香港就像一個轉換開關，不同類型的插頭，在香港這個插座上都能插上，都能對接使用。香港高效率完成了這個匹配功能，現在這個融資的需求仍然很旺盛。2015 年香港市場的新股籌資額達到全球第一，2016 年也是全球第一。

目前，一個新形勢正在形成，中國內地投資者包括機構投資者、金融機構和個人，都希望把一部分資產配置到海外市場，海外產品的提供者也需要尋找新的投資者群體，這就有望構成一個新的資金流動循環。這就給香港金融市場提出了新要求：把國際市場上的各種金融產品都吸引到香港這個平台上，香港金融市場要像個大型金融產品的超市，供內地投資者在這個金融大超市上配置資產。從趨勢看，這樣一個金融大超市，應當既有股票、定期貨幣產品，也有大宗商品。下一步這種聯通還可繼續延伸和拓展，從股票的二級市場延伸到一級市場，從股市延伸到貨幣和固定收益產品市場，進而延伸到大宗商品領域。

互聯互通給股市帶來的是一種價值，而給大宗商品領域帶來的可能又是另外一種價值。香港交易所在深圳前海開發區設立的一個大宗商品交易平台，就是基於這樣的戰略考慮。

第五，從市場格局看，中國內地大宗商品市場呈倒三角形：最活躍、交易量最大的是頂端的金融類參與者，主要進行投機性交易；中間的是一些交易融資；底部則是為實體經濟服務的生產商、消費商和物流。而當下國際市場的特點，是緩慢地從現貨市場買賣逐步延伸到中間市場交易和融資，這些交易和融資需要一些風險管理，然後就繼續延伸到金融類參與者，呈一個正三角形分佈。那麼，中國內地市場和國際市場兩邊各需要什麼？從直觀上就可看出，內地市場需要更多關注，從而服務實體經濟，國際市場則需要更多流動性來提高市場效率。所以，兩邊若能聯通起來，中國內地大宗商品和國際大宗商品市場可達到雙贏的效果。

第六，從國際經驗看，由互聯互通推動的共同市場建設要成功運行需要許多條件。最重要的條件是連接市場的雙方投資者對對方的市場規則、上市公司等都有一定程度的了解。上海、深圳和香港的聯通有一個非常大的優勢，統計數據顯示，香港上市企業中內地企業佔 51%，內地上市企業的市值佔 64%，日均交易量佔 71%。目前恒生指數 50 隻成分股有 24 隻來自內地，市值超過一半。在研究這些上市公司方面，內地的投資者是有一定的優勢。

總之，滬港通、深港通的啟動打造了滬深港共同市場，也為中資金融機構的國際化提供了一個新的平台。中資投行在這個共同市場上有熟悉的上市公司，對方也日益熟悉中國內地市場。如果能充分運用這個平台，了解國際金融規則，那它就必然會為中資金融機構的國際化提供很好的條件。

●○ 從港深滬共同市場思考新策略[1]

深港通啟動之後，市場的潛在影響會體現在哪些方面呢？從制度設計角度看，深港通可以說是滬港通的一個自然延伸，但是在一些特定的領域又有一些新的突破：除了覆蓋的股票範圍擴展到深圳市場外，滬港通和深港通的總額度也取消了。總額度的取消能夠吸引不少資金進行中長期配置，也增強了香港市場與上海市場、深圳市場等不同市場之間的聯繫。

---

1 本部分發表於《國際金融報》2016 年 11 月 14 日，原題目為《從港深滬共同市場思考新策略》。

港深滬共同市場時代

深港通的啟動，特別是總額度的取消，實際上是把香港市場、上海市場和深圳市場連接成了一個"共同市場"。

在滬港通和深港通啟動之前，這三個市場實際上從單獨來看，在全球的交易所上市公司市值排名中也都在前十位之列，但與一些國際上的主要市場還有一定的差距。

然而，取消總限額，通過滬港通和深港通的連接，這三家交易所的上市公司市值加起來就是一個 70 萬億元市值的大市場，三家交易所的交易量總和也直逼紐交所等全球領先的主要交易所。

之所以做出以上判斷主要可以從四個方面來分析。

第一，香港市場和上海市場、深圳市場的互聯互通，使得整個投資者基礎極大地擴張了。如果能夠進一步把這種二級市場的互聯互通延伸到一級市場，這個共同市場對於各個領域的優秀上市公司就可能會產生非常大的吸引力。

第二，不同的交易所通過互聯互通，會形成一個優勢互補的市場格局，為投資者提供更多的市場選擇。如果一個公司要上市，就會面臨交易所的選擇問題，通常會說香港市場的平均估值水平低，但是如果通過對細分行業的對比就可發現，香港的估值低是因為恒生指數裏金融和地產等傳統周期型行業佔比非常高。而如果分行業看，有些行業的估值實際上比內地市場的估值還要高，比如健康護理等行業。

第三，互聯互通可以提高上市公司股份的流通性。

第四，互聯互通可以提高不同市場的影響力。

滬港通與深港通下的互聯互通 [1]

股票市場交易互聯互通機制試點於 2014 年 11 月推出首項計劃——滬港股票市場交易互聯互通機制試點（滬港通）。儘管交易範圍有限制，但這是香港接通內地證券市場與海外市場股票交易的破天荒機制。

此前，境外人士參與內地證券市場的渠道只限於合格境外機構投資者計劃及人民幣合格境外機構投資者計劃。境外散戶投資者只能通過上述兩個計劃提供的投資基金參與內地股市。反向地，合格境內機構投資者計劃及人民幣合格境內機構投資者計劃是內地參與海外證券市場的唯一全國性正式渠道。

繼滬港通順利開通後，深港股票市場交易互聯互通機制（深港通）亦於 2016 年 8 月宣佈將會啟動，並已於同年 12 月推出（滬港通與深港通在下文中合稱互聯互通機制）。

互聯互通機制是中國內地資本賬戶開放的重要裏程碑。在實施每日額度限制及跨境資金流全程封閉下，跨境資金投資活動可以在密切監控下進行及有序發展，降低對內地股票市場帶來的潛在金融風險。這個機制日後可以根據內地市場的開放進程，在規模、範圍及市場領域等方面擴容，目標是為內地及全球投資者建立中國內地與香港的共同市場。

股票市場交易在互聯互通機制的試點

中國證券監督管理委員會（簡稱中國證監會）與香港證券及期貨事務監察委員會（簡稱中國香港證監會）於 2014 年 4 月發出聯合公告，宣佈開展中國內地與香港的股票市場交易互聯互通機制試點——滬港通。

香港交易所全資附屬公司香港聯合交易所有限公司（簡稱聯交所）與

---

1 蔡秀清參與本部分的起草與討論，本部分發表於《財經》2017 年 4 月 3 日，原題目為《滬港通與深港通下的互聯互通——內地及全球投資者的"共同市場"》。

上海證券交易所（簡稱上交所）聯手建立跨境買賣盤傳遞及相關技術基礎設施（簡稱交易通）。香港交易所另一家全資附屬公司香港中央結算有限公司（簡稱中國香港結算）與中國內地的證券結算所中國證券登記結算有限責任公司（簡稱中國結算）則共同建立結算及交收基礎設施（簡稱結算通）。

經過多月的市場準備及系統測試後，滬港通於 2014 年 11 月 17 日正式開通。機制旨在設定的合格範圍內，允許香港及境外投資者在內地市場買賣上交所上市股票（"滬股通"或"滬港通北向交易"）及內地投資者在香港市場買賣聯交所上市股票（"滬港通下的港股通"或"滬港通南向交易"）。

在初期階段，滬股通合格證券包括以下在上交所上市的 A 股（"滬股通股票"）：上證 180 指數及上證 380 指數的成分股，以及有 H 股同時在聯交所上市的上交所上市 A 股；但不包括不以人民幣交易的滬股及被實施風險警示的滬股。

在滬港通下的港股通合格證券包括以下在聯交所主板上市的股票（"港股通股票"）：恒生綜合大型股指數（HSLI）成分股、恒生綜合中型股指數（HSMI）成分股，以及有相關 A 股在上交所上市的 H 股；但不包括不以港幣交易的港股及其相應 A 股被實施風險警示的 H 股。

在滬股通股票中，上證 180 指數成分股是上交所最具市場代表性的 180 只 A 股。而上證 380 指數則是由 380 家規模中型的公司組成，綜合反映上交所在上證 180 指數以外的一批新興藍籌公司的表現。因此，上證 180 指數的滬股通股票可以視為對應於港股通 HSLI 股票的"大型"股，而上證 380 指數的滬股通股票則是與港股通 HSMI 股票相對應的"中型"股。

截至 2017 年 2 月底，在合格證券範圍中共有 715 隻上交所上市滬股通股票（包括 139 隻僅可出售的股票）及 317 隻聯交所上市港股通股票。

在投資者資格方面，所有香港及境外投資者均可參與滬股通交易，但只有內地機構投資者及擁有證券賬戶及資金賬戶餘額合計不低於人民幣 50 萬元的個人投資者方可參與滬港通下的港股通。

滬股通交易方面，在香港的投資者通過香港經紀商進行買賣，交易則在上交所平台執行。在滬港通下的港股通交易方面，內地投資者通過內地經紀商進行買賣，交易則在聯交所平台執行。在滬股通及滬港通下的港股通跟隨交易執行平台各自的市場規則。具體而言，內地 A 股市場不可以進行當日回轉交易，但香港市場則允許。滬股通股票僅以人民幣進行買賣及交收，在滬港通下的港股通股票則以港元進行買賣，內地投資者再與中國證券登記結算有限責任公司結算或其結算參與人以人民幣進行交收。

在滬港通下的交易受制於投資額度，最初設有跨境投資價值的總額度及每日額度上限。滬股通及滬港通下的港股通的總額度分別為人民幣 3000 億元及人民幣 2500 億元。其後在宣佈建立深港通當日（2016 年 8 月 16 日）已取消總額度的設計。每日額度現在仍然適用，按"淨買盤"計算的滬股通股票每日上限為人民幣 130 億元，滬港通下的港股通股票則為人民幣 105 億元（在 2016 年底折合約 117 億港元）。

自 2014 年 11 月滬港通推出後，投資者對滬股通及滬港通下的港股通的興趣時有不同。推出後大部分時間裏，滬股通交易較滬港通下的港股通交易更為活躍。但自 2015 年下半年以來，滬港通下的港股通交易額日漸增長並超越滬股通。2016 年 12 月深港通推出，該月的北向交易顯著提升，數據顯示有近三成歸功於深股通。

中國證監會與中國香港證監會在 2016 年 8 月 16 日聯合宣佈建立深港股票市場交易互聯互通機制，是基於滬港通推出以來平穩運行的基礎而建立的股票市場交易互聯互通機制試點的延伸項目。深圳證券交易所（深交所）、聯交所、中國結算及中國香港結算按類似滬港通的形式建立深港通，其後於 2016 年 12 月 5 日開通。

深股通合資格證券包括：深證成分指數和深證中小創新指數成分股中所有市值不少於人民幣 60 億元的成分股，以及有相關 H 股在聯交所上市的所有深交所上市的 A 股，但不包括不以人民幣交易的深股及被實施風險警示的深股。

除滬港通下的港股通合資格證券外，深港通下的港股通合資格證券範圍擴展至包括：所有市值 50 億港元及以上的恒生綜合小型股指數成分股（HSSI），以及在所有聯交所上市公司中同時有 A 股在深交所上市的 H 股，但不包括不以港幣交易的港股及其相應 A 股被實施風險警示的 H 股。

深港通下的港股通合格內地投資者與滬港通相同，但通過深港通買賣深交所創業板上市股票的合格投資者初期只限於相關香港規則及規則所界定的機構專業投資者。深港通亦沿用滬港通的每日額度，同時不設總額度（見表 1）。

表 1　滬港通及深港通主要特點

特點	滬港通	深港通
滬／深股通合資格證券	上證 180 指數的成分股及上證 380 指數的成分股有 H 股同時在聯交所上市的上交所上市 A 股	深證成分指數和深證中小創新指數成分股中市值在人民幣 60 億元或以上的成分股有相關 H 股在聯交所上市的深交所上市 A 股
	不包括被實施風險警示的 A 股及不以人民幣交易的 A 股	
	合資格可買可賣的股票 576 隻（於 2017 年 2 月 28 日）	合資格可買可賣的股票 904 隻（於 2017 年 2 月 28 日）
港股通合資格證券	恒生綜合大型股指數（HSLI）成分股恒生綜合中型股指數（HSMI）成分股	
	有相關 A 股在上交所上市的 H 股	市值 50 億港元或以上的恒生綜合小型股指數（HSSI）的成分股有 A 股在上交所或深交所上市的 H 股
	不包括其相應 A 股被實施風險警示的 H 股及不以港幣交易的港股	
	317 隻股票（於 2017 年 2 月 23 日）	417 隻股票（較滬港通下的港股通股多出 100 隻）（於 2017 年 2 月 23 日）

特點	滬港通	深港通
滬／深股通合資格投資者	所有香港及海外投資者（個人及機構）	創業板合資格股票： 初期僅限於機構專業投資者 其他合資格股票： 初期僅限於機構專業投資者 其他合資格股票： 所有香港及海外投資者（個人及機構）
港股通合資格投資者	內地機構投資者及擁有證券帳戶及資金帳戶餘額合計 ≥ 人民幣 50 萬元的個人投資者	
每日額度	北向：人民幣 130 億元 南向：人民幣 105 億元	
總額度	沒有	
北向交易、結算及交收	按照上交所及中國結算 在上海市場的慣例	按照深交所及中國結算在深圳市場的慣例
南向交易、結算及交收	按照聯交所及香港結算的市場慣例	

截至 2016 年底互聯互通的表現

北向及南向交易的成交量隨着市場氣氛的轉變而時有不同。然而，北向交易的日均成交額佔內地 A 股市場總體日均成交額的比例一直維持在 1%至 2%相對窄幅的水平。反觀南向交易，在滬港通推出後的前九個月，成交量漲跌互現。但自 2015 年四季度以來，南向交易額在聯交所主板市場總成交額中的佔比出現強勁上升趨勢，從 2015 年 9 月佔主板日均成交額的 2.1%升至 2016 年 9 月的 10.8％。其後即便有所回落，但上升勢頭持續。南向交易日均成交額於 2016 年 6 月再度超過北向交易，其後月度也屢次超過（見圖 1）。

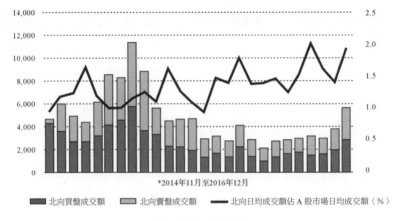

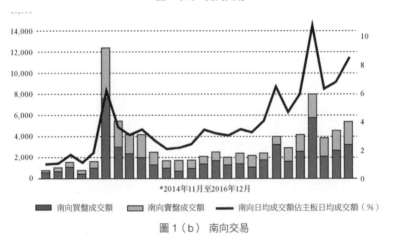

圖1（a） 北向交易

圖1（b） 南向交易

值得注意的是，在2016年12月5日深港通開通至2016年底的17個北向交易日中，深港通北向交易額佔互聯互通北向交易總成交額的27％，佔北向買盤總額的40％，顯示出國際投資者對深股有相當大的興趣。

此外，自2015年後期開始，南向交易的平均每日買盤淨額均遠高於北向交易。自互聯互通推出至2016年底，南向交易只有兩個月錄得淨賣盤。

相比之下，北向交易則曾錄得六個月的淨賣盤。在期間 485 個南向交易日中，有 86% 的時間出現淨買盤，而 494 個北向交易日中有 56% 的時間出現淨買盤。然而，北向交易及南向交易兩者按淨買盤基礎計算的每日額度使用量一直不高：在滬港通下僅有 18% 的北向交易日及 20% 的南向交易日的每日額度用量曾超過 10%，有 6% 的北向交易日及 6% 的南向交易日的每日額度用量曾超過 20%；在深港通下，17 個交易日中有 4 日（即 24%）的北向交易日的每日額度用量超過 10%，只有 1 日（即 6%）超過 20%，而南向交易額度則從未超過 10%。

全球投資者對北向股票的興趣

在滬港通推出初期，全球投資者北向買賣及持有滬股通股票主要涉及市值龐大的上證 180 指數成分股（佔 2014 年成交金額的 94% 及 2014 年底持股金額的 96%）。北向交易中，買賣中型的上證 380 指數成分股的比例由 2014 年佔 6% 逐漸增至 2016 年的 23%。經滬股通持有這類中型股的比例曾在 2015 年底升至 22%，又在 2016 年底回落至 17%，但仍遠高於 2014 年底的 4%。不過，全球投資者對滬股通股票的興趣始終以內地大型藍籌股為主。

在 2016 年 12 月 5 日推出的深港通方面，全球投資者北向買賣及持有的股票也主要是深證成分指數的藍籌股，其佔 2016 年交易金額的 90% 及年底持股金額的 93%。

在滬股通下全球投資者對內地消費板塊（非必需性消費品及必需性消費品）股票的興趣保持平穩。自滬港通推出以來，該板塊股票佔北向交易金額略增至 2016 年的 20%，持股佔比亦有所上升。在深股通下的消費板塊佔更重要的比重：2016 年交易金額的 47% 及年底持股金額的 58%。滬股通與深股通合計，全球投資者在 2016 年底持有的內地消費板塊高達 38%。

滬股通下的內地工業板塊股票也頗具吸引力，該板塊股票佔 2016 年北向交易金額及期末持股金額達 17%。滬股通下的金融板塊股票（均為市值大的上證 180 指數成分股）的較大佔比則逐漸下降：由 2014 年分別佔北向交易金額及期末持股金額的 51% 及 43% 降至 2016 年底的 31% 及 20%。

深股通下的信息科技股票對全球投資者亦具有相當大的吸引力，2016年其交易額佔 16% 及年底持股額佔 15%。深股通的推出促使內地信息科技股在互聯互通下的北向交易中的佔比進一步提升。

在涉及大型的上證 180 指數股份的北向交易中，金融股的佔比最大，而在涉及中型的上證 380 指數股份的北向交易中，工業板塊股票佔相當高比重。消費板塊股票亦佔大型上證 180 指數股份北向交易的相當大比重，而消費及信息科技板塊股票佔中型上證 380 指數股份北向交易的比重呈顯著上升趨勢。即便中型上證 380 指數股份中沒有金融類股票，其成分股中的信息科技、原材料及醫藥衛生板塊的股票相較大型上證 180 指數股份也更能吸引多元化的投資。

至於深股通方面，在屬藍籌股指數的深證成分指數的北向交易中，消費板塊股票的交易及持股金額佔比相當高，信息科技股的佔比亦頗高。而在涉及深證中小創新指數股份的北向交易中，工業、信息科技以及原材料板塊股票均有相當大的比重，非必需性消費品板塊股票則在持股比重方面佔優。

內地投資者對港股通股票的興趣

與北向的滬股通投資相較，南向的滬港通下的港股通交易及持股金額在 2014 年互聯互通推出之時多集中於恒生綜合中型股指數成分股。在 2016 年期間，某種程度上已轉為以恒生綜合大型股指數成分股為主。儘管如此，恒生綜合中型股指數股份仍佔港股通 2016 年全年的交易金額及期末持股金額的相當大比重（約 40%）。

除了恒生綜合大型股指數及中型股指數成分股外，在深港通下的合格南向交易股票還包括恒生綜合小型股指數成分股，後者所佔深港通 2016年 18 個交易日的南向交易的比重相當高，與中型股的比重同為 42％，小型股在深港通下的持股比重較中型股更高（46％對比 42％）。然而在互聯互通總體南向持股分佈方面，恒生綜合小型股的比重因其低資產價值定義的內在性質關係仍相對甚低（4％）。

從行業來看，投資者對金融股的興趣日濃。互聯互通下的金融股在 2016 年獨佔鼇頭，成為交易及持股最多的行業。其他較受歡迎的行業還有消費品製造業及地產建築業。深港通下的南向交易和持股則並未集中於金融股，而有相當比重分佈於消費品類、地產建築、資訊科技及工業類股票。

但是，南向的港股通投資以金融股為主的情況主要見於恒生綜合大型股指數股份方面。在恒生綜合中型股指數股份方面，內地投資者經港股通買賣及持有的行業類別更為多元化。2016 年，南向交易及持有的恒生綜合中型股指數成分股中有相當大的比例是消費品製造業股份（約 25％至27％，若計及消費品服務業更超過 30％）及地產建築業股份（約 16％至18％）。金融股只位列第三，與其在恒生綜合大型股指數成分股的港股通交易及持股中的主力地位顯然有別。在深港通下恒生綜合大型及中型股指數成分股的南向交易金額及持股金額按行業類別的分佈同樣有顯著分別。而在深港通下的恒生綜合小型股指數成分股中的資訊科技股明顯能吸引頗高的交易與持股比重。

換言之，在互聯互通機制下，內地投資者對多種不同類型行業的中型港股通股票都有相當大的興趣。相對大型股中金融股佔比相當重的情況，較小型的股份反而為內地投資者提供了更多元的行業投資選擇（見圖 2）。

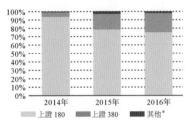

圖2（a）滬股通交易金額佔比

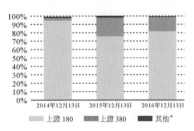

圖2（b）滬股通持股金額佔比

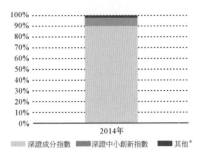

圖2（c）深股通交易金額佔比

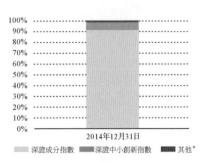

圖2（d）深股通持股金額佔比

"共同市場"模式是內地及全球投資者的機遇

在深港通推出後，即便只是在指定合格股票範圍內運作，滬深港三地的"共同市場"模式也已經基本形成。由於股票市場交易互聯互通機制可以擴容，這無形中打開了一個潛在的內地與香港股票共同市場，其股份總值105,140億美元（2016年底）、日均股份成交約843億美元（2016年），在全球交易所中按市值計排名第二（僅次於紐約證券交易所）、按股份成交額計排名第二。

"共同市場"模式還可以擴展至股票以外的多個範疇。按中國證監會與中國香港證監會在2016年8月16日原則上批准建立深港通的聯合公告的內容，兩家監管機構已就將交易所買賣基金納入機制內合格股票範疇達成共識，將在深港通運行一段時間及滿足相關條件後再宣佈推出日期。此外，中國證監會與中國香港證監會將共同研究及推出其他金融產品，以方便及滿足內地與全球投資者對於管理對方股票市場的價格風險的需要。

在"共同市場"模式下，滬深港三地可以向內地投資者提供各式各樣的海外產品，亦可以向全球投資者提供不同的內地產品。南向交易為內地投資者（個人及機構）打開投資海外資產的規範化渠道。此渠道雖全程封閉，每日額度的使用受審慎監控，但又在無總額度限制下提供相當的靈活度。投資者可較以往更自由地配置跨境資產組合投資，這等於為內地投資者提供了全球資產配置的機會。

按此機制操作，資金全程封閉：人民幣先轉成港元用於購買海外資產，他日出售海外資產時再轉換成人民幣匯回中國內地，實質上完全避免了長遠的資金外流問題。這樣的模式擴展了內地投資者可投資資產的種類。在此環境下，互聯互通渠道補足了內地可投資資產相對短缺的問題，內地資金可以投資於海外，或能獲得較內地市場更佳的潛在回報。

有鑑於此，中國保險監督管理委員會在 2016 年 9 月初發出政策文件，允許保險資金參與滬港通下的港股通交易。深港通的合資格內地投資者與滬港通相同，共同市場在深港通擴展投資範圍下為這些內地投資者提供了更為多元化的南向投資選擇。

此外，港股通對內地投資者而言實際上是投資外幣（與美元掛鈎的港元）。在人民幣貶值預期下，南向投資提供了從幣值角度看的另類投資選擇。

基於"共同市場"模式的合資格工具可予擴充，相信向內地投資者提供的投資工具範圍將會日趨多元化，儘管短期內或許只能提供現貨市場證券，包括股票及有可能的交易所買賣基金。

在深港通推出後，港股通的合資格股票除了 HSLI 及 HSMI 成分股外，還包括市值 50 億港元或以上的恒生綜合小型股指數（HSSI）成分股，以及有 A 股在內地市場上市的所有 H 股（不只限於上交所上市 A 股）。HSLI 及 HSMI 已涵蓋恒生綜合指數（HSCI）總市值 95%，佔香港市場總市值 95%。合資格股票名單添加了 100 多隻股票。更重要的是，擴充後的股票範圍將加入許多不同行業，包括新經濟行業如資訊科技和消費品及服務。

香港市場的主要參與者為國際專業機構投資者，這樣的國際證券市場所給予的交易經驗對內地投資者（特別是散戶投資者）而言，具有一定價值。成熟市場的專業投資策略一般基於股票的基本面以及經濟及行業因素，這有助於平衡內地部分投資者的短期投機交易行為。因此港股通的交易經驗預期將幫助內地投資者走向成熟。

除二級市場的交易外，"共同市場"模式亦可推出募資市場，即一級市場（即首次公開招股市場）的互聯互通（新股通，須獲監管機構批准），讓兩邊市場的投資者可認購對方市場的首次公開招股的股份。在"共同市場"模式下所涵蓋的產品日後（須獲監管機構批准）還可以延伸至債券、商品及風險管理工具，包括股票衍生產品、人民幣利率及貨幣衍生產品。

事實上，鑑於股票市場交易互聯互通計劃已順利實施，如何契合投資者對沖其跨境股票組合的需要會是當前急切的問題：現在內地投資者可買賣港股，卻沒有香港指數／股票期貨及期權作為對沖，同樣地香港亦欠缺 A 股指數期貨期權等 A 股對沖工具。相關的衍生產品日後或會被納入"共同市場"模式。

"共同市場"模式實際上是中國內地資本賬戶開放進程中極具象徵意義的突破。在內地資本市場可能做全面開放前，這是個可以長線提供極為多元的投資及配套風險管理工具的市場模式。按此，內地投資者可受惠於更好的資產配置及投資組合管理，全球投資者也獲得了開放渠道，能夠在有相關風險管理工具可用的情況下捕捉更多內地投資的機會。

（本文發表於《上海證券報》2017 年 8 月 24 日）

中國股市異常波動的原因及救市評估

　　2015 年中，中國股市的大幅波動帶有一系列新的特徵，穩定市場的政策措施逐步取得成效之後，如何從專業的角度提出改進的舉措，並盡可能從制度上避免類似大幅波動問題的再次發生，就成為一個十分現實的課題。

●○ 融資融券業務槓桿影響凸顯，風險對沖作用有限 [1]

　　自 2010 年 3 月重新啟動以來，中國的融資融券業務一直平穩發展，兩融餘額規模從最初的 700 萬元穩步上升至 2013 年末的 3465 億元。從 2014 年開始，隨着融券標的從最初 90 隻股票擴大為 900 隻股票和交易型開放式指數基金（Exchange Traded Funds，簡稱 ETF），以及具有業務資格的證券公司範圍逐步擴大，融資融券業務開始出現大幅擴張的趨勢，截至 2015 年 7 月，融資融券餘額的規模峰值高達 2.27 萬億元，是 2014 年初的 6 倍。

　　融資融券業務的設立初衷是為投資者提供風險對沖的工具。從理論角度來看，在沒有融券業務機制之前，投資者難以根據市場風險變動情況主動調整資產結構，只能通過拋售已有股票的方式來表達對未來市場的預

1　本部分發表於《中國金融》2015 年 15 期，朱虹參與本部分的起草與討論，原題目為《證券交易與監管制度反思》。文中出現的近期是指 2015 年。

期，而這進一步加大了現貨市場波動的可能性。在具有融資融券機制後，投資者均可以在自身投資組合中加入融資或融券，來應對對沖組合風險。從理論預期方面來看，融資融券業務提供了靈活的投資方式，同時也提高了資金利用效率和證券市場流動性。尤其是融券業務的賣空機制，如果運用得當，則為投資者提供了合適的避險工具，有利於市場均衡價格的發現，彌補中國證券市場"單邊市"的非成熟缺陷。

然而，從實踐角度看，融資融券的幾個特徵決定了對融資融券業務自身的風險需要格外注意，如果風險控制不當，則會適得其反。一方面，融資融券交易具有槓桿效應，從歷史數據觀察，槓桿融資交易規模與股票市場走勢可以說是呈正相關關係，當股票市場存在上漲的強烈預期時，槓桿資金的注入加速了投資者預期的實現；當市場出現調整狀態時，去槓桿加劇了市場的波動性。另一方面，融資融券創新業務與現有的交易制度之間存在一些有待優化之處。比如目前中國 A 股市場實行"T+1"交易制度，而融資融券業務可以成功避開"T+1"的制度要求，通過向證券公司借入股票賣出的方式，實現當日買入股票的盈虧。制度上的不一致使得不同投資主體面臨不平等的交易地位，參與融資融券的投資者通過這種隱性日內回轉機制實現日內盈虧，而中小型投資者只能通過下一個交易日實現投資盈虧。

近期股票市場的大幅波動現象，反映出目前市場主體對融資融券業務風險控制能力不足。在兩融總規模高倍速增長的背景下，兩融業務的結構是極不平衡的，融資業務井噴式發展，而融券業務卻發展緩慢。就增速而言，融資業務從 2014 年初至兩融規模達到峰值之時，規模增長達到503%，而相比之下融券業務僅增長 148%；當 2015 年 6 月末股市發生大幅波動時，融資規模的下降幅度為 36.5%，而融券規模下降 57.5%（見圖 1）。融券在市場下跌時波動更大，也未能實現有效對沖，反而加劇了市場賣空壓力。從融資融券比值而言，截至 2015 年 7 月，融資餘額與融券餘額的比率最高達到 500 倍，年均也高達 200 倍左右，相對於國際其他證券市場而言，中國 A 股市場融資與融券規模比率過高。日本融資規模僅是融券規模的 4.38 倍，中國台灣地區約為 5.68 倍。這說明中國融資融券交易雖然發展迅速，但結構發展不平衡，而投資者更多傾向於通過融資渠道實現槓桿交易。從根本上講，融券交易發展的遲緩使得融券本應起到的市場對沖風險作用有限，遠小於融資交易的槓桿負反饋影響。

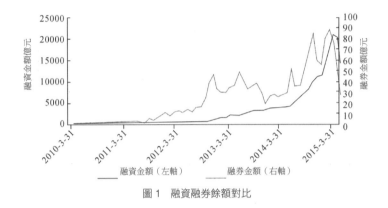

圖 1　融資融券餘額對比

●○ 場外配資活躍在機構監管範圍之外

場外配資的渠道具有多樣化特徵，主要形式為系統分倉模式（HOMS 系統和非 HOMS 系統）、人工分倉模式、互聯網平台模式（P2P 等融資平台）、私募基金配資模式以及員工持股計劃帶槓桿模式等，參與主體涉及互聯網平台、各類金融機構、配資公司和個人投資者等多個主體。在現有的監管體制以機構監管為主要分工依據的條件下，對於這些新的業務活動的監管跟進還不太及時，場外配資規模尚無統一的統計數據。根據中國證監會在 2015 年 6 月末披露的數據，當前場外通過恒生 HOMS 系統形成的總槓桿資金規模（包含本金和融資兩部分）在 4400 億元左右。不同於場內融資融券配資處於實時監控中，場外配資公司配資業務具有隱蔽性，而且由於現有的監管規則未能覆蓋到這些融資活動。據調查，其配資槓桿比例實際可達到 1 4 或 1 5，甚至 1 10。尤其是近年來新興的互聯網融資借貸，具有參與主體多樣化，業務模式差異大，網絡借貸跨行業、跨區域等新型特徵，進一步加劇了潛在的風險傳染性。

反思近期 A 股市場的場外配資高槓桿業務對股市波動的負反饋效應，與 2008 年全球金融危機中投資銀行在監管寬鬆的場外交易市場進行的高槓桿衍生品業務操作，引發市場螺旋式下跌的情況具有相似性。由於場外交易市場金融衍生品市場極低的透明度與監管缺失，參與交易的金融機構對交易對手的實際交易頭寸情況所知甚少，交易所以及結算機構也無法了解市場實際交易頭寸與槓桿比例的真實情況，一旦一家交易商出現流動性問題，則會出現連鎖反應。在危機之後，國際主要金融市場認為對於場外衍生品市場的監管重在解決清算問題，建議引入中央交易對手。同樣地，在解決場外配資的監管問題上，需要把現有對融資融券業務的監管要求延伸到這些業務活動中，避免監管套利和監管真空的情況出現。

●○ 新型融資業務跨行業聯動特徵明顯

近年來，資產管理行業的不斷創新使各金融機構之間的經營壁壘逐漸被打破，證券市場交易亦開始形成跨市場關聯、跨行業聯動的特徵。這種聯動關係主要體現在三個方面：一是證券業務的跨市場關聯，如證券公司在向客戶提供融資融券業務的同時，還需要從銀行等金融機構獲得融資，進而形成多重信用關係；二是產品的內生性全行業關聯，如包含銀行理財產品、券商集合資產管理計劃、基金管理公司特定客戶資產管理計劃等在內的交叉型證券產品；三是金融機構經營的全行業關聯，如金融機構牌照放開、交叉持牌而形成的金融控股集團。與金融機構跨市場關聯、全行業聯動現象形成鮮明對比的是混業監管改革的遲滯。目前分業監管的局面使得在交叉業務領域發生風險時，出現監管職責在一些領域沒有明確劃分的現象。就此次股票市場波動來看，場外配資渠道的多樣化，包括銀行理財資金、傘形信託、私募基金配資模式、員工持股計劃配資模式等，使得不同類型的金融機構業務相關性大幅提高。自 2008 年國際金融危機以來，全球發達金融市場開始探索功能監管與機構監管並行之路，認為隨着金融創新不斷深化，金融機構提供的金融產品和服務範圍界限逐漸淡化，忽視金融機構與金融市場之間的潛在系統性關聯，僅進行傳統的機構監管則會面臨多重監管和監管真空並存的局面。為此，各國開始尋找建立跨市場的風險防控體系，加強宏觀審慎改革力度。此外，利用互聯網時代的大數據技術特徵，可實現銀行、證券等監管領域活動數據的整合和共享，通過高效分析手段及處理技術，可降低跨領域監管成本與難度，使跨領域合作與監管成為可能。

●○ 關於 2015 年股市異常波動的原因分析

融資融券結構失衡

從市場角度看，融資業務與融券業務的結構決定了該機制能否實現風險對衝和價格發現功能的正常運行。就中國市場目前的情況而言，相比於融資渠道，證券公司的融券渠道更為狹窄，僅限於 900 只股票和 ETF（交易型開放式指數基金），僅佔上市公司股票的 32%，而相比其他國家和地區（美國為 93%，中國台灣地區為 78%）的融資融券業務，可融券的標的佔比相對過低。相比而言，在歐美發達市場，融券標的不僅包括大盤藍籌股，同時也包含中小盤股票，不同的融券標的滿足了客戶對不同類型融券的需求，也擴大了股票價格發現的範圍。此外，對沖機制和轉融券機制不完善，由於缺乏對沖工具，證券公司的自有資金一般通過購入滬深 300 成分股用於股指對沖，這意味着投資者實際能夠融入的標的券更少。在轉融券機制方面，歐美發達市場對融券期限的設定較為靈活，但國內市場僅設定 5 個固定期限，且僅有機構客戶才能向（中國證券金融股份有限公司〔簡稱證金公司〕）出借證券，使得該業務缺乏自由度和吸引力，致使市場轉融券出借規模較小。

目前中國融資融券交易雖然發展迅速，但結構發展不平衡，往往難以有效發揮避險對沖的作用，而投資者更多傾向於通過融資渠道實現槓桿交易。在中國證券市場存在階段性的 "單邊市" 的狀態下，融資融券現階段實際上未能起到市場穩定器的作用，而是在特定的階段助推了股票市場的快速上漲和下跌，加劇了市場波動。從根本上講，融券交易發展的滯後使得融券本應起到的市場對沖風險作用有限，形成了 "強槓桿，弱套期保值" 的效果。

股指期貨的再認識

從市場數據分析，儘管可以觀察到在本輪股市巨幅波動中，在波動幅度較大的當日，期現貨聯動現象較為明顯，有高頻交易的可能性存在；但在一段時間內觀察，市場狀態漲跌是伴隨着期現貨價差調整存在的，股指期貨實際上發揮了市場價格發現的作用。從持倉結構看，機構投資者的空頭套保持倉並沒有打壓市場，反而有助於緩解股市拋壓，提高股市穩定性，這可以從以下幾方面理解。

第一，機構參與股指期貨主要是進行套期保值，空頭持倉對應着其持有的股票現貨。機構投資者通過持有期貨空倉管理了現貨價格風險，提升了其持有股票現貨的信心，在市場下跌時不需要拋售股票。

第二，機構投資者空頭持倉規模遠小於其股票市值，整體上仍是淨多頭。以 2015 年 6 月 15 日股市大跌為例，參與股指期貨交易的證券公司合計期貨指數空倉金額 1203.78 億元，而合計持有 A 股現貨市值達 2598.69 億元，多空比例是 2.16 1。

第三，機構套保持有空倉主要是為了管理現貨風險，投機多頭承接了套保空頭，進而承接了轉移而來的現貨風險。股指期貨市場始終自身基本實現多空平衡，沒有給股市額外施加壓力，反而承接了股市拋壓。據統計，2015 年 6 月 15 日至 7 月 31 日，股指期貨日均吸收的淨賣壓約為 25.8 萬手，合約面值近 3600 億元，這相當於減輕了現貨市場 3600 億元的拋壓。

熔斷機制與磁吸效應

在 2015 年中國股市發生異常波動以後，中國證監會開始啟動中國版的熔斷機制方案設計和研究，並在 2015 年 12 月 4 日由上海證券交易所、深圳證券交易所和中國金融期貨交易所等三家交易所發佈了熔斷機制相關規定。與境外市場熔斷機制相比，中國 A 股市場指數熔斷機制具有如下特點。一是指數熔斷第一檔閾值較低。中國熔斷機制規定當日內基準指數較上一交易日收盤價漲跌達到 5% 時就要實施第一次熔斷，與美國的 7%、韓國的 10% 且持續 1 分鐘和印度的 10% 相比處於較低的水平，結合中國股市波動性也較高的特點，這意味着在中國觸發第一次熔斷的可能性要高於其他各國。二是兩檔熔斷閾值間的間距較小。中國指數熔斷機制設置了兩檔熔斷，兩檔熔斷閾值間距僅為 2%，遠低於美國市場的第一檔間隔 5%、第二檔間隔 6% 以及印度市場 5% 的間隔。三是最後一檔熔斷閾值設置過低。中國熔斷機制設計該幅度為 7%，而美國和印度均為 20%，最後一檔熔斷發生往往意味着交易暫停將持續到當天交易時間結束，這意味着中國觸發全天暫停交易的概率要更高。四是熔斷的時長佔日交易總時間的比例較高。雖然中國熔斷時間與美國和印度一樣，但中國股市交易時間相對較短，同時中國最後一檔熔斷閾值較低，觸發熔斷後暫停當日交易概率更大，因此中國股市熔斷暫停交易時長佔交易總時間比例更高。綜合以上因素，在熔斷機制設計上中國觸發熔斷的門檻較其他國家更低，或者說觸發熔斷的容易程度較其他國家更高。

與熔斷機制密切相關的一個概念是"磁吸效應"，它是指實行漲跌停和熔斷等機制後，證券價格將要觸發強制措施時，同方向的投資者害怕流動性喪失而搶先交易，反方向的投資者為等待更好的價格而延後交易，造成了證券價格加速達到該價格水平的現象。市場表現為漲跌停和熔斷的價位附近存在磁吸力，所以稱為"磁吸效應"。美國在 1987 年引入熔斷機制時一些學者就曾預測這可能會引發"磁吸效應"，後來包括 Fama、Telser 在內的學者從理論上對熔斷機制的磁吸效應進行了論證。在此之後國內外學者也利用各國數據進行實證研究，大多數都支持了磁吸效應的存在，但也有少數研究持相反結論。在中國，由於投資者以散戶為主，羊群效應更為突出，加上 A 股實行 T+1 交易制度，同時在熔斷機制設計上觸發熔斷的門檻較低，兩檔熔斷閾值間隔較短，因此理論上的磁吸效應更為突出。

場外配資監管缺失

不同於場內融資融券配資處於實時監控中，場外配資公司配資業務具有隱蔽性，其風險在於槓桿比例和槓桿規模等因素的不可測和不可控，以及槓桿資金的流轉不清晰和不實名，從而影響監管層對整個金融體系中的金融槓桿判斷以及系統性風險的防範。尤其近年來新興起的互聯網融資借貸，具有參與主體多樣化、業務模式差異大、網絡借貸跨行業、跨區域等新型特徵，進一步加劇了潛在的風險傳染性和監管的難度。因此在監管部門清理場外配資的過程中，由於對場外資金進入股票市場的規模估計不足，過於急切地希望在短期內快速清理場外配資引發的賬戶強制平倉而進一步引起了流動性風險加大，短時間內大規模出售股票資產引發資產價格下跌，更廣泛的投資者和金融機構間接受到影響，導致了資產價格螺旋式下跌。

金融行業聯動特徵與分業監管制度的不匹配

隨着金融業務創新和產品創新，以及互聯網金融的發展，金融機構間的功能邊界逐漸模糊，不同類型的金融機構能夠提供功能相同或相似的金融產品或服務，按機構類型進行分業監管容易產生監管標準不統一與監管真空等問題，使監管套利問題非常突出，形成金融體系的潛在風險隱患。例如，當前券商和基金公司資產管理業務的監管要求相對較為寬鬆，而銀行體系、信託類金融機構的資產管理業務監管較為嚴格；而以 P2P 借貸平台為代表的互聯網融資平台的監管還處於真空地帶。就此次股票市場波動來看，場外配資渠道的多樣化，包括銀行理財資金、傘形信託、私募基金配資模式、員工持股計劃配資模式等，使得不同類型的金融機構業務相關性大幅提高。因此，在監管方面也應順應金融市場的發展方向，在具體的監管框架改革趨勢上，重新整合央行與不同領域監管機構的功能，明確財政、央行、監管者和市場主體在危機應對中的職責邊界，宏觀審慎與微觀審慎雙管齊下，功能監管與機構監管並重。

●○ 關於救市措施的市場評估

首先是在救市時點與輿論引導方面需要進一步改進。2015 年這一輪救市開始於監管部門強力清理場外配資，但對於清理場外配資的影響估計不足，特別是當市場已經出現了強烈反應時監管部門未採取必要的應對措施。從中國歷史上的經驗以及國外成熟市場的做法來看，在市場劇烈波動初期，政府部門如果出面對市場關注的問題進行澄清，有利於穩定市場信心，防止出現踩踏事件。但是從 2015 年 6 月 15 日市場開始逐步顯示出疲態到 6 月 19 日市場經歷了本輪股災的第一次大跌（上證指數當日跌幅 6.42%），主流官方媒體集體失聲，與在股災爆發前的一致唱多形成強烈對比，這客觀上起到加劇市場波動的效果。另外，在危機應對過程中，看不到清晰、明確、權威的與市場溝通的行為，加大了市場的猜測和疑慮。為了穩定市場預期，市場觀察到官方媒體的口徑過於一致，也沒有對一些公眾關注的焦點問題進行清晰的正面回答，導致通過官方紙媒傳播的聲音偏於含糊和樂觀，這樣就形成了官方紙媒與高效率的自媒體的二元並行局面，並且自媒體在事實上的影響力更大。

其次是救市措施及退出安排方面需要進一步完善。在成熟市場上的風險救助中，最為關鍵的舉措之一是迅速切斷風險爆發點與其他金融領域的關聯和傳染渠道，將風險控制在一定的範圍內，而在此次股災救市中，監管部門廣泛地動員各種金融機構以不同方式參加救市，實際上反而把原來直接受到股市波動影響不大的金融機構（如商業銀行、保險公司、基金公司、券商和上市公司等）關聯起來了，這樣十分容易形成風險的迅速傳染，並導致"火燒連營"的被動局面。在成熟市場上救市的重點是：對可能產生系統性風險的少數金融機構，通常是採取央行提供流動性資金的方式處理的；此次中國救市採取的則是證金公司直接入市購買股票的方式，導致將來在退出時會產生一系列的問題，例如損益的分擔計算、可能對市場帶來的衝擊等。參考美國實施量化寬鬆（Quantitative Easing，簡稱 QE）不同階段的做法，在開始啟動 QE 等救市舉措時，通常會配套宣佈這些刺激政策的政策目標、將來退市的標準等，這樣才構成一個完整的救市政策。

再次是在救市過程中頻繁變動的規則以及行政色彩較濃的管制措施可能會產生負面影響。為了穩定市場，遵循特定的程序，適度微調市場規則是可以理解的。但是，不少國際機構投資者擔心這種規則的不穩定會帶來強烈的政策風險，進而導致他們擔心如何向他們的投資者進行解釋，同時也擔心將來如果政策頻繁變化是否會導致他們在需要滿足投資者贖回等要求時無法做到；同時在救市干預中採取的不少行政色彩和管制色彩比較濃厚的政策舉措，使部分國際投資者擔心中國的市場化改革，以及金融市場對外開放的步伐是否會繼續。橋水公司是華爾街上近年來一直對中國市場看好的少數大型對沖基金之一，但是橋水公司也開始因為救市等而轉變自己對中國經濟的樂觀看法。雖然橋水公司事後發表了比較中性的聲明，表明公司並未看空中國經濟，但是市場會猜測橋水公司是否因為其是中國一些大型金融機構的客戶而受到了壓力。

另外，在股災救市過程中的監管協調問題值得關注。隨着金融機構間的業務融合程度不斷加深，不同類型金融機構之間的相互風險敞口在逐步加大，同時金融機構的資產與金融市場的受關聯度也在逐步提升，這使得在危機時刻金融風險的傳遞更加迅速和普遍，如果監管協調不足，那麼在分業監管體制下獨立的金融監管機構在風險識別和風險防範時就必然顯得力不從心。例如在 2015 年股市大幅波動前，銀行資金通過多種渠道和形式進入股市，中國證監會和中國銀監會等單一監管機構實際上都難以掌握這些資金的確切數據以及槓桿率水平；在股市暴跌過程中，監管部門常常缺乏對這些數據及其影響的客觀評估，各種猜測就容易通過互聯網在市場中快速傳播，這進一步加劇了市場恐慌和波動；而在救市進程中，如果各個監管部門反饋不力和步調不協調，就容易使得救市錯過恰當的時間點，可能導致市場風險不斷惡化。

（沈長征、朱虹參與本文的起草與討論，本文發表於《新金融評論》2016 年第 2 期，原題目為《從市場角度分析 2015 年中國股市異常波動的原因及救市評估》。）

從金融功能角度看股票期權的發展與市場影響

在新的經濟金融環境下,如何促進中國金融市場功能的更好發揮?順應市場的內在發展需求,積極推動金融創新和金融改革,是一個必然的方向。繼股指期貨推出以後,上證 50 交易型開放式指數基金期權也於 2015 年 2 月 9 日在上海證券交易所上市。期權作為一種非線性的金融衍生品,無論是從本身的經濟功能角度來看,還是從對現貨市場的影響來看,預期均會對資本市場產生多方面的積極影響。

●○ 期權的風險轉移功能

從風險管理的策略類型來看,主要有風險分散、風險對沖、風險規避和風險轉移等四種。在現有的金融市場工具中,中國的金融市場工具應當說已基本具備了實現前三種風險管理策略的主要條件,例如,風險分散可以採用基金投資組合的方式實現,風險對沖可以利用股指期貨來實現,風險規避可以通過選擇風險低的產品(比如債券)來實現。然而,目前中國股票市場並沒有真正意義上的風險轉移工具,從這個意義上說,期權的非線性和多樣性可以允許投資者自由地選擇所要承受的風險與轉移的風險,填補中國股市缺乏風險轉移的金融工具的空白。

期權買方通過支付權利金買進期權達到了轉移風險的功能,而期權賣方則通過賣出期權承擔風險而獲取了收益。例如,持有股票現貨的投資者如果擔心股票市場下跌可能出現虧損，就可通過買入認沽期權的方式來轉移股票的下跌風險；如果到期現貨市場出現下跌，那麼投資者可以通過執行期權來彌補現貨市場的損失。在成熟市場上，期權這一工具通常被基金、銀行等金融機構甚至大型實業公司當作一種特定的保險工具，用來管理和保護其現貨頭寸。根據國際掉期與衍生工具協會在 2009 年進行的一項調查，在全球 500 強企業中超過 94% 的公司使用衍生品來管理和對沖經營性、系統性風險，超過 30% 的公司使用權益類衍生品進行風險管理。

股票期權相比其他風險管理工具具有更為精準的功能優勢，在股票期權推出之後，未來中國金融市場上的股票期權的標的物範圍可以發展得更廣泛，對於單個股票或者少數股票組合的保護能力更強，若投資者持有大量頭寸的單一或少數股票，則股票期權將是更為有效的風險管理工具。

●○ 期權的增強收益功能

期權不僅可以作為重要的風險管理工具幫助投資者轉移風險，也可以作為投資工具來增強投資者的收益。成熟市場的經驗表明，養老金、社保基金等資金往往長期持有大量的股票，通過採取備兌開倉策略（即在持有股票現貨的基礎上賣出認購期權的投資策略）可以起到增強收益的效果。當股票市場下跌時，備兌策略可以用權利金平滑損失；當股票市場上漲緩慢時，備兌策略也可以通過權利金來增強收益，股票期權的推出將為投資者（特別是長期資金）提供重要的風險和收益管理工具。

具體來說，標普 500Buy Write 指數（BXM 指數）是由芝加哥期權交易所（CBOE）在 2002 年推出的，用於衡量一個資產組合的潛在總收益的指數，該組合在買入一個標普 500 指數股票組合的同時，賣出一個標普 500 指數看漲期權。從美國過去十年的表現看，表示備兌策略的

BXM 指數表現長期好於標普 500 指數，這也從一個特定角度說明期權在長期可以發揮優化收益的功能。

●○ 期權的價格發現功能

從一定意義上說，期權代表的是投資者對市場未來的看法，期權的雙向交易等特點可以實現現貨的價格發現功能。衍生品市場投資者一般可以分為投機者、套利者和套期保值者等。對於投機者來說，他們進入市場的主要目的是盈利，會盡可能多地搜集和評估市場信息以預測現貨市場的未來趨勢，從而利用衍生品市場的槓桿功能放大盈利；對於套利者來說，他們將儘可能捕捉市場中期權合約的價格偏離機會，並進行套利；對於套期保值者來說，為了確定套期保值頭寸和套期保值程度，從而儘可能地減少套期保值所花費的費用，他們也要對市場未來趨勢做一定程度的判斷。

當投機者、套利者和套期保值者的角逐達到市場平衡時，現貨市場和衍生品市場的合理價格得以形成，這個價格成為當下和未來市場趨勢的一個判斷參考。比如，當現貨市場或衍生品市場的價格偏離其真實價值時，投機者可以利用現貨和衍生品工具構建無風險套利組合得以盈利，直到現貨和衍生品價格回歸理性；當現貨市場被爆炒時，投機者可以利用衍生品市場的認沽功能來實現套利，最終使現貨市場回歸理性。因此，期權有利於提高現貨市場價格發現效率和穩定性。需要注意的是，一份期權合約，有賣方也有買方，多頭和空頭均是對立統一而同時存在的，並不能片面地被認為是做多或做空的工具。

●○ 期權不會對現貨市場資金形成分流壓力

成熟市場的實際經驗表明，相較於現貨市場的資金交易規模，期權市場對資金的佔用比例小得多。有學者通過研究交易所掛牌交易的期權發現，交易所在選擇期權合約標的時會更傾向於一些交易量大、市值大的標的，相對於標的正股的交易額和市值，期權的交易額並不高，期權交易並不會對現貨市場資金形成過大的分流壓力。《南森報告》[1] 通過對比美國衍生品與現貨的市場規模發現，期權投資者的規模大約僅是現貨投資者規模的3%，從這個意義上來說，期權的推出並不會造成對現貨市場的資金分流。

此外，股票期權的推出有利於形成現貨和衍生品聯通的多層次市場，逐步建立的衍生品市場可以吸引不同風險偏好的投資者進行現貨交易，對於改善現貨市場流動性有着積極的意義。

總體來看，股票期權並不單純是做空或者做多的工具，而是一種具有風險轉移特點的新型風險管理工具，在當前的市場環境下，有助於促進現貨價格回歸理性，改善其流動性。作為一種新的基礎性的金融衍生品工具，股票期權的推出預示着中國資本市場的功能發揮具有更好的市場條件。

（本文發表於《上海證券報》2015 年 2 月 9 日）

---

1 1974 年 12 月，南森公司為 CBOE 完成了名為《芝加哥期權交易所股票期權上市交易評估》的研究報告，簡稱《南森報告》。

股市波動和金融監管體制

回顧中國以及全球金融監管的演變歷史，金融監管改革程度不同地呈現危機推動與問題導向特徵，在金融體系相對穩定時期，金融監管部門通常沒有足夠的動力和壓力進行監管體制的改革；而在金融市場發生動盪後，監管機構通常會對市場動盪中暴露出來的問題進行反思，並針對性地加快金融監管改革的步伐，提升整個金融監管體系應對市場波動的能力。

在具體的監管框架改革趨勢上，重新整合央行與不同領域監管機構的功能，發揮央行在應對金融危機中的主導作用，正在成為主要發達經濟體和一些新興經濟體金融監管體系改革的共同趨勢之一，有的國家的金融監管體制改革已經取得了明顯的成效，其中對中國具有明顯參考價值的模式是捷克的金融監管體制改革探索。從 20 世紀 90 年代開始，捷克實行的是分行業的四部門監管模式，即央行監管銀行業，證券監管委員會監管證券行業，財政部監管保險業和養老金，信用合作社監管辦公室和信用合作社。隨着金融市場複雜程度的提高和內在聯繫的增強，這種分業監管體制的缺陷也愈來愈明顯，並在 1997 至 1999 年捷克的金融危機中暴露得十分明顯。經過深入研究，捷克在 2006 年 4 月進行了金融監管改革，將四大金融監管機構職能統一集中到捷克央行。這個新的監管框架在 2008 年全球金融危機中表現良好，特別是克服了市場動盪時期監管機構溝通協調效率問題，總體上提升了捷克金融體系預防、識別和抵禦金融風險的能力。

2015 年 6 月中旬以來中國股市出現劇烈波動，在不到兩個月的時間內上證綜合指數下跌超過 40%，市值蒸發超過 20 億元，佔 2014 年 GDP 的近 30%。本輪股市暴跌雖未對中國金融體系造成系統性風險，但在股市大幅波動以及救市過程中暴露出的一些金融監管體系方面的不足，也客觀上對這些問題提出了進行改革的要求。這就要求把握全球金融監管發展的大趨勢，並立足中國金融市場的實際，探索不同的金融監管改革路徑。

●○ 為什麼要在股市動蕩之後提出中國金融監管改革？

分業監管體制難以適應金融混業的發展要求

隨着金融業務創新和產品創新，以及互聯網金融的發展，金融機構間的功能邊界逐漸模糊，不同類型的金融機構能夠提供功能相同或相似的金融產品或服務，按機構類型進行分業監管容易產生監管標準不統一與監管真空的問題，使監管套利問題非常突出，形成了金融體系的潛在風險隱患。特別是在這種分業監管體制下，因為不同監管者之間溝通和信息交換不充分，就會顯著地削弱監管部門對整個金融市場的監測能力，無法及時發現影響金融穩定的因素，也會極大降低危機時期的溝通效率。從操作角度看，分業監管也會明顯增加整個金融體系的運行成本，金融機構往往需要用不同的格式向不同監管者報送大量數據，難以形成信息的充分共享。在 2008 年金融危機以後，中國 "影子銀行" 體系的快速發展也是一個典型的例證。在 2015 年的股市動蕩中，因為金融市場不同部分實際上已經形成了緊密的聯繫，但是基於以分業為特徵的監管體制，使得監管部門在制定市場動蕩的對策時，缺乏覆蓋各個不同金融市場的完整信息，制約了決策的效率和針對性。

缺失央行全程介入的金融監管體系在風險救助上存在明顯不足

隨着金融結構的變化，特別是金融市場在金融體系中的作用和地位不斷突出，不同類型金融機構參與金融市場的資產規模以及比重不斷上升，流動性風險有逐步取代信用風險成為金融體系中最重要的系統性風險因素之一的可能性。而中央銀行作為金融體系的最後貸款人，在向市場提供流動性、恢復市場信心方面具有得天獨厚的優勢，將中央銀行排除在金融監管體系之外顯然與其能力和作用不相匹配。從金融危機之後歐美國家強化中央銀行金融監管權的實踐看，支持銀行監管者應嚴格獨立於貨幣當局的傳統觀點，不僅在實踐中受到嚴重挑戰，而且在理論上缺乏有力依據。相比金融監管機構主要專注於個體金融機構風險和微觀審慎層面監管，中央銀行發揮貨幣政策和金融穩定等職能，更能根據宏觀審慎原則來把握經濟金融體系中的系統性風險，將宏觀審慎監管和微觀審慎監管相統一，並有針對性地調整微觀審慎監管措施來防範金融危機的發生。

事實證明現有金融監管協調機制難以實現預期的效果

2013 年 8 月，國務院正式批覆央行的《關於金融監管協調機制工作方案的請示》，同意建立由央行牽頭的金融監管協調部際聯席會議制度，這標誌着中國金融監管協作機制開始走上制度化、規範化、日常化的軌道。聯席會議制度建立以來，通過定期或非定期召開會議推動出台或建立了一系列的制度安排，在宏觀調控、金融監管以及金融風險防範等方面發揮了一定的積極作用。但是由於現行金融監管協調機制對各監管主體實際上可以說是比較缺乏有效約束力的，同時缺少有效的爭端解決辦法以及外部監督機制，在實際運作中可能就容易出現議而難決、決而不行的現象。根據央行《中國金融穩定報告（2015）》披露的信息看，到 2015 年聯席會議研究了 35 項議題，但真正落地或有效落實的似乎並不多。

●○ 全球金融監管改革的主流趨勢

在 2008 年全球金融危機中，無論是分業、多頭監管模式的美國，還是混業、統一監管模式的英國，金融監管體系在識別和防範系統性金融風險上均面臨巨大衝擊。客觀來看，這不僅暴露出分業監管模式的缺陷，也暴露出在缺少中央銀行參與的情況下統一監管模式同樣存在不足。金融危機爆發後，美國、英國、俄羅斯、歐盟等國家和地區紛紛對金融監管體系進行改革，其中由傳統的多頭監管向雙峰監管甚至是一元的綜合監管發展，同時強化中央銀行的監管職責逐漸成為主流。

不同的金融監管模式及其特點

（1）多頭監管模式，是指在機構監管或功能監管模式下，由多個監管機構組成的監管體系，並分別指定專門的監管機構對不同的金融行業或金融產品進行監管，其他監管者不得越權監管。目前實行多頭監管模式的國家包括美國、法國、意大利和中國。其中美國的多頭監管模式比較複雜，它是一種"雙重多頭"的分業監管模式。2008 年金融危機以後，美國主要從兩個方面對原有的金融監管框架進行了修正和補充：一是設立金融穩定監管委員會，加強分業監管機構之間的合作以控制系統性風險。二是擴大美聯儲的監管職權，美聯儲負責對具有系統重要性的銀行、證券、保險、金融控股公司等各類機構以及金融基礎設施進行監管，牽頭制定更加嚴格的監管標準。同時，在美聯儲內部設立相對獨立的消費者金融保護局，使其統一行使消費者權益保護職責，美聯儲與聯邦存款保險公司共同負責系統性風險處置。

（2）雙峰監管模式，是基於 1995 年泰勒提出的"目標型監管"構建的兩類監管機構：一類是通過審慎監管來維護整個金融體系安全穩健，防範發生金融危機和防止市場崩潰；另一類監管機構通過行為監管來維護消費者權益，保護金融消費者和中小投資者的合法利益，也稱為雙峰型監管模式，澳洲是雙峰型監管模式的典型代表。在金融危機爆發前，澳洲實行的是由機構監管與行為監管相結合的"雙峰監管"體制。一"峰"是審慎監管局，從防範風險的角度對金融機構進行審慎監管，確保金融體系安全。另一"峰"是證券和投資委員會，針對金融機構的市場行為進行合規監管，保護金融消費者合法權益。2008年國際金融危機後，澳洲對雙峰模式進行了完善，主要包括建立監管問責機制，成立金融監管評估理事會對監管機構履職情況進行年度審查和評估；充實證券和投資委員會的履職工具，賦予其對金融產品的早期干預權和必要的市場准入職責等。

（3）綜合監管模式，是指由統一的綜合性監管機構對整個金融體系進行監管，金融系統中所有金融機構、金融產品和金融市場的活動都由同一個監管機構負責監管。這一監管機構既要負責監管宏觀層面金融系統的安全和穩定，防範和化解金融系統性風險，又要負責監管微觀層面各個金融機構的審慎經營和市場活動。目前實行統一綜合監管模式的國家包括英國、德國、日本和新加坡等，其中英國的模式最具代表性。在金融危機前，英國是由金融服務局負責對銀行、證券、保險業金融機構實施統一審慎監管的，英格蘭銀行專司貨幣政策和負責金融穩定。而在金融危機之後，英國以構建強有力的中央銀行為核心全面調整監管機構設置：在英格蘭銀行下設金融政策委員會負責宏觀審慎監管，設立審慎監管局和金融行為局（設在英國財政部下）共同負責微觀和審慎監管；同時明確英格蘭銀行為銀行處置機構，並賦予其廣泛的處置權力；建立多層次監管協調機制，明確英格蘭銀行和財政部在危機應對中的職責和分工。

綜合監管模式的理論依據及實踐基礎

關於綜合監管模式的合理性，在金融危機之後得到了許多主流學術界人士和主要監管當局的認可。2001年諾貝爾經濟學獎得主約瑟夫·斯蒂格利茨曾擔任聯合國國際金融與經濟體系改革委員會主席，該組織於 2010 年向聯合國提交的《全球金融監管與金融結構改革——國際金融與經濟體系改革委員會研究報告》認為，當前全球各國的學者和金融監管當局逐漸形成一個共識：全球金融市場已經愈來愈融為一體，所以需要對金融機構、國家和金融結構進行綜合性監管，否則＂監管套利＂就有可能發生了。英格蘭銀行金融政策穩定委員會執行董事安德魯·霍爾丹和英格蘭銀行經濟學家瓦西利斯·馬德拉斯認為，通過提高金融監管的複雜性應對日益複雜的金融體系可能難以如願，因為複雜的金融體系已存在大量的不確定性，複雜的金融監管會進一步增加不確定性，從而減弱監管的有效性；相反，由於金融創新和混業經營而日益複雜的金融體系可能更需要簡明有效的金融監管來應對。因而一元化的綜合監管模式，可能是面對日益複雜和交叉的金融體系的有效監管方式。

綜合監管模式的合理性，也被多個國家和地區的金融監管改革實踐所支持。如美國在金融危機以後雖然未完全改變原有的監管框架，但新設立金融穩定監督委員會以及強化美聯儲的監管職能實際上是在現有框架下向綜合監管靠近；英國在金融監管前後均實施統一的綜合監管模式，但英格蘭銀行由原來金融監管的外圍轉變成為金融監管的核心；俄羅斯總統普京在 2013 年 8 月簽署了一項組建隸屬於中央銀行的統一大金融市場監管機構的法案，中央銀行將取代聯邦金融市場局對所有金融機構的經營活動實行全權統一監管；法國已經形成了以中央銀行為核心，審慎監管局和金融市場監管局並行的管理框架，而歐盟則嘗試通過設立歐洲銀行聯盟建立統一的金融監管機制。2008 年全球金融危機的應對經驗使更多國家認識到，統一綜合監管模式更容易把握住最佳的化解時機並能及時採取必要應對措施，所以統一綜合監管模式正在成為各國金融監管改革的大方向。

在綜合監管模式下，央行統一執行監管職能，基於不同的政策環境和政策目標，同樣可以探索不同的內部治理模式和組織框架。例如，可以在央行的貨幣政策制定部門和金融監管部門之間進行隔離，也可以參考捷克的做法：央行由同一個管理委員會統一履行貨幣政策制定以及維護金融穩定的職責。傳統上對央行行使混業監管職能的爭議，主要在於貨幣政策目標和金融穩定目標之間是否可能存在一定的衝突。從一些國家的實踐看，這種衝突影響不大，即使可能有一些衝突，這些可能的衝突在分業監管的模式下其實也是難以完全避免的，而且分業監管操作更加複雜。同時，一些可能產生的衝突多數也可以通過相應的內部架構設計來避免。另外，在市場動盪時期，由同一個監管機構實現這兩種職能有利於二者之間高效率的協調以提升應對危機的能力，實際上對央行履行貨幣政策和維持金融穩定都是有利的。

●○ 對當前中國金融監管改革的政策建議

中國現行的金融監管體系的框架可以說是在 1997 年年底第一次全國金融工作會議中基本確立的。當時針對中國金融體系在亞洲金融危機中暴露出的問題，決策者及時提出對金融業實行分業監管，先後將證券、保險與銀行的監管職能從央行中分離出來，並在 2003 年最終確立了分業經營、分業監管的金融監管體制。央行從具體領域的金融監管功能中分離出來，專司貨幣政策和維護金融穩定。現行的金融監管模式總體而言適應了過去金融機構業務界限清晰、金融結構簡單的金融體系，通過專業分工促進了各個金融行業的發展，金融監管效率和效能獲得大幅提升。但近年來，特別是 2008 年國際金融危機爆發後，中國的金融結構發生了巨大的變化，銀行貸款在社會融資總額中的比重大幅降低，"影子銀行"體系快速發展，金融機構的功能邊界逐漸模糊，金融微觀效率不斷提升，但金融宏觀體系的宏觀脆弱性不斷加強。在這樣的背景下，如果繼續堅持分業監管的模式，將中央銀行排斥在金融監管體系之外，金融監管的有效性勢必會大幅降低，在中國極有可能出現類似歐美等發達市場爆發的金融危機的風險隱患，2015 年的股市大幅波動就是典型的例證。當務之急，中國需借鑑其他國家金融監管改革經驗，結合中國金融體系的實際情況，加快推進金融監管體制改革。具體而言，有三種模式可以借鑑。

借鑑英國金融監管模式建立以央行為核心的綜合監管體系

在 2008 年金融危機以後，英國主要強化了英格蘭銀行的核心作用，撤銷了金融服務局，並在英格蘭銀行下設了金融政策委員會、金融審慎局和金融行為局，其中金融政策委員會負責宏觀審慎監管，金融審慎局和金融行為局共同負責微觀審慎監管。中國可以借鑑英國的經驗，參照中國外匯管理局模式，將中國銀監會、中國證監會和中國保監會作為副部級單位納入央行統一管理[1]，由央行副行長出任三家監管機構主席，在時機逐步成熟後將三家機構的職能進行合併，由成立的金融審慎局和金融行為局負責微觀審慎監管，並在央行下設金融政策委員會負責宏觀審慎監管。央行主要負責頂層設計和重大政策決策以及金融監管政策的統籌協調。

借鑑美國模式成立金融穩定委員會，同時賦予央行對系統重要性金融機構和金融控股集團的監管權限

在 2008 年金融危機前，美國金融監管體系過於複雜，不僅存在多頭監管，而且還有聯邦和州的兩級監管機構，因此要徹底改變現行監管架構在法律上和實際操作中都存有很大的困難和障礙。在金融危機後，美國採取了務實和折中的方案，在不改變現有監管架構的前提下新成立金融穩定監督委員會負責識別和防範系統性風險和加強監管協調。在人員組成上，金融穩定監

1　作者撰寫該篇文章時，中國銀監會和中國保監會還未合併。——編者注。

督委員會體現了廣泛的代表性，由十個有投票權的成員和五個列席成員組成，擁有投票權的成員包括九個聯邦金融監管機構成員和一個擁有保險專業知識的獨立成員；同時美國在金融危機後強化美聯儲的金融監管職責，將具有系統重要性的金融機構和金融控股公司劃歸美聯儲監管。借鑑美國的經驗，以現有的金融監管聯席會議成員為基礎成立金融穩定委員會，進一步強化其對系統性金融風險的監管職責和金融監管協調職能；同時進一步強化央行的監管權限，借鑑美聯儲的做法將國內的重要性金融機構以及金融控股公司劃歸央行監管。

通過過渡性政策安排，逐步將銀行、證券和保險的監管職能重新收歸央行大框架下管理

考慮大規模的金融監管機構調整可能對金融體系造成短期影響，可以借鑑當年金融監管職能從央行逐步剝離的經驗，在金融風險可控可承受的前提下逐步將相關監管職能重新劃歸央行管理，同時對相應監管機構進行調整。具體而言，考慮到銀行業在中國金融體系中的系統重要性，而銀行類金融機構的信貸活動等與貨幣政策和金融穩定的關聯性較強，所以可以首先將銀行的監管權重新劃回央行，並對省、市、縣一級央行分支機構以及中國銀監會派出機構進行合併重組。在時機成熟並總結經驗的基礎上，再逐步將保險和證券重新納入央行統一監管。

（沈長征博士參與了本文的討論與起草。本文發表於《第一財經日報》2015年9月10日，原題目為《股市這麼波動，和金融監管體制有什麼關係？》。）

期貨及衍生品發展對市場經濟的影響

在當前中國期貨市場發展面臨一些階段性的調整壓力時，從理論層面對期貨及衍生品市場的發展進行研究和討論是非常必要和及時的。

與股票、債券等金融產品相比，期貨及衍生品市場可以說是小眾市場，參與主體主要是專業機構和專業投資者，能接觸和深入理解期貨及衍生品市場的群體相對有限；同時期貨及衍生品市場主要是通過風險管理和價格發現功能對經濟發展間接發揮作用的，不像股票市場、債券市場等的投融資功能那麼直接，在不同新興市場的決策者的"政策菜單"中，"發展期貨及衍生品市場"的排名往往不容易太靠前。

因此，對比不少經濟體的金融市場發展軌跡可以發現，在股票市場出現異常波動的情況下，各方容易對期貨及衍生品市場的發展產生懷疑甚至誤解，期貨市場既有的發展路徑容易受到影響甚至一度中斷。對於期貨業界而言，需要加大對期貨市場功能的深入研究，加強對期貨市場知識的普及和宣傳，為期貨及衍生品市場的發展營造良好的外部環境。

●○ 期貨及衍生品市場的風險管理與資本市場的直接融資

期貨及衍生品市場雖然沒有通常大家比較關注的融資功能，但是提供了與融資功能密不可分的風險管理職能。

期貨及衍生品市場具有流動性高和交易成本低的特點，同時採用槓桿交易，利用期貨及衍生品市場進行風險管理，與保險等傳統風險管理手段相比，具有更高的準確性和實效性，因此可以給參與資本市場的投資者提供高效的風險管理工具。正是因為有了風險管理手段，資本市場對長期資金才會更具有吸引力，資本市場的融資功能和效率才能不斷提升。在境外，幾乎每一個成熟和有深度的資本市場無不例外都有一個高效發達的期貨及衍生品市場與之相匹配。

在境內，比如說上市公司要定向增發融資，通常情況下定向增發價格比股票市價要低，但是要求參與增發的股票要鎖定一年。一些投資者看好上市公司定向增發項目前景，並且樂意以比市價低的價格參與定增，但是又擔心在持有的一年時間內市場環境的變化可能導致股票投資的風險。針對這種情況，在市場中就相應出現了專門參與定增的資產管理產品，在產品設計上通過股指期貨鎖定價格風險，主要賺取定向增發時市價與定向增發價格的價差。這類產品的出現，豐富了上市公司定向增發的資金來源，間接促進了資本市場的融資活動。

從研究文獻看，目前國內外關於期貨及衍生品市場對金融市場發展影響的學術研究成果比較多，其中比較典型的代表是 1985 年美國四家監管機構聯合發佈的《期貨和期權交易對經濟的影響研究》報告。

該報告是美聯儲、美國財政部、商品期貨交易委員會、證券交易委員會等四家監管機構耗時兩年多，對超過 100 家參與金融期貨和期權市場的金融機構和商業公司進行訪談，調查、詢問期貨和期權市場外的專家的意見和看法，對近 50 年來的相關文獻進行了梳理後形成的研究結果，該報告認為金融期貨和期權市場能夠使風險轉移，增強流動性，有利於提升經濟效率，同時對於真實資本形成、現貨市場的穩定性以及貨幣政策均不產生負面影響。該報告對於糾正當時在監管層和美國社會中普遍存在的認為金融期貨和期權會對現貨市場帶來負面影響的誤解，起到了非常重要的作用。此後，金融期貨與期權在美國得到各方認可，美國政府在發展場內金融期貨新品種的問題上不再躊躇不前，各種創新產品不斷問世，並擴展至全球金融市場。

在國內，也有不少有價值的深入研究。例如，有研究從風險管理和價格發現兩項功能的角度，對期貨及衍生品市場對經濟增長的作用進行了研究，提出資源配置系統和風險配置系統共同運轉，衍生品市場通過提高風險配置效率促進經濟增長的觀點。

2014 年底，筆者承擔了一個研究課題，對中國股指期貨市場運行及功能發揮情況進行研究和評估。我們的研究結果也表明，自上市以來，股指期貨對資本市場的宏觀穩定功能明顯，價格發現功能在顯著增強，同時股指期貨在風險管理和金融市場創新等方面都發揮了積極的作用。雖然當前國內期貨市場的發展面臨一定的調整壓力，但我認為，在這個階段通過深入的研究來澄清一些分歧，會有更突出的價值。

●○ 期貨及衍生品市場發展與大宗商品定價權

國際市場大宗商品價格通常是由期貨市場形成的價格決定的，通過發展期貨及衍生品市場有利於建立國際大宗商品定價權。中國經濟總量在 2010 年超過日本位居全球第二，貿易總額在 2013 年超過美國位居全球第一，成為許多大宗商品全球最大的消費國、貿易國和生產國，每年鐵礦石消耗量超過全球產量的一半，有色金屬產量超過全球的三分之一，中國的大豆、鐵礦石、原油、天然橡膠等基本原材料外貿依存度分別超過 80%、60%、60% 和 50%，大宗商品進口額佔中國進口總額約四分之一，但是中國對於上述大宗商品普遍缺乏定價權。

具體來說，目前全球農產品價格主要參考芝加哥期貨交易所及紐約商品交易所，有色金屬交易價格主要參考倫敦金屬交易所，而原油交易價格通常參照紐約商品交易所和倫敦國際石油交易所，中國國內的商品期貨交易所的商品期貨交易量雖然連續多年位居全球首位，但是由於國內期貨市場不對外開放，投資者群體單一等，國內期貨市場在全球市場影響力不突出。

由於定價權的缺失，中國企業在國際大宗商品貿易中長期處於相對不利的地位。以鐵礦石為例，過去全球鐵礦石貿易主要採用普氏指數進行定價，在 2015 年 9 月份必和必拓以私下議標方式首次對兩船鐵礦石採用上海鋼聯鐵礦石指數進行定價。上海鋼聯的鐵礦石指數和普氏指數編製方法趨同，但是普氏指數更多地傾向於鐵礦石生產廠家的利益，而上海鋼聯的鐵礦石指數更多傾向於鋼廠的利益，因此上海鋼聯鐵礦石指數比普氏指數平均每噸低 0.1 美元至 0.3 美元。以 2014 年中國進口 9 億噸鐵礦石計算，如果全部採用上海鐵礦石價格指數，國內企業可以節約 0.9 億美元至 2.7 億美元的進口成本。

當然，建立大宗商品定價權的重要意義不只是體現在節約中國企業進口成本上，更為重要的是建立大宗商品定價權對於實施“一帶一路”倡議和人民幣國際化具有重要的意義。

首先，實施“一帶一路”倡議需要大量的基礎設施投資，同時也需要大量的大宗商品原材料。根據亞洲開發銀行預計，從 2010 年到 2020 年亞洲各經濟體基礎設施需要投入 8 萬億美元投資，這些基礎設施直接投資及其引致的間接投資勢必會帶動對大宗商品的大量需求。如果中國在實施“一帶一路”倡議過程中缺乏對大宗商品定價權的控制和影響力，就可能會影響到這些項目的實施效果。

其次，對於人民幣國際化而言，人民幣國際化實際上是使人民幣的結算貨幣功能、儲備貨幣功能和計價貨幣功能跨國界發揮作用。目前人民幣作為結算貨幣在跨境貿易中穩步增長，同時隨着人民幣加入特別提款權（Special Drawing Right，簡稱 SDR）貨幣籃子，人民幣作為儲備貨幣的功能也在相應推進，相比而言，目前人民幣作為計價投資貨幣的功能進展較慢。通過發展期貨及衍生品市場，建立以人民幣為計價貨幣的大宗商品定價權，對人民幣作為計價貨幣，進而推動人民幣國際化具有重要的意義。

經過多年的快速發展，目前中國商品期貨市場已經連續多年交易量位居全球首位，但是由於長期以來中國期貨市場處於相對封閉和較為單一的狀態，表現為投資者結構（無境外投資者）、市場結構（無場外市場）和產品結構（無期權市場），因此中國商品期貨市場在全球市場缺乏相應的影響力。在當前國內期貨市場發展面臨階段性調整壓力的情況下，我們需要充分利用上海自貿區或香港市場的政策優勢以及"一帶一路"倡議和人民幣國際化，通過制度創新和產品創新，爭取贏得在新的國際環境下的大宗商品定價權，建議從如下幾個方面入手。

一是藉助香港離岸金融市場的優勢，打造期貨及衍生品市場開放交易平台，鼓勵中國內地的交易所到香港推廣中國有代表性的期貨交易品種，以人民幣計價掛牌交易的方式吸引全球投資者參與交易，逐步將國際大宗商品的定價主導時間段由歐洲交易時段向亞洲交易時段轉移，逐步由美元計價向人民幣計價轉移。

二是藉助自貿區或香港的優勢，探索建立既符合國際慣例又滿足境內需求的規則體系，既充分滿足不同投資者的交易和風險管理需求，同時又能做到風險可控可監測。在這一點上，滬港通進行了十分有借鑑意義的探索。

三是配合"一帶一路"倡議實施，並以現貨企業的需求為導向，在自貿區及"一帶一路"沿線國家或地區設立交割倉庫，充分利用互聯網與物聯網等新技術手段，創新物流與供應鏈方式，降低倉儲物流成本，提升競爭力，在此基礎上，發展衍生產品，用期貨及衍生品市場為"一帶一路"倡議的實施提供有力的金融支持。

（本文發表於《第一財經日報》2015 年 12 月 1 日，原題目為《客觀評估期貨及衍生品發展對市場經濟的影響》。）

債券市場開放與人民幣匯率

　　自 2016 年年初以來，中國債券市場開放政策持續展開，研究表明，在當前全球低利率市場環境下適時加快開放債券市場，有助於拓寬槓桿轉移的政策回旋餘地，也有利於市場上人民幣均衡匯率的實現，並進一步推動人民幣國際化進程。

●○ 促進投資者結構的多元化，有利於改進人民幣均衡匯率的市場發現效率

　　在 "8 · 11" 匯改之後，美元兌人民幣即期匯率一直保持寬幅波動的狀態（見圖 1），反映出外匯市場參與者短期內對人民幣波動的預期短期內出清有限。根據 2016 年初的央行貨幣政策執行報告，當時人民幣兌美元匯率中間價的形成機制是 "收盤匯率 ＋ 一籃子貨幣匯率變化"，"收盤匯率" 主要反映外匯市場供求狀況，"一籃子貨幣匯率變化" 則是為了保持人民幣對一籃子貨幣匯率基本穩定所要求的調整幅度。這意味着人民幣對一籃子貨幣的有效匯率主要作用是作為政策目標存在，提升匯率政策靈活性和貨幣政策有效性，而針對人民幣兌美元匯率的討論可以歸結為外匯市場供求和美元走勢，其中核心是國際收支反映的供求趨勢。在這一背景下，儘管中國外匯交易中心（China Foreign Exchange Trade System，簡稱 CFETS）人民幣匯率指數顯示人民幣內在幣值並未存在大幅貶值基礎，但外匯市場交易狀態卻顯示人民幣貶值預期是存在的。

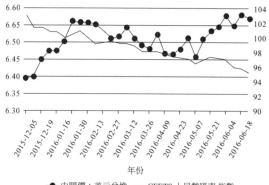

圖 1　美元兌人民幣中間價與 CFETS 人民幣匯率指數

數據來源：Wind 資訊。

在這一時期內，外匯儲備波動加劇，持續的外匯干預使得中國外匯儲備充足率（外匯儲備規模 /M2 比率）由 2015 年初的 18.80% 下降至 2016 年 5 月末的 14.26%（見圖 2），雖然這一水平仍處於 10% 至 20% 的合理區間，但已表現出央行在外匯市場干預的同時，需要尋找新的對沖力量，在當前的市場環境下，擴大開放債券市場可發揮這樣的作用。

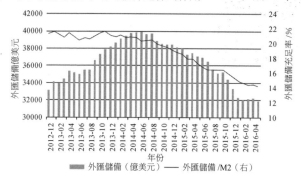

圖 2　外匯儲備水平與外匯儲備充足率

數據來源：Wind 資訊。

從平衡國際收支的角度看，在資本流入通道進一步打開的條件下，通過債券市場流入的資本可以在一定程度上抵消資本流出規模，更重要的是其背後體現出市場參與者的異質性預期，從而改善外匯市場對人民幣匯率真實水平的發現功能。在 2014 年之前，中國基本處於國際收支"雙順差"的運行狀態，外匯政策也重點關注國際收支在"雙順差"環境下的國際資本流入情況；自 2014 年下半年開始，因為中美經濟周期的差異和分化，中美貨幣政策之間也出現明顯的分化與利差收窄，這也在一定程度上形成了人民幣對美元貶值的短期市場預期，此時在原來的國際收支結構下形成的"嚴流入，寬流出"的外匯管理政策基調已較難適應當前新常態下的國際收支狀態。自"8·11"匯改以來，人民幣貶值預期在短期內一度加大，離岸與在岸人民幣匯差一度擴大在月均 400bps 以上，同時境外機構投資者持有中國主要債券券種也出現了大幅減少的趨勢，匯差增大與資本淨流出增加在同期及前後期趨勢顯著；而從 2016 年 2 月末央行進一步放開境外機構投資者投資銀行間債券市場後，境外投資者持有中國債券增量顯著改善，且在國債與企業債的增持比例方面表現出較為均衡的配置，其中配置國債、國家開發行銀行債和企業債的增長率均顯著增加 10% 左右。與此同時，人民幣離岸與在岸匯差也迅速下降，這一方面來自於美聯儲加息預期減弱、全球低利率環境等國際市場因素，另一方面也說明央行在匯率波動期間對資本項目的適度放開政策產生了成效，雙向資本流動在一定程度上縮短了人民幣真實匯率的價格發現過程，以及降低了價格發現過程中的波動成本。

此外，在人民幣匯率寬幅波動影響下，人民幣國際化進程在離岸市場階段性放緩，此時開放債券市場，引入境外機構到銀行間債券市場進行投資，有利於推動人民幣由國際結算貨幣逐步發展成為國際投資貨幣，符合人民幣國際化戰略的整體要求。特別是在人民幣匯率預期漸穩之後，新的 SDR 貨幣籃子生效之前開放債券市場，為外匯市場帶來人民幣資產供給量的增加，符合人民幣真正進入 SDR 貨幣籃子後境外投資者配置人民幣資產的需求。

●○ 豐富融資渠道，有助於拓寬槓桿轉移操作空間

從國際主要經濟體的實體經濟部門槓桿率水平來看，根據國際清算銀行的測算，截至 2015 年 12 月末，中國實體經濟槓桿率為 254.8%，處於相對中游的水平，與美國（250.6%）接近，與歐洲、日本、加拿大等發達經濟體仍有一定的距離。就新興經濟體總體而言，中國實體經濟（主要是企業部門）槓桿率處於相對較高水平。從增量而言，自全球金融危機以來，中國負債率呈較快增長的趨勢，且不同部門表現出槓桿分佈非均衡的特徵。無論從絕對水平還是增速來看，企業部門均是構成高槓桿的最主要部門。一方面，企業部門去槓桿的思路之一在於優化融資結構，在這一階段逐步開放債券市場，尤其是拓寬境外合格投資者的投資範圍，引入增量資金進入資本市場，長期或可改善企業融資成本，提高直接融資比例，將企業部門"去槓桿"進程中可能累積的金融中介系統性風險降低。另一方面，在穩定總需求的基本目標下，政府部門和居民在適當範圍內"加槓桿"，為企業部門在增長中平穩"去槓桿"創造條件，從而優化槓桿結構分佈，這是當前平穩渡過去槓桿風險的思路之一。根據國際清算銀行（Bank for International Settlements，簡稱 BIS）口徑測算，中國政府部門槓桿率水平處於 44.4%，遠低於 60% 的警戒線標準，處於新興市場國家政府部門槓桿率的平均水平，低於絕大多數主要經濟體槓桿率。從政府部門槓桿構成細分，中央政府槓桿率維持在較低水平，仍具有較靈活的加槓桿空間。截至 2015 年末中國國債餘額約為 10.66 萬億元，按照其佔中央債務的 75% 至 80% 的比例測算，中央政府債務佔 GDP 比率處於 19.6% 至 21.00% 的區間內，相對地方

政府債務仍具有較大的槓桿轉移空間，帶動國債融資支持財政支出。此時，對境外合格機構投資者開放債券市場，可引入增量資金，尤其是目前境外合格機構投資者在投資債券市場時重點分佈於國債這一券種，更增大了槓桿率向中央政府轉移的靈活性，以及通過國債渠道拓展財政政策實施空間的可能性。

●○ 國際範圍內低利率環境持續，助推債券市場對境外投資者擴容

當前全球正處於大範圍低利率環境，尤其是負利率水平的加深使得中國債券與境外債券的收益率差距增大，全球投資者在資產配置中對人民幣資產的需求也有所上升。在日本和歐元區開始實施負利率之後，全球負利率的程度逐步加深，負利率債券規模也在持續擴大（見表 1）。根據惠譽評級統計，隨着英國退歐事件的影響擴大，2016 年 6 月全球負利率債券規模已達 11.7 萬億美元（見圖 3），日本 10 年以內國債均為負利率，歐元區 10 年以內國債也大部分處於負利率水平。全球主要經濟體的低利率甚至負利率的範圍擴散使得機構投資者在配置資產時逐漸關注海外更高收益率債券市場的投資。中國國債收益率始終維持在 2% 至 3% 的水平，高於主要經濟體的零利率和負利率水平。隨着人民幣離岸與在岸匯差的逐漸縮小，人民幣幣值逐漸顯穩，在人民幣貶值預期改善後，境外投資者對中國債券的需求預計可能會迅速增加。

表 1　實施負利率經濟體

國家／地區	引入時間	初次負利率水平／%	目前水平／%	負利率標的／%
丹麥	2012 年 7 月	-0.20%	-0.65%	7 天定期存單利率
歐元區	2014 年 6 月	-0.10%	-0.40%	隔夜存款利率
瑞士	2015 年 1 月	-0.25%	-0.75%	超過上限的隔夜活期存款利率
瑞典	2015 年 2 月	-0.10%	-0.50%	回購利率
日本	2016 年 2 月	-0.10%	-0.10%	新增超額準備金

資料來源：各國央行。

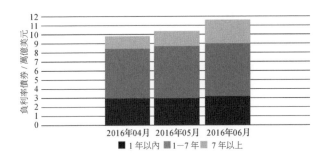

圖 3　全球負利率債券規模

資料來源：Fitch Ratings，Bloomberg。

　　在這個背景下，債券市場的開放時機已凸顯，而且具有進一步開放的空間。以政府債券的持有者結構為例，截至 2016 年 5 月，境外機構投資者雖然持有中國國債比例最高，但也僅達到 2.99%，政策性金融債次之，約為 1.72%，持有信用債等其他券種比例低於 1%（見圖 4），遠低於亞洲其他債券市場的境外投資者持有情況。以政府債這一類券種為例，日本和韓國的外國投資者持有佔比已超過 10%，而諸如馬來西亞、印度尼西亞等新興市場國家的政府債超過 1/3 的部分由外國投資者持有，且這種持有趨勢增速顯著（見圖5）。即使在全球主要發達經濟體結束量化寬鬆政策後，在新興市場的國際資本流出態勢漸顯的時期內，以及在2015年下半年以來新興經濟體幣值寬幅波動的情況下，在以中長期投資者為參與主體的政府債市場上，外國投資者參與比例也未曾大幅下降。這表明，配置全球資產的中長期國際投資者主要考慮的是匯率中性下全球資產配置的風險對沖功能及不同市場上資產收益利差因素，而非簡單的對幣值升貶值的博弈。可以推知，在當前全球低利率環境下適時開放中國債券市場，一方面可以使中長期國際投資者的參與度提升，對於債券收益率曲線的價格發現機制具有完善的效果；另一方面，對人民幣資產需求的上升也有助於人民幣均衡匯率的價格發現效率提升和人民幣國際化進程的推進。

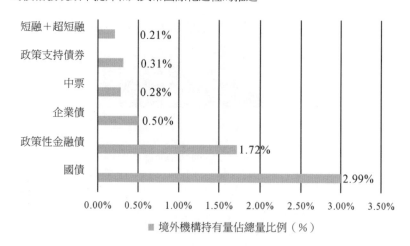

圖4　境外機構持有券種比例

數據來源：Wind 資訊。

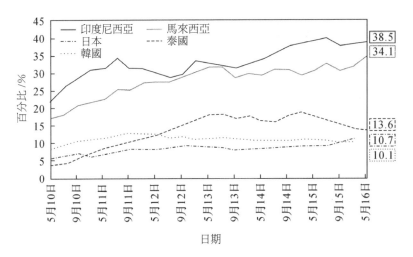

圖 5　亞洲主要債券市場境外投資者持有政府債券比例

資料來源：亞洲開發銀行 *Asia Bond Monitor*（2016 年 6 月）。

（朱虹參與本文的起草與討論，本文發表於"第一財經日報網站"2016 年 7 月 11 日，原題目為《債券市場開放與人民幣匯率均衡發現和槓桿轉移》。）

從境外投資者持債動機看中國債市開放

　　中國債券市場經歷多年的發展，各類發行和交易主體不斷擴大，品種不斷豐富，規模增長迅速，目前已是僅次於美國和日本的世界第三大債券市場。但中國債券市場開放程度並不高，債券市場開放的深度與廣度還有待提高。

　　近年來，中國在債券市場對外開放方面進行了大量的改革。2010 年8 月，央行發佈《中國人民銀行關於境外人民幣清算行等三類機構運用人民幣投資銀行間債券市場試點有關事宜的通知》，允許境外央行或貨幣當局、港澳地區人民幣清算行、境外跨境貿易人民幣結算參加行等三類機構，以人民幣投資境內銀行間債券市場，這是中國債券市場開放歷程中的一個里程碑。2011 年12 月，中國證監會、中國人民銀行和外匯管理局發佈《基金管理公司、證券公司人民幣合格境外機構投資者境內證券投資試點辦法》，允許合格的基金公司以及證券公司子公司作為試點機構開展人民幣合格境外機構投資者（RMB Qualified Foreign Institutional Investors，簡稱 RQFII）業務，標誌着 RQFII 試點業務正式啟動；2013 年3 月再次發佈《人民幣合格境外機構投資者境內證券投資試點辦法》，擴大了 RQFII 試點範圍，RQFII 投資者正式獲得了進入交易所債券市場和銀行間債券市場的資格。至此，中國債券市場的境外投資者主要是合格境外機構投資者（Qualified Foreign Institutional Investors，簡稱 QFII）、RQFII 以及三類機構。

　　2016 年以來，中國債券市場開放的進程進一步提速。2016 年2 月，央行發佈了 3 號公告，允許境外商業銀行、保險公司、證券公司、基金管理公司及其他資產管理機構等申請進入國內銀行間債券市場，且對包括養老基金、慈善基金、捐贈基金等的中長期投資者取消額度限制，僅對額度的使用進行了規範。2016 年 5 月 27 日，央行再次發佈《境外機構投資者投資銀行間債券市場備案管理實施細則》和《中國人民銀行有關負責人就境外機構投資者投資銀行間債券市場有關事宜答記者問》，進一步明確了 3 號公告關於銀行間債券市場對外開放的細節，這意味着銀行間市場對境外投資主體准入門檻的進一步降低，標誌着中國債券市場開放取得了階段性的新突破。

對於中國債券市場開放而言，雖然制定與之相適應的配套金融改革措施很重要，但釐清境外投資者的持債動機同樣也不容忽視。

●○ 美日境外投資者持債動機分析

美國和日本分別擁有世界上規模最大和第二大的債券市場，美國債券市場的開放程度較高，而日本債券市場也具有一定的開放廣度和深度，日元資產往往在國際資本市場動盪之時成為國際投資者選擇的避風港。

美國境外投資者持債動機分析

國際投資者對於美國債券市場一直保持着較高的熱情，2008 年至 2015 年間境外投資者持有美國國債總規模呈現出不斷擴大的趨勢（見圖 1）。根據美國財政部公佈的《美國證券外國持有人調查報告》，截至 2015 年 6 月，境外投資者在其國債市場中的持債比例超過了 45%，其中長期國債的持債比例更是高達 48.3%。持債總規模達到 10.48 萬億美元，持有國債規模達 6.15 萬億美元。從期限上來看，境外投資者持有長期國債的數量為 5.45 萬億美元，短期國債為 0.7 萬億美元。

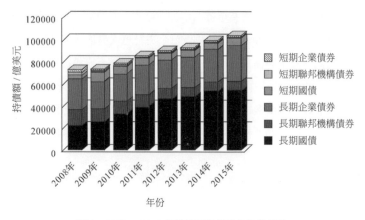

圖 1　2008—2015 年美國境外投資者持債規模

數據來源：美國財政部。

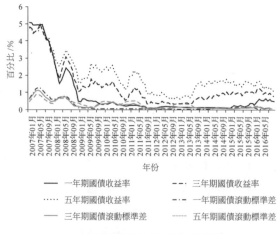

圖 2　美國國債收益率及滾動標準差 [1]

數據來源：Wind；作者測算。

1　滾動標準差（Rolling standard deviation）經由國債收益率測算得到，滾動窗口期為 12
　　個月。2007 年 1 月為第一個月，2016 年 7 月為最後一個月。本文用一年期、三年期、五
　　年期的國債分別代表短期、中期和長期債券。

美國國債的吸引力與其債券市場的廣度和深度有關，而從債券本身的收益特徵來看，美國國債相對較高的收益率及低波動風險的特徵也是境外投資者持債的重要原因（見圖 2）。

美國的一年期、三年期、五年期三種債券提供的收益率在金融危機期間經歷了一次較大幅度的下降之後，在其餘時間內一直運行得較為平穩，波動幅度也不大。同時可以發現，在 2011 年歐債危機的高峰期，美國債券的收益率有所上升，這表明投資者此時較為信任美國國債。

在 2014 年下半年之後，全球開始出現負收益率的債券，此時美國國債收益率的優勢就體現得尤為明顯。根據美銀美林的數據，目前全球負收益率的國債規模已經達到 13 萬億美元 [1]。近期歐洲多國的國債收益率均下跌至歷史新低，而美國各個期限的國債收益率均未跌至負值，這一相對較高的收益率對於境外投資者而言具有一定的吸引力。

滾動標準差衡量了美國國債收益率的波動程度，可以用來代表國債收益率的波動風險。可以發現美國國債的滾動標準差從 2009 年 2 月開始，在多數時間內都穩定在 0.2% 之內，收益率的波動風險比較小。

風險調整收益率（risk-adjusted return）由收益率除以滾動標準差得到，其體現的是與單位波動風險相匹配的收益率。在圖 3 中，美國三種期限國債的風險調整收益率較為可觀且在 2016 年 9 月呈現出上揚的趨勢，其波動程度有所增加，但總體波幅仍未超過一定的區間。從風險調整收益率來看，美國國債對於其境外投資者是一種具有投資價值的資產。

1　資料來源：華爾街見聞 &Bank of American Merrill Lynch，http：//wallstreetcn.com/node/253318。

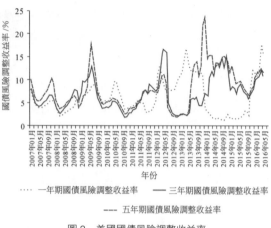

圖3　美國國債風險調整收益率

資料來源：Wind；作者測算。

相關研究表明，近年來歐洲各國投資者進行投資時的本土偏好（home bias）正在減弱，對於海外資產的配置比例正在增加。而歐元區多國深陷負利率的泥潭，像美國國債這種收益率相對高而穩定的資產是其進行海外投資的可行選擇。

此外，境外投資者願意持有美國國債與美元的強勢地位也是分不開的（見表1）。近十年來美元在全球外匯儲備貨幣構成中都佔到60%以上，遠超過其他幾種貨幣，領先地位十分明顯。

一般而言，一國持有國際儲備主要基於償債性需求、交易性需求以及保障性需求的動機，而美國國債市場規模龐大、品種豐富、流動性很高，其國債資產能夠在國際市場上以較低的交易成本迅速變現，能滿足一國持有國際儲備的基本需求。美元在傳統上也一直被認為是避險貨幣之一，出於安全性的考慮，其他國家也願意配置美元資產。並且，多年以來美元幣值一直保持較為穩定的趨勢，美元的保值性也是境外投資者願意持有美元資產的重要原因。

表 1　全球外匯儲備的貨幣構成

單位：(％)

貨幣	年份									
	2006	2007	2008	2009	2010	2011	2012	2013	2014	2015
美元	65.04	63.87	63.77	62.05	62.14	62.59	61.46	61.24	63.33	64.26
歐元	24.99	26.14	26.21	27.65	25.71	24.40	24.05	24.19	21.90	19.78
英鎊	4.52	4.82	4.22	4.25	3.93	3.83	4.04	3.98	3.79	4.88
日元	3.46	3.18	3.47	2.90	3.66	3.61	4.09	3.82	3.90	4.04
瑞士法郎	0.17	0.16	0.14	0.12	0.13	0.08	0.21	0.27	0.27	0.28

數據來源：IMF 數據庫。

在當前全球低利率的環境下，美國國債高收益低波動風險的特點，以及美元作為國際儲備貨幣的強勢地位，均構成了境外投資者持有美國國債的重要動機。不論是出於追求收益、規避風險還是持有外匯儲備的目的，美國國債都是其境外投資者進行資產配置的一個可行選擇。

日本境外投資者持債動機分析

日本債券市場相當發達，規模僅次於美國。從債券市場開放的程度來看，2015 年境外投資者持有日本國債的比例為 9.8%[1]，這一比例不及美國，但日本國債自身獨特的收益特徵也成為日本國債吸引境外投資者的原因。

在國際投資中貨幣風險是一個不容忽視的因素，因此本文採用對沖收益率（hedged return）來表示日本的國債收益率，這一收益率已經經由匯率風險調整，與境外投資者實際所得的收益率更為貼近。在這種調整下，滾動標準差衡量了兩方面的風險，一是日本國債收益率的波動風險，二是日元匯率的波動風險。

1　數據來源：日本財務省 2016 年 6 月數據。

日本自 2000 年開始就已經啟動量化寬鬆政策，其國債提供的對衝收益率並不算高，而在 2016 年以來日本央行實行的負利率政策，更使得多數日本國債已經呈現負的對沖收益率。

2007 年 1 月以來日本一年期國債對沖收益率始終未超過 1%，三年期國債收益最高時也未達到 1.2%，五年期國債收益的最高點在 1.5% 左右。但日本國債對沖收益率曲線的走勢有其自身的特點，表現為在 2008 年全球金融危機和 2011 年歐債危機較為嚴重的兩個時期其對沖收益率反而上揚。日本銀行的統計數據顯示，境外投資者持有日本一年期國債的餘額在 2008 年 6 月達到 14.8% 的高點，隨後下降至 2008 年 12 月的 10.1%，在這之後一直維持緩慢上升的狀態，在 2011 年 3 月達到 17% 的新高點。而三年期國債境外投資者的持債餘額也有類似的經歷，其在 2008 年 9 月達到 7.8% 的高點，隨後下降至 4.6%，繼而又在 2011 年 9 月達到 6.3% 的高點。在這兩個國際資本市場動蕩的時期，日本國債對沖收益率反而上揚並且境外投資者持債餘額上升，這體現了日本境外投資者對其國債的信心，境外投資者在危機時期將日本國債視為相對安全的避風港。

儘管日本國債提供的絕對收益率並不高，但在金融危機和歐債危機期間其他發達經濟體的債券收益率往往經歷了一個下降的過程，這就提高了日本國債的相對收益率，激發了境外投資者購買和持有日本國債的興趣。

日本國債市場的另一個特點是波動風險極低，大多數時期日本三種期限國債的滾動標準差均未超過 0.2%，即便是和美國國債市場做比較，日本國債市場的波動風險仍然是較低的（見圖 4）。

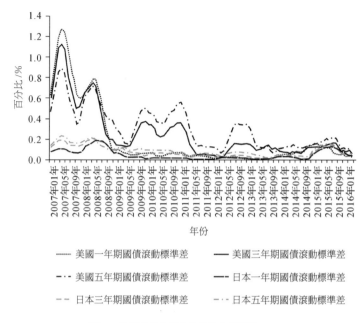

圖4　美日國債收益率滾動標準差對比

注：日本國債採用對沖收益率，在同一貨幣計價的條件下，兩國國債收益率的滾動標準差是有可比性的。

資料來源：Wind；作者測算。

美國三種國債的滾動標準差在金融危機前、中期經歷了兩次較大幅度的漲落，此後三年期和五年期國債的收益率仍然經歷了幾次較大幅度的波動。反觀日本的國債，其滾動標準差的波幅始終小而穩定，這表明多數時間內日本國債收益率的波動風險要小於美國。

我們可以認為波動風險小是境外投資者持有日本國債的重要動機，這個特點迎合了投資者的避險需求。收益率的穩定性在危機期間提高了日本國債的相對回報，進一步提高了其吸引力，這也能部分地解釋為何日本國債在國際資本市場動盪時期成為投資者選擇的避風港。

●○ 中國國債回報特徵及影響債市開放因素分析

隨着不同類型境外投資者漸次入場，參與中國債券市場的境外投資者數量不斷增加。截至 2016 年 5 月，銀行間市場的境外投資者數量已經增至 326 家，比 2015 年末增加 21 家；境外投資者持有的債券規模達到 6234.51 億元，較 2015 年末增加 208.66 億元，持有中國國債的規模達到 2955.26 億元。然而，儘管中國債券市場開放進程不斷加快，境外投資者持有的中國債券託管總量佔比也僅達到 1.6%，持有中國國債託管量佔比為 3%。與美國和日本相比，債券市場開放程度依然十分有限。債券市場開放度較低，一方面與中國資本市場建設尚不完善有關。另一方面，中國國債本身的回報特徵也是境外投資者持債動機不足的一個原因。

中國國債回報特徵分析

總體來看，中國國債的對沖收益率一直維持在一個相對高位的區間，除一年期國債在少數時期對沖收益率跌落 2% 以外，三年期和五年期國債的對沖收益率一直維持在 2% 以上。同時，中國國債對沖收益率在歐債危機期間也出現了小幅度的上揚，而在 2014 年市場對人民幣開始有貶值預期後，對沖收益率的下降趨勢較為明顯。

從全球範圍橫向比較來看，中國國債提供的對沖收益率應當是具有吸引力的，但境外投資者對中國國債的興趣並不大，這其中有多方面的原因，而對沖收益率的滾動標準差較大，進而表明回報波動風險較大也是其中的原因之一，這在中國國債風險調整收益率的走勢中也能有所體現。[1]

---

1 國債對沖收益率是經美元兌人民幣匯率調整得到的，以 2010 年 8 月為基期，2016 年 7 月為最後一期。

美國三種期限國債的風險調整收益率均有一定波動，但總體上呈現出向均值回歸的趨勢，並且波動區間也不大。而中國國債風險調整收益率波動區間均較大且波動的趨同性較為明顯，這表明中國國債提供的高對沖收益率並不穩定，高收益高波動風險的回報組合對境外投資者的吸引力顯然不如美國國債高收益低波動風險的回報組合。

影響中國債市開放因素分析

通過對中美日三國國債收益特徵的對比分析，可以發現一些影響中國債市開放的因素。

全球低利率環境助推中國債市開放

一方面，高收益率有利於中國債券市場的開放。從三國風險調整收益率的對比中可以發現，近兩年來中國一年期國債和三年期國債提供的風險調整收益率最大，美國次之，日本最小。日本在 2015 年 3 月之後就接近零收益率，近期更是跌入負區間。

這種收益率的差別與中國的資本賬戶還未完全開放有關，境內外的利差較大因而債券收益率的差別也較大，隨着中國資本賬戶開放的不斷推進，境內外債券收益率的利差將會逐步縮小。但在當前全球低利率的大背景下，中國國債提供的這種高風險調整收益率還是相當具有吸引力的，尤其是對於實施負利率政策國家的機構投資者而言，在成本和風險可控的情況下，適當地購買中國國債是一個可行的選擇。從這個角度上來說，全球低利率的環境對於中國債券市場的開放進程有一定的促進作用。

高波動風險在一定程度上影響到境外投資者積極性

另一方面，中國國債較高的波動風險會減弱境外投資者的持債動機，這既包括債券收益率波動的風險，也包括人民幣匯率波動的風險。就中美日三國國債的橫向對比而言，從 2010 年 8 月至 2016 年 9 月，中國一年期和三年期國債的滾動標準差在多數時期內均是最高的，其中一年期的短期國債表現得尤為明顯。中國國債收益率的波動區間遠大於美國和日本，儘管近期來三個國家債券的滾動標準差有收斂的趨勢，但從過往較長的周期來看，投資於中國國債的不確定性要大於投資美國國債和日本國債。

對於中國境外投資者而言，人民幣的匯率波動風險是影響其持債的一個重要因素。在 2008 年到 2013 年之間，中國經濟貿易順差較高，外匯市場也一直供過於求，造成人民幣匯率呈現出單邊升值的態勢。而 2014 年以後，人民幣開始逐漸出現貶值預期，這一貶值預期在 2014 年 7 月美元進入強周期後表現得尤為明顯。"8·11" 匯改深刻地影響了人民幣匯率的形成機制，一時間內市場貶值預期的存在導致人民幣匯率波動風險加劇。此後央行為穩定人民幣匯率，採取了大量的措施，2016 年 5 月 8 日公佈的以 "收盤價＋籃子貨幣" 為基礎的人民幣匯率形成機制相對透明，成功地穩定了市場預期。然而，在當前的匯率形成機制下，較之美元和日元來看，人民幣匯率依然缺乏彈性，雙向波動頻繁且幅度較大，這也就意味着中國境外投資者面臨的匯率波動風險仍然較大。

近年來國際的機構投資者往往會通過風險平價（risk parity）策略來進行資產配置，一種資產具有的風險越大，其在配置中所佔的比例就會越低。如果中國債券本身所提供的回報和風險不相匹配，那麼境外投資者對於購買持有中國債券的積極性就會隨之降低。

●○ 提高中國債市開放度的相關建議

中國債券市場開放程度較低與中國國債本身高收益、高波動風險的回報特徵有關，針對這種現狀，可從以下幾個方面入手來推進相關改革。

完善境外投資者跨境投資途徑

當前境外投資者主要通過三類機構、QFII 和 RQFII 這些途徑進入中國的債券市場，境外投資主體的多元化有利於降低中國債券市場的風險，可以繼續完善 QFII 和 RQFII 制度，適時推出合格境外個人投資者和人民幣合格境外個人投資者機制，進一步降低境外投資主體的准入門檻。同時，在風險可控的條件下，可以逐步放開對境外投資者的投資額度限制。

加強外匯市場建設，增加匯率風險管理工具

在人民幣匯率形成機制改革取得重大突破之前，可以從外匯市場建設入手來穩定人民幣匯率預期，目前已經推出的全國外匯市場自律機制，有利於市場成員之間的溝通，能夠提高外匯市場的規範化水平。並且應當增加匯率風險管理工具，為境外投資者提供多種對沖匯率波動風險的手段。就小國投資者而言，其本國貨幣的流動性和市場深度均不夠，可以繼續推廣並完善遠期保價這一工具；而在市場成熟度較高的大型資本市場中，可與當地交易所謀求更深層次的合作，方便不同時區的投資者進行交易和管理。完善人民幣期貨制度，延長合約的到期期限，為長期債券投資者進行風險管理提供便捷。同時推廣並完善人民幣期權制度，為境外債券投資者提供鎖定成本的工具；此外，應當充分重視並發揮香港這種離岸人民幣中心的作用，推動香港市場的各類匯率風險管理工具的使用和發展。

穩步推進人民幣國際化

美國和日本較高的債市開放度與美元、日元的國際儲備貨幣和避險貨幣的地位分不開，境外投資者對中國債券持債動機的強弱與人民幣在國際上的地位也息息相關。當前人民幣已成為第三大貿易融資貨幣、第五大支付貨幣，並進入國際貨幣基金組織特別提款權（SDR）貨幣籃子，人民幣國際化已經取得一定成效，但與美元和日元相比，人民幣在

國際上的接受度和認可度還不夠，也稱不上是一種安全資產。穩步推進人民幣國際化建設，可以進一步完善人民幣國際化的基礎設施，擴大經常項目人民幣的跨境使用，拓展人民幣跨境投融資渠道和雙邊貨幣合作。

（邵楊楠、陳康潔、廖慧參與本文的起草與討論，本文發表於《21世紀經濟報道》2016年9月13日、9月14日。）

從國際視角看中國境內債券市場

債券通的推出，被視為國家加大開放資本市場及便利外資參與者交易人民幣計價資產的重要舉措之一，也將進一步鞏固香港作為連通內地市場和國際市場門戶的優勢地位。本文梳理了外資參與中國境內債券市場的結構現狀、基本框架及潛在發展空間，並就進一步推動境內債券市場與國際市場的深度融合建言獻策。

人民幣要發展成為國際儲備貨幣，一個發展成熟並有外資高度參與的人民幣債券市場必不可少。基於中國經濟及人民幣債市規模龐大，外資持有人民幣債券的增長潛力亦會相當可觀。然而，受制於當前中國債市對境外投資者開放計劃的限制，目前外資參與中國債市的程度遠低於其他國際貨幣國家，甚至比不上部分新興市場。中國現時設有三項主要計劃允許境外投資者進入境內債券市場，分別是合格境外機構投資者（QFII）計劃、人民幣合格境外機構投資者（RQFII）計劃及合資格機構進入內地銀行間債券市場（人行合資格機構計劃）。雖然相關規例已經逐步放寬，但有關額度管理、戶口管理或資金匯兌的規定仍然是限制境外參與者配置有效投資策略及資金的主要方面。因此，有必要推動創新措施，增強市場基礎設施，完善交易規則，提升金融產品質量，進一步推進人民幣國際化。

2017 年 5 月，中國人民銀行和香港金融管理局共同宣佈了債券通計劃，債券通計劃將分階段實施，當前為實施"北向通"階段，未來兩地監管當局將結合各方面情況，適時擴展至"南向通"。跨境債券通平台可提供健全的金融基礎設施及與國際法規、監管標準接軌的市場規則，有助於減緩監管壓力，為境外參與者及境內投資者提供更為便捷的交易環境，被視為國家加大開放資本市場及便利外資參與者交易人民幣計價資產的重要舉措之一，也將進一步鞏固香港作為連通內地市場和國際市場門戶的優勢地位。

●○ 外資參與中國境內債市具發展潛力

2006 年至 2016 年，中國在利率市場化以及逐步放寬資本管制等方面不斷推出措施，債券市場發展取得重大進展，債市規模急速擴張，2011 年至 2016 年以年均增長率為 21% 的速度增長，成為全球第三大債券市場，債券存量規模達 56.3 萬億元人民幣（約 8.1 萬億美元）。然而，相比其他國際貨幣國家，中國債市佔國內生產總值百分比仍然偏低。外資參與中國債市的程度依然微不足道，約佔整個市場 2.52% 及主權債市場 3.93%，遠低於日本、美國甚至一些新興市場，顯示外資參與中國境內債市仍然有巨大增長空間。人民幣納入國際貨幣基金組織（IMF）特別提款權貨幣籃子之後，為全球參與者提供了進軍中國債市的一個重要窗口。從投資角度而言，納入特別提款權雖不至於直接刺激大量投資需求，因為特別提款權貨幣籃子本身僅是一種補充性的國際儲備資產，約值 2880 億美元，人民幣在其中的權重僅佔 10.92%，但是，獲得特別提款權的地位可以提升人民幣作為全球投資及儲備貨幣的地位，將極大促進國際政府及私人部門對人民幣計價資產的需求，從而使全球資產配置逐漸由其他金融部門流入中國資產，特別是流入人民幣計價的債券及相關金融產品中。

目前，在政府部門方面，外國政府及半官方組織持有人民幣資產（包括債券、股票、貸款及存款）總值為 6667 億元人民幣，相當於全球官方外匯儲備總值約 1%，遠低於澳元或日元。如國際政府部門持有人民幣的佔比可大致達到澳元水平，那意味着將有 1100 億美元的全球儲備轉移至人民幣資產；如進一步提升至日元的佔比水平，流入人民幣資產的資金更高達 4000 億美元。在私人部門方面，中國債券資產在國際基準指數中佔比也不大。如中國資產納入若干國際指數，例如在國際定息產品市場中廣泛用作參考的摩根大通新興市場債券指數，根據 IMF 的報告，中國該指數的權重將約為 1/3。若還有相關政策助推機構及私人投資者參與中國境內債市，相信外資持有的中國債券更可增持至與其他國際貨幣的相當水平，達債市總存量約 10%。同時，假設中國債市未來數年的增長率與 2011 年至 2016 年社會融資總量的複合年增長率相同（即 14%），而且外資所持中國債券佔整個市場的 10%，那麼到 2020 年時外資所持中國債券可達人民幣 95000 億元，佔國內生產總值的 9.93%。

●○ 外資持有境內債券的基本結構及進入市場的主要渠道

中國正逐步擴大接受外資參與境內債市的程度。隨着離岸人民幣中心在全球分佈日漸擴大，中國與多個國家簽訂了雙邊貨幣掉期，2011 年至 2016 年審批 RQFII 及 QFII 計劃的合格投資者及投資額度不斷提速。同時央行也加快了審批境外機構進入銀行間債市的速度，流入中國在岸債市的境外資金一直穩步上揚。截至 2016 年底，外資持有中國境內債券已創下人民幣 8526 億元新高，較前一年增長 13%。

從配置總體情況來看，2016 年年底外資所持包括債券、股票、貸款及存款在內的中國境內資產合計達 30300 億元人民幣。其中，債券資產佔整體外資持有資產由 2015 年底的 20% 上升至 28%，同期存款佔比則由 41% 下跌至 30%，反映境外資金有大幅轉移至債券資產配置的趨勢。

在已配置的債券中，外資大部分流向利率而非信用債。2016 年境外參與者所持政府及政策性銀行債券增加了 2330 億元人民幣，同比飆升 6 倍，外資在中國主權債券市場的佔比由 2015 年底的 2.62% 增至 3.93%。在 2016 年增持主權債券的投資者中，境外投資者佔總增量的 14%，僅次於全國性商業銀行（38%）及城市商業銀行（19%），是當年中國主權債券第三大買家。相反，外資持有的信用債跌至 494 億元人民幣新低，只佔 2016 年底外資所持債券資產總值的 6%。外資所持主權債券比例增加，或反映出在近期中國債市信貸違約上升的情況下，境外投資者對中國資產態度較為審慎。鑑於中國市場基礎設施薄弱，特別是欠缺可信的信用評級公司，外資機構傾向持有主權債券及高評級債券作為外匯儲備。然而，由於主要發達市場目前處於低（甚至負）的息率環境，將資金配置至收益率較高的資產及信用債券的誘因將會增強。在此前提下，只要中國的市場基礎設施及債市信用情況大幅改善，信用債券可能會較政府債券增長更快。

總體而言，2016 年底外資持有中國債券佔債券總存量為 2.52%，在中國債市登記的境外機構共 411 家，主要有 QFII、RQFII 及合資格機構計劃等三條境外投資者進入境內債券市場的渠道（見表 1）。

（1）QFII 於 2002 年推出，2013 年被允許進入銀行間債券市場，2016 年進一步放鬆管制，簡化了投資額度、資金匯入匯出安排的管理，並縮短了本金鎖定期。至 2016 年底，共向 276 家 QFII 發出 873 億美元投資額度。

（2）作為 QFII 計劃的延伸，2011 年 12 月推出了 RQFII 計劃，境外投資者可運用離岸人民幣資金投資於在岸資產，其後 RQFII 計劃擴展至更多國家和地區。截至 2016 年底，總額度由初期的 2700 億元人民幣增至 15100 億元人民幣，已向 175 家 RQFII 發出合計 5280 億元人民幣額度。

（3）2010 年央行推出合資格機構進入內地銀行間債券市場政策，容許合格境外機構使用離岸人民幣投資於銀行間債券市場，同時，主權財富基金及國際組織亦可據此安排進入銀行間債券市場。2015 年後再推出多項重要的放寬措施，進一步便利境外投資者進入中國銀行間債市。2016 年 2 月，央行進一步放寬境外機構投資者進入銀行間債券市場的規則，將合格的境外機構參與者類別擴展至所有合格境外機構投資者，包括商業銀行、保險公司、證券公司、基金管理公司、其他類別金融機構及人行認可的中長期機構投資者，並放寬了對境外投資者施行的外匯管理。隨後進一步頒佈詳細規則，釐清了境外機構投資者在銀行間債市的投資流程。

目前境內債市已較大幅度開放但仍有改進空間，例如，現時合格投資者的範圍仍限於金融機構；關於債券產品及額度等限制仍然存在等。境內銀行間債券市場的准入程序可進一步簡化及厘清，以吸引更多外資參與。同時，銀行間債券市場和交易所市場這兩大交易平台及產品相對分割的情況也需要進一步融合。目前境內的機構投資者主要在銀行間債市進行交易，導致逾90% 債券交易量都發生在銀行間市場。債市分割並涉及不同監管機構，導致流通量分散和市場深度有所限制。此外，大部分對沖產品只在銀行間債券市場交易，給大部分外資參與者帶來風險，特別是那些主要通過 QFII 及 RQFII 安排進入交易所市場的基金及證券公司（見表 2）。

表 1　目前 QFII、RQFII 及人行合資格機構計劃的主要架構

相關規則	QFII	RQFII	人行合資格機構計劃
監管批准	中國證監會：QFII/ RQFII 牌照 外管局：QFII 額度 人行：進入銀行間債券市場事先備案	向人行事先備案	
投資額度	· 如申請的額度於基礎額度內，只需向外管局事先備案。 · 如要求的額度超出基礎額度，須經審批。 · 基礎額度根據資產規模一定比例計算。	· 對境外機構投資者實施宏觀審慎管理 · 無明確投資額度要求，須向人行備案擬投資規模。	

相關規則	QFII	RQFII	人行合資格機構計劃
合資格定息產品	·交易所市場：政府債券、企業債券、公司債券、可換股債券等等。 ·銀行間市場：債券現券。	·外匯儲備機構：所有債券現券、債券回購、債券信貸、債券遠期、利率互換、遠期、利率協議等等。 ·其他金融機構：所有債券現券及人行許可的其他產品，離岸人民幣清算行/參與銀行亦可買賣回購。	
外匯管理	在岸與當地託管商進行兌換	須匯入離岸人民幣（取自離岸）	在岸/離岸
匯入本金鎖定期	三個月	三個月，開放式基金不設限	沒有
匯出頻次及限制	每日（僅開放式基金）及月度匯出限制	每日（僅開放式基金）	累計匯出金額需符合一定比例規定

數據來源：截至 2016 年底資料，最新規劃及政策見人行、中國證監會及外管局網站。

●○ 進一步推動外資參與中國境內債市的幾點建議

首先，可考慮整合交易平台及現有外資參與計劃。市場規模及流通量是決定債市交易及定價效率的主要因素。而大部分中國境內債券的發行及交易仍分為銀行及交易所兩個市場，只有小部分可在兩個市場同時交易。兩個市場的成交量的相對不平衡導致交易所市場流通量低且規模小，信用利差較高，對沖能力也較弱。整合交易平台可促使流通量達到足夠規模以改善定價能力。近期 QFII 及 RQFII 計劃的政策改革，使彼此在投資額度及資金匯兌方面的政策更為相近，日後兩項制度有可能更為劃一或整合，以減低交易成本及更有效地形成更多元的投資者基礎。

表 2　中國境內兩大債市比較

相關規則	銀行間債券市場	交易所市場
監管機構	人行	中國證監會
交易平台	中國外匯交易中心	上海 / 深圳證券交易所
中央證券登記	中央國債登記結算有限責任公司（中債登）/ 上海清算所（上清所）	中國證券登記結算有限責任公司（中國結算）
可選工具	中央政府債、地方政府債、政策性銀行債、央行票據、企業債券、中期票據、短期融資券、商業銀行債券、金融機構債券、銀行間可轉讓定期存單、資產支持證券、回購、債券借貸、債券遠期、利率互換等等。	中央政府債、地方政府債、公司債券、可轉股債券、資產支持證券、中小型企業發行的私募債。
主要投資者	機構投資者（銀行、證券公司、保險公司、基金、財務公司、企業、離岸機構等等）。	證券公司、保險公司、基金、金融公司、個人投資者、企業。

數據來源：人行、中國證監會。

其次，加快跨境產品創新，將離岸外匯產品優勢與境內債市有效連接。外資增持中國債券，相關風險管理的需求也就上升。為便利投資者分散人民幣債券投資風險，境內債市必須推出更多工具。此外，境外投資者投資人民幣債券時需要對沖人民幣匯率風險，因此相關外匯工具亦很重要。近幾年境內匯市進一步向境外投資者開放，利用離岸市場的對沖產品來對沖境內債券資產風險也成為一種風險管理方式。香港交易所於 2017 年 4 月 10 日推出五年期財政部國債期貨（國債期貨）合約，該期貨為全球首隻對離岸投資者開放的在岸利率產品，為境外投資者提供了管理人民幣利率風險頭寸高效、透明及便捷的工具。香港離岸人民幣市場為持續發展人民幣衍生產品及對沖工具提供了穩健基礎，可便利外資參與者對沖持有中國債券資產及外匯波動風險，以便進行相應的風險管理。

再次，接通在岸與離岸債市，以實現境內市場與國際市場的深度融合。繼滬港通、深港通計劃之後，債券通計劃是進一步便利人民幣債券交易及提高定價效率的可行方案，通過香港與內地債券市場基礎設施機構聯結，境內外投資者可以買賣兩個市場流通的債券。雖然國際投資者目前可以直接參與境內人民幣市場（包括匯市及債市），但離岸市場仍然是支撐人民幣作為全球貨幣的主要場所。基於香港較為成熟的離岸金融環境及較為完善的基礎設施，跨境債券通計劃可使境外投資者緩解監管壓力，並提供更便捷的制度條件，例如提供符合國際標準的信用評級以及更佳的投資者保障等。對內地投資者而言，未來債券通計劃亦可提供一系列的國際債券來配合境內投資者的全球資產配置策略。通過與專業的國際投資者共同參與國際交易平台，內地投資者亦可增加應對國際市場慣例的經驗。從這個角度來看，債券通計劃將助推境內債市提升深度及廣度，培養更成熟及專業的投資者。

（巴晴參與本文的起草與討論，本文發表於《清華金融評論》2017〔6〕。）

債券通的大框架

●○ 債券通與深滬港通的框架比較

經過 2016 年的市場調整之後，隨着剛性兌付的逐步打破，以及金融去槓桿的推進，債券市場有望在經歷短期的波動之後，逐步進入加速發展的時期。那麼，增長空間有多大？參照《十三五規劃綱要》裏面設定的指標，中國債券市場的餘額在"十三五"期間佔國內生產總值（GDP）的比例要達到100%，2017 年這一佔比在 80% 以上，不到 100%。再加上"十三五"期間GDP 本身會增長，假設以 GDP 增速為 6.5% 來計算，2020 年中國 GDP 總量大概接近 100 萬億元人民幣。根據"十三五"規劃設定的比率倒推現在的債券市場的餘額，2020 年前中國債券市場預計會有接近 40 萬億元人民幣的增長空間。所以從總量上來推算，這將是中國金融市場未來一段時間增長非常活躍的一個金融市場，債券通可以說是為國際資本參與這個活躍的市場提供了一個新渠道。

目前，現有內地債市主要產品構成是，政策性銀行債券佔 25%，財政部的國債佔 19%，地方政府債券佔 17%，再加上其他各種類別的債券（見圖1）。這也是金融結構不斷轉型，從貸款為主的間接融資轉向直接融資的過程中的必然現象。一個非常重要的驅動因素，就是整個融資和風險的定價由銀行逐步轉移到債券市場，這是經濟基礎設施建設的需要，以及國際市場上對於中國資產配置的客觀需求。2017 年，美國指數編製公司嘗試加入了中國的股票，主要挑選了在滬港通、深港通覆蓋範圍內的 222 隻股票。可以預期，債券通的啟動將有助於國際主要的債券市場指數納入中國的債市，而這對國際投資者在地域和資產類別的多元化方面有積極的推動作用。

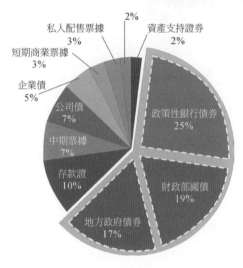

私人配售票據
3%

2%
資產支持證券
2%

短期商業票據
3%

企業債
5%

公司債
7%

中期票據
7%

存款證
10%

地方政府債券
17%

政策性銀行債券
25%

財政部國債
19%

圖 1　中國內地債市的結構

●○　推動人民幣國際化進入新征程

從中國當前的宏觀環境看，宏觀金融政策傳統的依靠數量和規模，比如
信貸規模，來約束整個金融運行的調控方式起到的效果在明顯減弱。在由數
量型的金融調控方式轉向價格型的調控方式的轉換過程中，債券市場具有決
定性的重要作用，包括它的基準利率傳導機制、貨幣政策的調控效果，以及
受財政政策的影響。對商業銀行以及金融機構的影響也一樣，一個活躍的債
券市場有利於銀行資產的擺布、風險對沖，以及資產市場化的定價。

如果沒有一個開放的債券市場的支持，人民幣很難成為一個真正的國
際貨幣，國際貨幣的地位主要不是以股票市場支撐的，而是主要依托債券市
場。目前人民幣國際化已經在支付、貿易計價結算等方面取得了突破性的進
展，主要的標誌就是人民幣在跨境貿易裏面佔比的明顯上升，下一階段的重

點將是以成熟完善的境內和離岸的金融市場、金融工具來推動。2015 年 12 月，人民幣加入國際貨幣基金組織特別提款機（SDR）的貨幣籃子，佔比 10.92%。這裏面有 10 個百分點來自於人民幣在貿易計價中結算。而人民幣計價的金融產品，貢獻不到 1 個百分點。所以可以做一個肯定的判斷，下一步推動人民幣國際化的主要動力，將主要來自於人民幣計價的金融產品的發展，並且其將成為國際投資者可以投資的對象。

人民幣已經是全球主要的支付結算貨幣。人民幣作為一個國際支付貨幣的佔比是多少呢？1.67%。那麼作為國際的外匯交易貨幣，它的佔比是多少呢？這幾年有明顯的上升，2016 年是 4%。而作為國際的儲備貨幣，在 SDR 裏的佔比是多少呢？10.92%。因此可以看到，中國作為一個國際貿易、實體經濟、GDP 總量的大國，離貨幣計價的國際化程度還有很大的改進空間（見圖 2）。

而目前內地在岸市場開放的程度、外資的參與率顯著低於國際的平均水平。目前外資參與中國債市佔比不到 2%，主權債市場大概在 3.92%，遠遠低於主要新興市場和發達市場的平均水平。發達市場債券外資參與率的平均水平是 30% 多，新興市場外資的參與率水平也在 30% 至 40% 之間，外資參與有利於建立多元化的投資者結構，形成一個更有流動性、更有活力的債券市場。中國現在的債券市場基本上是幾大銀行主導的，它們持有的債券份額差不多佔 70% 至 80%，而且基本上是長期持有到期，交易不活躍。非常可以理解的就是，因為國內的銀行在同樣一個政策環境下，它的資金鬆緊程度、資產配置結構往往是趨同的，所以外資的參與有利於建立多元化的投資結構，而且還可以吸引長期投資者的進入。在前一階段美元階段性升值、人民幣有階段性的貶值壓力的時候，債券市場的開放實際上還有一個很重要的作用，我們叫它流入端改革。以前我們在外匯儲備豐裕、壓力增加的時候，鼓勵企業"走出去"，這是流出端的改革；目前很多國際資金願意進入中國市場，這可以說是資金流入端的改革。

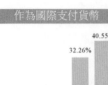

| | 作為國際支付貨幣 | | 作為國際外匯交易貨幣 | | | | 作為國際儲備貨幣 |

作為國際支付貨幣

40.55%（美元）
32.26%（歐元）
7.61%（英鎊）
3.38%（日元）
1.67%（人民幣）

作為國際外匯交易貨幣

年份	規模	佔比	排名
2016	202	4.0%	8
2013	119	2.2%	9

作為國際儲備貨幣

美元 41.70%
人民幣 10.92%
日元 8.10%
英鎊 8.30%
歐元 30.90%

· 人民幣成為全球主要的支付結算貨幣　· 2013－2016年，人民幣全球日均外匯交易量幾近翻倍　· 人民幣在 SDR 中比重超過日元和英鎊

圖 2　人民幣的國際化程度

從測算上來看，外資參與境內的債市目前處於低位，但是增長的空間非常大。目前外國政府和半官方組織持有人民幣的資產，相當於全球的官方外匯儲備總值的 1%，遠低於澳元和日元的水平。政府部門持有人民幣的佔比如果達到澳元的水平，那將有 1100 億美元的全球儲備轉移到人民幣資產。如果進一步提高到日元的佔比水平，流入人民幣資產的國際資金達到 4000 億美元（見圖 3）。

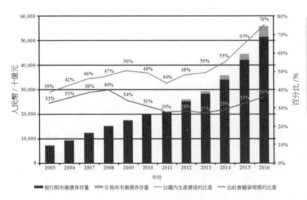

外資參與率的估算

假設：（1）中國債市未來數年的增長……社會融資總量過去五年的復合年增長……同（即 14%）；（2）外資所持中國債券……個市場的 10%。

2020 年，外資所持中國債券……將達人民幣 95,000 億元，佔……國內生產總值的 9.93%。

圖 3　外資參與中國境內債券市場的增長潛力

從私人部門方面我們再做個測算，不考慮自主進來投資的，如果僅僅將被動跟進來的投資納入這些國際指數，比如說在國際定期產品裏面有廣泛參考作用的摩根大通新興市場債券指數加入這裏面的話，中國在這個指數的權重從目前的規模推算應該佔到34%。如果還有相關的政策能夠推助推機構和私人投資者加大參與中國境內的債市的話，外資持有的中國債券可以增加到10%。模擬地推算，假設中國的債券市場未來幾年的增長率跟社會融資總量2011年至2016年五年的複合年增長率相同，大概在14%的話，外資所持債券佔比的市場達到10%，那麼2020年在這兩個假定下外資所持中國的債券將達到95000億元人民幣，佔國內生產總值的9.93%（見表1）。

表1　外資參與中國境內債券市場的預測（至2020年）

	2016 年	2020 年
國內生產總值（人民幣十億元）	74,413	95,730
境內債市總值（人民幣十億元）	56,305	95,100
境內債市外資持有量（人民幣十億元）	853	9,510
佔國內生產總值百分比	1.15%	9.93%
計算時假設：（1）國內生產總值年增長率6.5%及中國債市年增長率14%；（2）外資持有量佔未償還債務總額10%。 資料來源：2016年外資持有量數據來自人民銀行；其他2016年數據取自萬得；2020估算由作者計算。		

　　"8．11"匯改之後，人民幣匯率的波動是國際投資者投資中國債市一個非常重要的考慮因素，匯率如果波動幅度大，而且沒有風險管理工具，國際投資者在債券市場獲得的收益可能被匯率給吃掉了大部分。從圖4可以看到，"8．11"匯改之後，境外資金流入中國債券市場有波動，但是總體的趨勢並沒有明顯的改變。在目前的市場環境下，境外資金的傾向主要是流向利率債，在目前這個階段境外資金持有中國內地主權債的比重為55%，政策性銀行和國家開發銀行債是39%，信用債是6%（見圖4）。

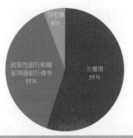

· 在 2016 年增持的中國內地主權債券中，境外投資者佔增量的 14%，僅次
於中國內地全國性商業銀行（38%）及城市商業銀行（19%），是 2016 年
中國內地主權債券第三的買家。
· 外資持有的信用債跌至 494 億元人民幣新低，只佔 2016 年年底外資所持
有債券資產總值的 6%

圖 4　外資持有中國內地債券按類別價值的分佈佔比（截至 2016 年底）

因此，債券通是近年來中國的債券市場持續開放進程中的一個標誌性的
事件，前期的開放奠定了債券通的基礎。

債券通解決了國際投資者的哪些痛點？

圖 5 把債券通複雜的文件簡化了，左邊是離岸市場，右邊是中國內地市
場，中間是香港，跟滬港通、深港通不一樣的是，它是由香港交易所和中國
外匯中心合資組建的一個債券通公司，作為在海外市場一點式電子接入的一
個平台。

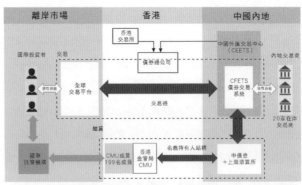

中國外匯交易中心（CFETS）及香港交易所共同擁有的債券通有限公司將為北向通投資者
的備案入市提供支持與協助，並會與債券通下的國際證券交易平台緊密聯繫。

圖 5　債券通：北向通運作模式

那麼海外投資者怎麼買中國在岸市場的這些債券呢？即國際投資者依托現在國際主要的全球交易平台，運用自己熟悉的界面、自己交易的平台，通過債券通公司，接入中國外匯交易中心的債券交易系統，這個環節叫"交易通"。而這個連通機制實際上使海外的這一部分投資者沿用自己熟悉的全球交易平台進行交易，採用的是他們習慣的名義持有人方式進行託管，比如香港的中央貨幣市場單位（Central Money Markets Unit，簡稱 CMU）有 199 家成員，內地再連接內地的監管框架、交易結算框架，在中間香港市場實現了這樣一個轉接。這就是債券通的主要運作模式，交易通、結算通，其實還可以加一個監管通，這些都需要由中國人民銀行和香港金融管理局在監管方面密切合作。

●○ 債券通推動金融制度創新 [1]

目前，有關債券通的監管、交易與結算等各個領域的文件和相關規定都已經由相關機構正式發佈，市場期待已久的債券通的完整框架和技術細節終於展示在海內外投資者面前。從發佈的各項文件可以看出，債券通在許多環節和方面做出了明顯的制度創新和探索，從而為國際投資者參與中國債市，促進中國債市的改革和開放，提供了新的推動力。

1　本部分發表於《第一財經》2017 年 6 月 30 日，原題目為《債券通推動了哪些環節的金融制度創新》。

●○ 債券通是中國金融市場對外開放的新突破，將在促進人民幣國際化和吸引國際資本投資中國債市方面產生多方面的積極影響

　　隨着中國金融轉型的持續推進，債券市場在中國金融資源配置上發揮着愈來愈重要的作用，同時，債券市場的開放，也正在成為中國金融市場開放和人民幣國際化的重要推動力。截至 2017 年 3 月末，中國債券市場以 66 萬億元的存量規模成為全球第三大債券市場，僅次於美國和日本，公司信用類債券餘額位居全球第二、亞洲第一。但是從總體上看，中國債券市場上的外資參與率還處於相當低的水平，如果可採取適當的中國債市開放舉措，吸引更多的外資投資中國債市，不僅在短期內可促進國際收支的流入端改革，提高調節國際收支波動的能力，而且從中長期看，也會促進中國債市流動性的提升。

　　在外資參與債市方面，中國近年來開放步伐不斷加快。2010 年中國首次對境外合格機構開放銀行間債券市場，翌年（2011 年）再推出人民幣合格境外機構投資者計劃，兩年後（2013 年）允許合格境外機構投資者進入銀行間債券市場。2015 年實施多項措施，對便利境外投資者進入銀行間債券市場起到實質性推動作用，具體包括：2015 年 5 月，中國人民銀行允許已進入銀行間債券市場的境外人民幣業務清算行和參加行利用在岸債券持倉進行回購融資；2015 年 7 月，中國人民銀行對於境外央行類機構（境外中央銀行或貨幣當局、主權財富基金、國際金融組織）投資銀行間債券市場推出了更為便利的政策，並明確其業務範圍可擴展至債券現券、債券回購、債券借貸、債券遠期以及利率互換、遠期利率協議等交易。2016 年 2 月，中國人民銀行發佈新規，放寬境外機構投資者進入銀行間債券市場的規則，以及 2016 年 5 月進一步頒佈詳細規則，拓寬了可投資銀行間債券市場的境外機構投資者類型和交易工具範圍，取消了投資額度限制，簡化

了投資管理程序。截至 2017 年 7 月，已有 473 家境外投資者入市，總投資餘額超過 8000 億元人民幣。這些中國債市領域的開放探索，為當前推出債券通奠定了市場基礎。但是，開放舉措雖然吸引了一批國際投資者，但外資持有中國債市的比率依然低於 2%，這明顯低於新興經濟體和發達經濟體債市開放的平均水平。客觀地說，前述中國債市的開放渠道，主要適應於對中國債市較為了解，能夠承擔較高的運作成本來參與中國債市的外國央行和大型機構，而相對較低的外資參與率意味着對於為數更多的希望投資中國債市的中小投資者來說，需要探索新的開放渠道，而且這些新的開放渠道需要回應它們在參與中國債市時所面臨的一些挑戰。債券通正是在這樣的背景下推出的。

2016 年人民幣正式被納入國際貨幣基金組織特別提款權的貨幣籃子，佔比為 10.92%，這就為以人民幣計價的債券資產帶來了新的參與主體和資本流量，也相應提升了全球市場對人民幣作為全球投資及儲備貨幣的認同性，無論是官方層面還是私人投資層面，都可以促進國際機構對人民幣計價資產的需求。但是，無論是人民幣在官方外匯儲備中的佔比，還是在外匯市場交易中的佔比等，迄今為止都遠遠低於 10.92% 的水平。這也意味着，人民幣國際化下一步的主要推動力，將主要來自於國際投資者可以投資的、多樣化的人民幣計價的離岸與在岸的金融資產，而債券市場開放將是其中最為關鍵性的環節之一。

與已成功運行的滬港通、深港通一樣，債券通的制度設計實現了以更低的制度成本、更高的市場效率，將國際慣例與中國債市有效對接

在目前的金融監管框架下，中國主要有三條途徑供境外投資者進入境內債券市場，分別為合格境外機構投資者（QFII）計劃、人民幣合格境外機構投資者（RQFII）計劃以及三類合資格機構直接進入內地銀行中國銀行間債券市場（China's Interbank Market，簡稱 CIBM）計劃。與這些現有渠道相比，債券通在哪些方面實現了創新和突破，同時又在哪些環節回應了國際投資者參與中國債市的期待呢？

交易前：市場准入與並行通道

目前債券通的境外參與者與已有渠道的投資者範圍一致，參照 2016 年中國人民銀行發佈的 3 號公告，以注重資產配置需求為主的央行類機構和中長期投資者為主要參與者，體現出中國穩步持續推進人民幣在資本和金融賬戶開放方面的戰略，同時在市場准入、備案程序、資格審核等方面，為長期資本流入中國債券市場提供了新的選擇，開闢了便捷的渠道。如果說現有的各種渠道主要為滿足外國央行和大型機構投資中國債市的需求的話，債券通的制度設計，則主要針對的可以是那些希望投資中國債市，但可能又不願意承擔過高參與成本的中小投資者，或者說，在債券通的投資渠道下，境外投資者不必對中國債市的交易結算制度以及各項法律法規制度有很深入的了解，只需沿用目前熟悉的交易與結算方式，這就降低了外資參與中國債市的門檻，使得債券通對於海外的中小機構投資者來說是更為"用戶友好"的。

第一，在債券通開通之前，境外投資者參與內地銀行間債市主要是通過代理結算的方式，即"丙類戶"方式進入銀行間市場，外資機構須委託中國境內的銀行間債券市場結算代理人來完成備案、開戶等手續，需要經過一定的入市備案程序。這些程序可能對於外國央行和大型機構來說並不十分困難，但是對許多中小機構投資者來說卻在事實上成為參與中國債市的障礙。

而在債券通的開放機制下，境外機構可利用境外的基礎設施，"一點接入"中國境內債券市場，境外投資者並不需要開立境內的結算、託管賬戶，也不需要在市場准入、交易資格等環節與境內主管部門直接接觸，而是完全可以利用其在香港已經開立的現有賬戶直接接入內地債券市場，保證了從交易流程一開始就沿用其已經熟悉的國際法則和交易慣例，利用境外的金融基礎設施來完成市場准入和備案流程，而不必重新熟悉與其長期交易結算習慣不同的中國內地市場運行規則。

在具體操作中，在債券通開放渠道下，境外由香港交易所和中國外匯交易中心合資成立的債券通平台，可以承擔專業的入市輔導、材料審核等輔助性入市備案，入市備案的流程將由 20 個工作日左右，大大縮短為 3 個工作日，通過境外債券通平台，實體進入中國在岸的債券市場，運作程序更為符合國際投資者，特別是那些希望參與中國債市但是又不熟悉中國債市規則的中小機構投資者的交易習慣，可以推動其入市速度和效率的明顯提升。

第二，通過 QFII、RQFII 以及 CIBM 渠道投資內地債券市場，在市場准入時，根據現有的監管要求，境外投資者有資金先期匯入、鎖定期等要求，並且需要預先說明預算投資金額，並在後續交易中完成該金額的投入，這在一些場合可能會與一部分境外機構靈活運用資金的投資策略不一致，也是現實交易中影響境外機構參與境內債市意願的因素之一。而債券通的市場准入並沒有這些約束要求，境外機構可以直接自行操作中國在岸的債券交易，使得境外機構在市場准入時面臨更少的入市阻礙，在配置人民幣資產時獲得更大空間，這對於已經參與中國債市的外國央行和大型機構可能並沒有多大的吸引力，但是對希望參與中國債市的中小機構投資者來說，無疑會明顯提升其參與中國債市投資的積極性。

第三，債券通的入市渠道與現有的 QFII 計劃、RQFII 計劃及三類合資格機構渠道並行不悖，可以滿足境外投資者不同類型的投資中國金融市場的需求。境外投資者可以在 QFII 計劃、RQFII 計劃、三類合資格機構渠道以及即將開通的債券通等多重渠道之間進行靈活選擇。可以預計，債券通開通後，境外投資者可以更好地根據自身策略選擇不同的投資渠道，有的投資者可能會把新增的債市投資渠道放到債券通渠道投資，這樣也就可以把調整出來的 QFII、RQFII 額度，運用到股市等其他領域，進行多元化的中國在岸金融市場的資產有效配置和產品開發。在滬港通和深港通開通之後，境外投資者的投資渠道選擇就出現了類似的微調，這說明現有的開放渠道是相互補充，並服務於不同的投資需求和不同類型的投資者的，但並不能說是簡單的相互替代關係。

如果債券通開通後，現有的三大債券投資渠道也逐步放寬額度管理、投資者資格管理、資金匯兌方面的要求，也可以說，這也意味着中國內地債券市場開放在債券通的帶動下得以繼續深化，這也會對人民幣國際化和中國資本項目開放帶來重要的推動作用。

交易中：價格發現與信息溝通

從交易方式來看，當前中國境內債券市場主要提供了提供詢價、點擊成交和請求報價交易等三種方式。由於中國債市的詢價模式以線下交易為主，對境外機構而言，債券交易可以說是相對不太容易深入了解的市場領域。而在債券通機制下，境外投資者在境外平台上可以與做市商開展請求報價方式的銀行間現券買賣，由做市商據以報出可成交價格，境外投資者選擇做市商報價確認成交，這個價格形成過程對於那些對中國債市還不是十分了解的境外中小機構投資者來說，交易更為簡單易行，而且相對來說價格更透明，更有利於價格發現。

另外，在代理行模式下，境外投資者不能直接與中國境內的對手方進行交易，只能委託中國境內的代理行代為交易。而在債券通機制下，境外投資者可以運用其熟悉的海外電子交易平台、操作界面和交易方式，自主選擇做市商報價，自主決定買賣時點進行交易，因此，這些境外投資者在通過債券通平台參與中國債市投資時，在具體操作時並沒有什麼明顯的制度轉換成本，這對於那些對交易成本十分敏感的境外中小機構投資者來說是十分重要的。目前，境外機構主要使用的是海外電子交易平台如 Tradeweb、Bloomberg（彭博）等，在經過中國人民銀行的認可系統準備就緒後就可接入債券通的交易平台。境外機構在不改變交易習慣的情況下，可以直接與境內機構進行詢價、交易，使得整個交易過程更加透明和高效。

從整個市場運行的不同環節看，通過債券通渠道，境外投資者交易在之前的"丙類賬戶"的代理交易模式繼續行之有效地實施的同時，還多了一種直接交易的模式選擇，對於特定的境外投資者，特別是對中國市場不太了解的中小機構投資者來說，這在一定程度上降低了代理成本和溝通成本，交易效率明顯提高，有利於改善市場的流動性水平。

交易後：法律合規與託管結算

目前中國內地債券市場採用的是"一級託管制度"，這是經過長期實踐探索出的，符合中國債券市場特點的重要市場制度。不過，目前境外市場長期形成的交易慣例是名義持有人制度和多級託管體系，這種巨大的制度差異為境外機構參與中國債券市場帶來了一定困難。國際市場經過多年的融合發展形成而來的多級託管體系和名義持有人結構，使得境外機構投資者已存有較強的路徑依賴。如果操作模式出現顯著變化，境外機構投資者所在的市場監管部門、機構內部的法律合規與後台運作都將面臨很大的調整困難，從而有可能制約一部分中小型海外機構參與內地債券市場。

債券通以國際債券市場通行的名義持有人模式，並且疊加上在中國的託管制度下所要求的穿透要求，實現了"一級託管"制度與"多級託管體系"的有效連接。以中債登和上海清算所（簡稱上清所）所作為總登記託管機構，香港金管局的債務工具中央結算系統（CMU系統）作為次級託管機構，負責幫助境外投資者在中債登和上清所開立的賬戶進行結算。這樣，境外機構就可以在不改變長期沿襲的業務習慣，同時有效遵從中國內地市場制度的前提下，實現操作層面與國際慣例的接軌，有效降低了不同市場體系對接的交易成本，也有利於在債券通開通後進一步發展與之相關的金融產品和商業模式。

從法律框架兼容性角度來看，在原有的開放渠道下，如果發生債券違約等情況，境外投資者需直接通過中債登和上清所履行相關權利，相關法律仲裁、訴訟、索償等將在中國的法律框架下進行，這與海外市場目前慣用的法律體系有着明顯的區別，存在法律、會計制度方面的一些障礙，對於一些中小型機構投資者也形成了進入市場的成本。而債券通明確了相關交易結算活動將遵守交易結算發生地的監管規定及業務規則，在名義持有人制度下，如果發生債券違約，境外投資者可以通過國際法律體系和託管協議約定與託管機構進行處理，無須自己行權，亦無須自行去了解中國法律體系及相關流程，體現出遵循當地法律、規則及投資者交易習慣的主場原則。

同時，債券通跨境資金流動的管理方法是由香港金管局 CMU 作為名義持有人在境內銀行間債券託管機構開立資金和債券結算賬戶，集中處理跨境債券交易的託管和交收，從而保證了資金在安全、透明、封閉的環境下流動，有利於在開放環境下更好地促進國際收支平衡。

債券通有助於以可控的方式進一步提升中國債市的開放程度，強化和鞏固香港離岸人民幣中心地位，構建圍繞債券通的在岸和離岸人民幣產品生態圈，為人民幣國際化帶來新的動力

如同已經成功運行的滬港通、深港通制度框架一樣，債券通的總體框架設計，實現了相對封閉的設計，使得由債券通推動的市場開放進程是總體可控的，可以說是以創新的方式提高了中國債市的開放程度。這種債市開放程度的提高，不僅使得監管機構與國際市場的聯繫更為緊密，也使得在岸的金融基礎設施（包括交易和結算機構等）的參與主體更為國際化，中國境內的金融機構也可通過債券通與廣泛的境外機構投資者產生更為密切的業務聯繫，這就為中國金融機構下一步更深入地參與海外市場奠定了基礎。

債券通的推出對香港的影響更是深遠。香港已經是全球最為成熟的離岸人民幣中心，對於人民幣的使用已不僅僅局限在最初跨境貿易結算上，境外人民幣的投資功能、融資功能、風險對沖功能都得到了較大發展，離岸人民幣外匯交易量持續增長。滬港通和深港通先後啟動，以及交易總限額取消等為內地資本市場開放提供了新的渠道。但是，債市是香港金融體系的短板，債券通的推出有利於增強香港金融市場的這個短板功能，如果將來債券通的南向通開通，那麼相信債券通對香港債市，以及整個金融體系的帶動作用將更為明顯。

從債券市場的交易特點可以預計，香港交易所與中國外匯交易中心合資成立的債券通公司不會從這些交易中獲得明顯的盈利，而是更多地發揮一種市場培育者和組織者的公共職能。但是，債券通的開通，以及債券通合資公司的平穩運行，對於中國在岸和離岸債券市場的影響卻是深遠的，其突出作用預計表現在，債券通的啟動有望同時在離岸和在岸的金融市場上，帶動一個與債券配置相關的生態圈的形成。債券市場作為主要由機構投資者參與的市場，其交易與金融衍生品交易和風險管理需求密切相關，也與評級等專業中介服務的需求直接相連。債券通的啟動，對於在岸和離岸債市的帶動作用，在更大程度上就表現為對債券通相關的金融衍生品市場、評級專業服務等的帶動作用，這將使整個市場得益更多。

目前，中國境內的衍生產品市場已經具備一定深度和流通性，可供交易的外匯產品種類繁多（包括現貨、遠期、掉期及期權等），國債期貨等產品也為人民幣利率風險對沖提供了支撐手段，隨着境內外匯市場進一步開放，一些合格境外投資者也可直接使用境內的衍生品。與此同時，香港市場也已推出了包括人民幣外匯現貨、遠期、掉期及期權等一系列產品，可便利外資參與者對沖持有的中國債券資產及外匯波動風險。2017 年 4 月香港市場已推出了全球第一個離岸的五年期中國國債期貨合約，該期貨合約為境外投資者提供規避利率風險的對沖手段，有助於國際資本利用債券通的開放渠道進一步流入中國債券市場。目前境外機構投資者主要參與的是利率債，隨着外資逐步參與信用債，可以預計，對於違約風險的風險管理需求也會相應上升，進而會催生相應的風險管理產品。

債券通本身不僅為境外投資者提供了一個符合國際慣例的交易、結算平台，而且為中國債市的開放提供了一個更為便捷的開放渠道。可以預計，隨着債券通的啟動，圍繞債券通提供專業支持的風險管理產品、評級等專業服務也會隨之獲得巨大的發展動力，從而為金融市場帶來新的發展空間。對於香港市場來說，債券通更大的價值在於彌補了香港作為國際金融中心在債市發展上的不足，香港離岸市場也已相應發展出更多與人民幣全球配置和跨境流動相適應的市場工具和管理手段，這也可以為境外機構持有人民幣債券提供專業支持。

●○ 帶動債券交易和結算金融服務的生態圈發展

如果僅僅就債券通項目本身來說，把債券通和滬港通、深港通進行對比的話，滬港通、深港通對雙方的交易所都有好處，它本身交易的收費都是增長的。監管機構也好，交易所和外匯交易中心也好，實際上更多的是起到了一個市場培育、市場組織的作用，債券通本身從交易裏面掙的錢是非常有限的，或者幾乎只是一個維持成本的收費水平，但是它帶來的好處是帶動了市場的活躍，或者說是帶動了圍繞債券通的一個關於債券配置的生態圈發展。比如說，債券通可以帶動中國債市的交易本身更有流動性，使得原來持有債券的這些主體獲益，國際投資者配置更方便，資本流入增多。再比如，機構投資者投資債券有一個非常典型的特點，即非常在意風險管理，所以一定會使得這些衍生品和風險管理交易具有非常大的活躍度。所以我們可以預計，債券通推出之後，可能它本身的交易未必有多大的活躍度，但是由此會提高利率風險管理產品、匯率風險管理產品的交易的活躍度，以及比如說跟債券相關的評級、信息披露機制、違約的風險處理等方面的內容。所以可以說它會構建圍繞債券通的交易和結算的生態圈，為市場參與者提供新的業務，而且可以利用 CMU 現有的基礎設施來提高運營的效率。

但是對內地在岸市場來說，價值在什麼地方呢？當然，帶來了多元化的投資者群體，推動了中國的金融機構與海外客戶的直接互動，同時增加了境外買方的積極參與。中國雖然有那麼多的開放渠道，但實際上外資持有金融資產佔比 2% 不到。這個和中國金融市場的規模、中國的 GDP 總量的規模是不相稱的。而且跨境的經濟、交易、貨幣兌換、風險管理服務的提供會使跨境的經濟和客戶的關係更深入，有助於推動中國在岸金融機構與這些海外債券投資者的國際聯繫，例如國內的投資者以前可能跟海外投資者幾乎沒什麼業務往來，現在可能遍佈全球的機構投資者會來詢價、交易，成為自己的交易對手，這對中國的金融市場的開放和培育國際化的投資群體有積極的推動作用，而且也推動了交易和結算基礎設施的國際化，加快了在岸和離岸人民幣的接軌。而且也是以全程封閉的方式來管理風險，保證了它的安全可控和平穩運行。

雖然債券通的啟動未必一開始就帶動很大的新增交易量，因為市場熟悉這個系統需要時間，系統不斷改進需要時間，但是，從功能和趨勢看，債券通預計會帶動在岸和離岸市場圍繞着債市交易和結算金融服務的生態圈發展，它會帶動以人民幣計價的風險管理產品、交易結算產品的發展，提供更多與人民幣債券配置相適應的市場工具和管理手段，特別是風險管理這些衍生品的發展。而且債券通能強化相關的幾個金融基礎設施和交易平台作為國際化資產配置平台的功能，拓展互聯互通的功能。

從整個制度框架的設計角度比較，債券通有很多地方借鑑了滬港通、深港通的經驗，但是也有很多獨有的東西，比如是機構投資者佔主導的、場外的市場，是一個跟海外連接的市場，而且是北向的市場，這些交易在談判過程中豐富了互聯互通的獨特經驗，比如說怎麼尊重 "主場" 的交易規則，怎麼提供便捷的為投資者所熟悉的國際制度環境等。

●○ 債券通的運作模式

作為國際投資者，怎麼委託國際託管機構來參與？結算和開賬戶環節見圖 6。

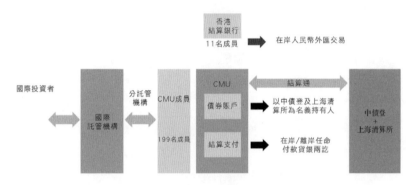

圖 6　委託國際託管機構參與結算和開賬環節

可以看出資金流向非常簡單，怎麼在離岸與在岸之間利用人民幣來交易，或者把外幣兌換成人民幣來做交易，它的不同制度的安排是在離岸和在岸人民幣流動的貨銀兩訖的方向（見圖 7）。

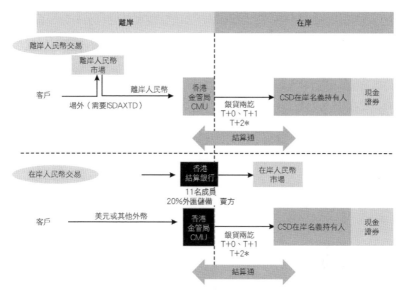

圖7　結算流向—離岸與在岸人民幣流動貨銀兩訖

　　離岸和在岸兩者之間的互動，按照圖8中的順序分別顯示了每一步該怎麼做。首先報價，在岸的向中國外匯交易中心（CFETS）報價；海外投資者對這個價感興趣，就馬上把這個價格反饋到CFETS；如果有一名在岸交易商看到這個回應還不錯，馬上又跟進，把他的總額和進價額、到期回報率，以及有效期，向投資者繼續詳細報價；投資者接受了之後，就會回應，交易確認。而現有的幾個開放渠道是間接的，不能直接和交易商報價、定價，而是通過中介機構進行相對應的結算配合（見圖8）。

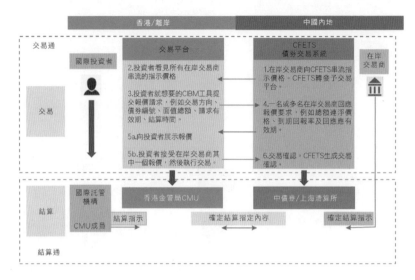

交易通

交易平台

CFETS
債券交易系統

國際投資者

在岸
交易商

交易

2.投資者看見所有在岸交易商串流的指示價格。

3.投資者就想要的CIBM工具提交報價請求，例如交易方向、債券編號、面值總額、請求有效期、結算時間。

5a.向投資者展示報價

5b.投資者接受在岸交易商其中一個報價，然後執行交易。

1.在岸交易商向CFETS串流指示價格。CFETS轉發予交易平台。

4.一名或多名在岸交易商回應報價要求，例如總額連淨價格、到期回報率及回應應有效期。

6.交易確認。CFETS生成交易確認。

結算

國際託管機構

CMU成員

香港金管局CMU

結算指示

確定結算指定內容

中債登/上海清算所

確定結算指示

結算通

圖 8　交易流向

　　一個海外投資者，首先通過國際託管機構，找到 CMU 的成員來開一個戶，然後在交易環節找到現有的交易平台，來接入債券通公司，最後交易報價到了 CFETS。通過這樣一個交易方式我們可以看到不同的結算和交易流程（見圖 9）。

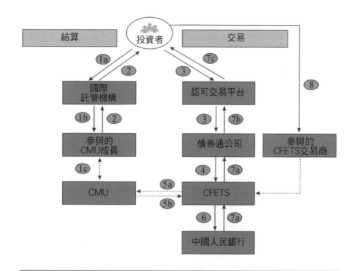

參與流程

1. 就債券通索取 CMU 戶口號碼：
   （a）投資者應向國際託管機構索取 CMU 戶口號碼；
   （b）收到投資者的要求後，國際託管機構會向其他指定合資格的
      CMU 成員索取 CMU 號碼；
   （c）合資格 CMU 成員填寫 CMU 表格 T1、T2 及 A5 索取 CMU 戶口
      號碼（表格 T1、T2 向 CMU 索取）。
2. 合資格 CMU 成員向國際託管機構提供所需的預先指派戶口號碼，再由國
   際託管機構轉發投資者。
3. 投資者須透過認可交易平臺向債券通有限公司（債券通公司）呈交 "債券
   通申請表格"。

圖 9　參與流程

（本文為 2017 年 6 月 29 日巴曙松教授在 "2017 年中國上市公司併購年會暨新
財富第十三屆金牌董秘第十屆最佳投行頒獎典禮" 上的演講，2017 年 7 月 4 日刊載
於《今日頭條》，原題目為《如何用圖表提綱挈領地把握債券通大框架》。）

新 金 融 　 新 格 局 ● 中 國 經 濟 改 革 新 思 路

8

匯率改革

穩步推進人民幣國際化進程

人民幣資本項目開放的現狀評估及趨勢展望

　　人民幣資本項目的開放是中國經濟金融市場化改革的重要組成部分之一，自中國 1996 年宣佈人民幣經常賬戶可兌換以來，資本項目開放進程一直漸進式推進，只是推進的速度隨特定的國內外經濟環境有所變化。2015 年人民幣正式被同意納入國際貨幣基金組織的特別提款權（SDR）貨幣籃子，表明人民幣資本項目開放的進展以及國際化的推進得到國際認可。"十三五"規劃提出"有序實現人民幣資本項目可兌換"，不僅重申了繼續推進資本項目開放的總體方向，還強調了開放的過程需適應中國面臨的內外宏觀經濟新形勢。本文旨在梳理人民幣資本項目開放的現狀與趨勢。

●○ 人民幣匯率彈性有望繼續增大，匯率視角重點轉向一籃子貨幣 [1]

　　就基本面而言，2015 年美國經濟增長開始進入相對平穩的階段，而中國經濟在主動調整的過程中面臨着去產能、去槓桿所帶來的下行壓力。從資本流動角度來看，2009 年以來，主要發達國家實行低利率甚至零利率政策，人民幣與主要貨幣之間的利差，以及人民幣升值的預期導致大量資本

1　本部分發表於《金融經濟》2016 年第 11 期，鄭子龍參與此文起草與討論，原題目為《人民幣資本項目開放的新趨勢》。

流入和企業對外負債上升。隨着美聯儲加息預期愈來愈明顯，中美貨幣政策之間的分化與利差收窄，也在一定程度上形成了人民幣對美元貶值的短期市場預期。

但是從貿易數據來看，世界主要各國進口中國商品的比例反而有所上升，這一方面表明，中國目前的貿易進出口表現欠佳主要是由於海外市場需求的放緩，中國出口企業仍具有競爭力，中國暫無通過人民幣貶值促進出口的必要性；另一方面也間接說明此前我們通過人民幣關注美元所帶來的被動升值效應所引起的人民幣與內部均衡價格的背離，是導致市場中人民幣貶值情緒攀升的重要原因之一。因此，在美元升值趨勢明顯的國際背景下，保持人民幣貨幣堅挺，就不應再通過主要關注美元匯率保持穩定的目標，而是應逐步淡化與美元的匯率波動，重點轉向參考一籃子貨幣的匯率定價模式。

一方面，從提高匯率彈性角度看，2015 年 8 月 11 日，中國人民銀行的改革措施提高了人民幣匯率彈性空間。此次匯改前，儘管中間價報價機制也考慮了市場供求和一籃子匯率變化，但是由於中間價的開盤價通常是每日早上重新設定的，與上一期中間價收盤價關聯度低，所以難以形成連續的匯率曲線，中間價主要反映的是央行政策意圖，人民幣匯率中間價與上一交易日匯率收盤價頻繁出現較大偏差。以 2015 年上半年美元兌人民幣匯率為例（見圖 1），此次匯改前，美元兌人民幣中間價與市場匯率出現長期偏離，而在匯改之後，中間價與基於市場的匯率得以保持一致，從而增大了人民幣匯率的彈性。

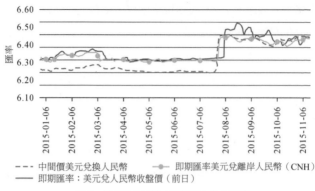

圖1　美元兌人民幣中間價與上日收盤價

資料來源：Wind 資訊。

　　另一方面，從參考貨幣角度來看，長期以來，市場觀察人民幣匯率的視角主要是看人民幣兌美元的雙邊匯率，在美元相對穩定時期，雙邊匯率與一籃子貨幣為基礎的加權匯率之間區分並不明顯。但是，從 2014 年下半年開始，美元開始進入強勁升值通道，美元實際有效匯率由 98.00 上升至 110.80，導致人民幣在這一時期內被動隨美元升值，如果人民幣繼續主要關注美元雙邊匯率，則容易形成匯率新的偏離。由於匯率浮動旨在調節多個貿易夥伴的貿易和投資，在現有國際金融環境下，僅觀察人民幣對美元雙邊匯率並不能全面反映貿易品的國際比價，在未來人民幣匯率則將由主要關注美元逐步轉向盯住一籃子貨幣，相對更利於管理市場，從而更好發揮匯率調節進出口、投資及國際收支的作用。同時與自由浮動匯率相比，也可以避免人民幣匯率短期大幅超調的風險。

　　2015 年 12 月 11 日，中國外匯交易中心發佈中國外匯交易中心（CFETS）人民幣匯率指數，有助於引導市場改變過去主要關注人民幣對美元單一匯率的習慣，逐漸把參考一籃子貨幣計算的有效匯率作為人民幣匯率水平的主要參照系，為市場轉變觀察人民幣匯率的視角提供了量化指標，以便更加全面和準確地反映市場變化情況。表 1 顯示了 CFETS 人民幣匯率指數、參考國際清算銀行（Bank for International Settlements，簡稱 BIS）貨幣籃子和參考 SDR 貨幣籃子的人民幣指數中各貨幣權重的比較，可以看出 CFETS 人民幣匯率指數更關注於中國與世界各國貿易權重，賦予亞太主要市場貨幣權重相對更大，尤其是港幣、澳元、新加坡元、盧布等貨幣權重差異最為明顯。對人民幣匯率指數與人民幣對美元中間匯率進行比較後發現，儘管人民幣對美元單一貨幣存在一定的貶值傾向，但是從 2014 年以來，按照參考一籃子貨幣衡量的人民幣匯率，人民幣相對全球主要貨幣整體反而呈現出小幅升值的表現。即使 2015 年 8 月 11 日匯改之後，人民幣匯率波動相對世界主要貨幣而言也貶值有限。同時，中國外匯交易中心披露的數據顯示，2015 年以來，CFETS 人民幣匯率指數總體走勢相對平穩，11 月 30 日為 102.93，較 2014 年年底升值 2.93%。從更全面的角度看人民幣對一籃子貨幣仍小幅升值，在國際主要貨幣中人民幣仍屬強勢貨幣。

表 1　人民幣匯率指數算法比較

貨幣權重	CFETS 人民幣匯率指數	參考 BIS 貨幣籃子人民幣匯率指數	參考 SDR 貨幣籃子人民幣匯率指數
美元 / 人民幣	0.2640	0.1780	0.4190
歐元 / 人民幣	0.2139	0.1870	0.3740
日元 / 人民幣	0.1468	0.1410	0.0940

1　樣本貨幣權重採用考慮轉口貿易因素的貿易權重法計算而得，樣本貨幣取價是當日人民幣外匯匯率中間價和交易參考價。指數基期是 2014 年 12 月 31 日，基期指數是 100 點。

2　樣本貨幣權重採用 BIS 貨幣籃子權重。對於中國外匯交易中心掛牌交易人民幣外匯幣種，樣本貨幣取價是當日人民幣外匯匯率中間價和交易參考價，對於非中國外匯交易中心掛牌交易人民幣外匯幣種，樣本貨幣取價是根據當日人民幣對美元匯率中間價和該幣種對美元匯率套算形成的。指數基期是 2014 年 12 月 31 日，基期指數是 100 點。

3　樣本貨幣權重由各樣本貨幣在 SDR 貨幣籃子的相對權重計算而得。樣本貨幣取價是當日人民幣外匯匯率中間價。指數基期是 2014 年 12 月 31 日，基期指數是 100 點。

貨幣權重	CFETS 人民幣匯率指數	參考 BIS 貨幣籃子人民幣匯率指數	參考 SDR 貨幣籃子人民幣匯率指數
港元 / 人民幣	0.0655	0.0080	—
英鎊 / 人民幣	0.0386	0.0290	0.1130
澳元 / 人民幣	0.0627	0.0150	—
新西蘭元 / 人民幣	0.0065	0.0020	—
新加坡元 / 人民幣	0.0382	0.0270	—
瑞士法郎 / 人民幣	0.0151	0.0140	—
加元 / 人民幣	0.0253	0.0210	—
人民幣 / 馬來西亞林吉特	0.0467	0.0220	—
人民幣 / 俄羅斯盧布	0.0436	0.0180	—
人民幣 / 泰銖	0.0333	0.0210	——

資料來源：中國外匯交易中心。

●○ 人民幣加入 SDR 貨幣籃子的短期影響有限，但是中長期的影響會逐步顯現

　　從短期來看，人民幣匯率走勢受人民幣加入 SDR 事件影響有限，其匯率主要仍受國內外經濟環境影響。但從中長期來看，人民幣在進入 SDR 後更多將體現出其在新興市場和周邊國家補充並逐步取代現有國際儲備貨幣的角色。因此，人民幣匯率政策目標更應體現為與新興市場貨幣匯率保持相對穩定，而在適當範圍內保持對美元匯率的靈活彈性，從而擺脫作為"準美元"的匯率同步節奏，以增強人民幣在國際貨幣中的獨立影響力。在人民幣加入 SDR 籃子前後，中國人民銀行先後對匯率中間價定價機制和參考一籃子貨幣匯率進行改革和強調，進一步反映出增強人民幣國際獨立地位的意圖。

　　同時，在中長期過程中，央行貨幣政策操作框架也面臨着內外部權

衡的重塑。隨着人民幣成為國際儲備貨幣，貨幣政策的國際協調變得更為重要，央行獨立的貨幣政策效果將被削弱，國內經濟增長問題則上升為全球經濟發展問題。目前中國國內經濟形勢面臨結構轉型的壓力，隨着金融改革的深化，未來會面臨內部經濟增長目標與外部人民幣匯率穩定目標之間的政策權衡，正如 20 世紀 80 和 90 年代拉美國家和亞洲國家的貨幣當局所面臨的選擇。作為一個大的經濟體，當前中國的貨幣政策應優先保證內部經濟增長目標獨立決策的空間，人民幣匯率相對靈活，對多數新興市場的貨幣可保持穩中趨強，對美元的匯率可在更大區間內保持波動。

●○ 人民幣資本項目開放的目標與總體思路

人民幣資本項目開放的目標設定

在 2008 年全球金融危機之前，國際貨幣基金組織（IMF）一直是"華盛頓共識"的主導者，主張資本自由流動可帶來全球資產配置優化與風險分散效應。然而資本賬戶開放後資本跨境雙向流動的大幅加劇，客觀上增加了發展中國家金融體系的脆弱性，降低了其在應對發達經濟體貨幣政策溢出效應時的政策有效性，出現了部分新型經濟體動盪的案例。資本大規模的跨境流動在有的實例中，不但沒有消除資本流入國與流出國之間收益率的差異，反而放大了發展中國家資產價格的波動性。短期資本流動的突然逆轉常常會嚴重衝擊發展中國家的金融體系。

有鑑於此，2010 年開始 IMF 轉變態度，重新評估資本流動的作用，認為對資本流動進行一定程度和臨時性的管理是必要與合理的 [1]，只有當金

---

1 Jonathan D. Ostry, Atish R. Ghosh, Karl Habermeier et al. *Capital Inflows: The Role of Controls*. IMF Staff Position Note. 2010.2.

融發展達到一定水平，資本項目開放的收益才大於潛在風險。可見，國際貨幣基金組織等機構對資本項目可兌換的認識已開始出現重大變化。IMF將資本賬戶細分為 7 大類、11 大項、40 個子項。即使在一些發達國家，也有一定比例的資本交易項目受到限制。美國、德國和日本普遍對直接投資的目標國家與地區有約束，對個人資本交易全面放開。美國主要限制非居民在境內發行資本和貨幣市場工具；而德國與日本主要限制居民在境外購買資本和貨幣市場工具；日本重點限制本國保險公司購買外幣計價資產佔其總資產的比例，監控其匯率風險（見表 2）。可見，從發達國家的經驗來看，資本項目完全可兌換，完全不受約束往往並不是最終目標。

表 2　發達國家貨幣資本項目受限制情況一覽

國家	受限制的項目佔比	受限制的項目
美國	27.5%	非居民境內發行資本和貨幣市場工具、衍生工具；擔保，保證和備用融資便利；對內對外直接投資；非居民境內購買不動產。
德國	32.5%	非居民境內買賣、發行股票性質證券；居民境外購買債券、貨幣市場工具、集體投資類證券以及衍生工具；居民向非居民提供商業信貸；對內對外直接投資；居民境外購買不動產。
日本	25%	居民境外購買資本和貨幣市場工具、衍生工具；居民向非居民提供金融信貸；對內對外直接投資；居民境外購買不動產。

注：受限制項目比例在 40 個子項範圍內統計。

資料來源：*Annual Report on Exchange Arrangements and Exchange Restrictions*，2011，作者整理。

實際上，為了限制短期跨境資本流動造成的嚴重國際收支失衡，一些已宣佈資本項目可兌換的國家，仍保留了不同程度的資本管制手段。俄羅斯在 2006 年宣佈實現資本項目可兌換，但僅僅在直接投資清盤和不動產兩大類實現了完全可兌換，其餘 26 個子項均存在不同程度的管制。印度雖然允許境外機構和個人直接從事股票交易，但對單一外資持有一家印度公司的股份比例有限制，同時對外國投資者投資國債和公司債的額度有限制[1]。

中國人民銀行原行長周小川在 2015 年第三十一屆國際貨幣與金融委員會系列會議上，首次提出人民幣資本項目開放的目標為"有管理的可兌換"，即人民幣資本項目可兌換實現之後，中國仍將視情況管理資本項目交易。周小川明確了資本項目開放過程需遵循的三個原則：第一，對私人和公共對外債務實行宏觀審慎管理，防止出現大的貨幣錯配；第二，對金融跨境交易進行監控；第三，對短期投機性跨境資本流動進行管理[2]（見圖 2）。

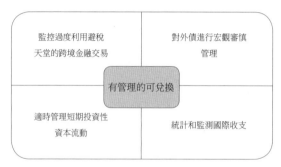

圖 2　資本項目"有管理的可兌換"的內容安排

在"有管理的可兌換"的總目標下，人民幣資本項目可兌換如何界定，對具體推進更具操作意義。結合既有的研究，可以從基本原則、判斷標準以及制度彈性三個層面來界定人民幣的資本項目可兌換。

首先，資本項目可兌換的基本原則是，資本項目下各通道均能實現合法

1　郭樹清：《中國資本市場開放和人民幣資本項目可兌換》，《金融監管研究》2012（6）：1-17。
2　周小川：《人民幣資本項目可兌換的前景和路徑》，《金融研究》2012（1）：1-19。

的、直接的資本雙向跨境流動，管理政策不會實質性影響跨境資本流動[1]。

"無實質性影響"的含義是，基於監管考慮設置的條件以及管理政策可影響通道的寬窄，可過濾掉"非合意"的資本流，但是不會堵塞通道。在開放通道中設置的條件包括徵收交易稅、安排准入條件（審批）、要求實際需求背景等。如此設定基本原則不僅點明了資本項目可兌換的根本含義，還將合理管理資本項目的需求納入概念框架中，與周小川提出的總目標相契合。

其次，用國際經驗門檻設計資本項目可兌換的區間。

由於 IMF 並未給出資本項目可兌換的具體判別標準，我們可通過橫向比較已宣佈資本項目可兌換國家的資本管理程度，確定資本項目可兌換的最低標準，即國際經驗門檻，進而確定資本項目可兌換的區間[2]。在沒有公認的國際標準之前，區間的概念可成為衡量一國是否實現資本項目開放的判別標準之一。當然，這也說明，至少在當前的發展階段，資本項目可兌換是一個相對概念。

如果將經濟合作與發展組織（Organization for Economic Co-operation and Development，簡稱 OECD）國家作為資本項目可兌換的參考基準，OECD 在 2013 年發佈的《資本流動自由化通則》中允許成員國保留一些資本管制。事實上，按照資本項目下 11 個大項來看，32 個 OECD 經濟體，按照眾數分佈仍有 7 個項目存在管制，即至少完全開放 4 個大項可宣佈資本項目可兌換；按照 40 個小項來看，如果設美國、德國與日本為參考基準，則至少完全開放 27 個小項。在此基礎上，進一步確定關鍵項目，例如 OECD 國家開放程度最高的項目包括商業信貸、直接投資清盤、擔保保證與金融支持、個人資本交易。由於所處發展階段可能會

1　參考《對資本項目可兌換區間概念的探討》，中國人民銀行，2012。

2　魯政委：《資本項目可兌換的"經驗門檻"》，《興業銀行匯率研究月度專題報告》2014 年9 月 30 日。

存在差異，中國與 OECD 國家在開放資本項目時考慮的側重點不同，因此以新興市場國家做參照可能更合理。新興市場國家開放程度最高的項目包括商業信貸、直接投資清盤、個人資本交易。

最後，資本項目可兌換的判斷標準設計可以存在制度彈性。

無論是從橫向國際比較的參照系來看，還是從一國所處內外環境變化的發展維度來看，都並不存在一個一成不變的判斷準則。例如，發達經濟體的貨幣政策往往可通過跨境資本流動渠道影響發展中國家的對外資產負債頭寸，削弱新興經濟體貨幣政策的獨立性，資本流入規模越大的國家受金融周期的影響越大、金融體系的脆弱性越強，而這種通過資本流動渠道傳導的外部性不受匯率制度的影響，這就是所謂的"二元悖論"[1]。在 1994 年墨西哥金融危機與 1999 年巴西金融危機中，跨境資本流動在傳導全球金融周期共振的過程中都起到關鍵的渠道作用。可見，對於新興市場國家（也就是通常所說的外圍國家）與發達國家（也就是通常所說的中心國家），圍繞資本賬戶開放所關注的風險有較大差異：發達國家主要關注直接投資可能帶來的國家安全風險，而新興市場主要關注短期跨境資本巨幅流動增加金融體系面臨的系統性風險。因此，在為新興市場制定資本項目可兌換的標準時，應更針對新興市場國家的特點設計規範，並根據各國自身發展現實做出調整以維持制度上的彈性。

人民幣資本項目開放的總體框架

---

1 Hélène Rey. "Dilemma not Trilemma：The Global Financial Cycle and Monetary Policy Independence" ,NBER Working Paper. 2013. 傳統的 "三元悖論" 認為貨幣政策的獨立性、匯率穩定與資本自由流動三者中僅能同時取其二，而 "二元悖論" 總結了 2008 年金融危機以來全球信貸市場、資產價格與金融風險共振的新特徵，提出對於開放經濟的新興市場，無論選擇何種匯率制度，獨立的匯率政策能且僅能在存在資本管制的情況下實現。資本管制應作為央行政策工具中的重要一項。

到目前為止，中國的人民幣資本項目開放基本上採取的是主動、漸進的節奏。對於資本項目中各子項目的開放次序，中國遵循的基本策略可總結為：先推行預期收益最大、風險較小的改革，後推行風險程度較高的改革；先推進增量改革，後漸進推進存量改革[1]；先推行有真實交易背景的改革，再推行帶有投機性需求的改革。

具體的開放路徑可總結為：長期資本流動先於短期資本流動，資本流入先於資本流出，機構投資者先於個人投資者，一級市場先於二級市場，直接投資先於證券投資，債券類投資先於股權類和衍生品類投資[2]。此外，中國還通過在自貿區推行人民幣資本項目可兌換的項目，按照從試點到全面推廣的方式，審慎、穩健地推動資本項目的開放進程（見圖 3）。

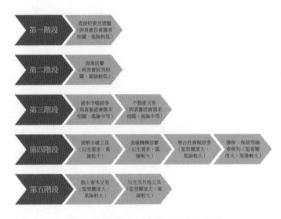

圖 3　中國的資本賬戶開放路徑選擇

資料來源：中國人民銀行調查統計司課題組（2012），作者整理。

1　中國人民銀行調查統計司課題組：《中國加快資本賬戶開放的條件基本成熟》，《中國金融》2012（5）：14-17。

2　謝亞軒、劉亞欣：《資本項目開放的新動向與國際經驗借鑑》，《招商證券宏觀研究報告》2015 年 10 月。

●○ 人民幣資本項目開放的現狀評估

　　學術界評估資本項目開放的方法主要分為法律類與事實類兩種，旨在通過評分法給出直觀的開放程度評估結構。法律類評分法主要基於 IMF 的《匯兌安排和限制年報》。梳理各國資本項目管制程度的政策法規，優勢是便於國際比較，缺點是法律規定可能與實際情況有偏差。事實類評分法是基於本國持有對外總資產與負債佔 GDP 的比重來計算資本項目開放程度，優勢是注重政策的實際效果，缺點是無法排除本國金融市場發育程度的干擾。事實類評分法的代表有 Lane 和 Ferretti[1] 的 TOTAL 指數。

　　總體上來看，近年來人民幣的資本項目開放程度穩步提高，根據苟琴等[2] 的研究，2009 年的人民幣資本賬戶管制強度比 20 世紀 90 年代初下降了約 41%；然而從國際比較的角度看，人民幣資本項目開放的程度仍不高，根據中國人民銀行構建的資本項目可兌換指數，已宣佈可兌換的 60 國平均得分為 85.6，新興市場國家平均得分為 81.6，而中國的得分僅為 53.8；根據 Chinn-Ito 資本開放指數，如果以美國的資本開放水平為 1，中國的開放程度僅為 0.16（見圖 4）。

1　Lane P. R. and Milesi-Ferretti G."The External Wealth of Nations Mark II",*Journal of International Economics*, 2007（2）：223-250.

2　苟琴、王戴黎、鄢萍、黃益平：《中國短期資本流動管制是否有效》，《世界經濟》2012（2）：26-44。

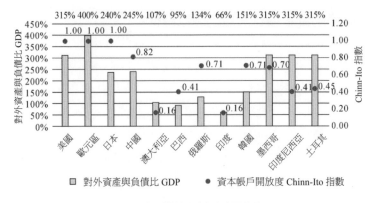

圖 4　各國對外頭寸與資本開放度

注：Chinn-Ito 指數為 2013 年數據，對外資產與負債比 GDP 為 2013 年數據。Chinn-Ito 指數為 1 代表了最高的資本賬戶開放程度。

資料來源：Chinn 和 Ito（2008），國際貨幣基金組織，中金研究。

　　需要注意的是，已有的資本項目開放度評估多為 2012 年左右的研究成果[1]，中國近幾年在推進資本項目可兌換方面有不少重要措施。人民幣資本項目可兌換在投資等實體經濟活動中發展很快並基本實現可兌換，而在金融交易方面發展還不太充分，開放步調比較謹慎。資本賬戶開放主要包含四個大的領域：直接投資與不動產、證券投資、對外債權與債務以及個人交易。下面分別評估每個領域的開放情況，主要遵循 IMF《匯兌安排和限制年報》的分類框架。IMF 按照可兌換程度從高到低，將一國貨幣資本項目開放程度劃分為可兌換、基本可兌換、部分可兌換與不可兌換四檔。

直接投資與不動產

　　第一，直接投資已實現基本可兌換，開放政策以簡化流程為主線，目前

1　在 2012 年，學術界針對 "是否應加快實現人民幣資本項目可兌換" 有過激烈的討論。

以登記管理作為直接投資外匯管理的主要方式。

直接投資是引進外資與中國企業"走出去"的關鍵通道,主要服務於實體經濟活動,與經常項目類似,屬於穩定性較高的跨境資本流動,因此該項目開放得最早、速度最快。2015 年,中國實際利用外資額達到 1263 億美元。2016 年 1 月實際使用外資 882.5 億元人民幣,同比增加 3.2%;2016 年 1 月份非金融類對外直接投資 120.2 億美元,同比增長 18.2%。

從外匯管理的角度看,直接投資項目開放的歷程可總結為"先放開流入,再放開流出;先管控額度,後轉為登記"。自 2006 年開始中國逐步取消對境外投資的購匯額度限制[1],對外直接投資規模迅速擴張,從 2006 年的 212 億美元增長至 2014 年的 1231 億美元,年複合增長率達到 24%(見圖 5)。目前中國國內企業對外直接投資不受任何外匯額度的約束,前期費用匯出需到所在地的國家外匯管理局登記;而自然人參與境外直接投資的渠道仍不明確,僅能通過設立特殊目的公司間接實現境外投資。在外資來華直接投資方面,目前已取消外匯登記核准,行政審批手續進一步簡化,直接投資清盤購匯也無須外匯局審批。

從項目審批的角度看,商務部門仍需對外商直接投資(Foreign Direct Investment,簡稱 FDI)進行必要的事前審批,這與發達國家的實踐相一致,旨在調控直接投資流向的行業與區域,並沒有實質影響該項目的開放程度。OECD 國家普遍對直接投資的投向以及持股比例有明確約束:境內投資控制國家安全風險,境外投資控制私人部門資產負債貨幣錯配風險。

1　國家外匯管理局《關於調整部分境外投資外匯管理政策的通知》(匯發〔2006〕27 號)。

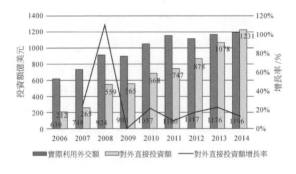

圖 5　中國跨境直接投資規模增長情況

數據來源：Wind，作者整理。

　　第二，不動產交易項目基本可兌換，非居民投資境內不動產受約束較多，但從 2015 年開始逐步放開。

　　在不動產交易項目下的資本流出並無明確限制，可比照對外直接投資辦理[1]。從資本流入來看，根據 2006 年中國住房和城鄉建設部頒布的《關於規範房地產市場外資准入和管理的意見》，外資機構與個人投資境內房地產需遵循的規則包括：首先，商業存在原則，即需要設立經營範圍涉及房地產投資的企業才能從事相關業務；其次，在中國境內居住滿一年的境外居民購買商品房需符合自用、自住的實際需要；再次，房地產買賣的結購匯申請需經過外匯局審核；最後，外資投資中國房地產企業，需經商務部門審批。這樣的制度安排部分遏制了外資通過直接投資進入中國房地產市場的興趣。

　　時隔 9 年後，從 2015 年開始，限制外資投資境內房地產的政策開始逐步放開，相應的外匯管制也隨之放鬆[2]：首先，外資投資境內房地產企業

1　IMF. *Annual Report on Exchange Arrangements and Exchange Restrictions*,2011.

2　2015 年 8 月，住建部、商務部等六部委聯合出台《關於調整房地產市場外資准入和管理的意見》。

等同於直接投資的待遇，用外匯登記取代了審核；其次，取消外資投資境內房地產企業辦理境內外貸款、外匯借款結匯必須全部繳付註冊資本金的要求；最後，取消境外個人需在中國境內居住滿一年才能購置自住房的條件。從實質上看，自房地產市場外資准入政策調整之後，在不動產交易項目下，外資流入的渠道基本打通。不動產交易項目的放開與中國房地產市場處於下行周期的背景有關。從 2014 年年初開始，房地產開發投資完成額累計增速進入下降通道，新建住宅價格指數同比連續 14 個月負增長，房地產行業去庫存的壓力較大。此時放開外資投資房地產，有助於為房地產市場提供增量需求（見圖 6）。

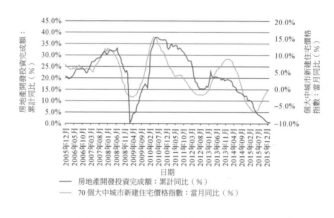

圖 6　2005 年以來中國房地產市場運行情況

資料來源：Wind。

證券投資

在證券投資項目下的資本流動波動性較大，開放進程較為平穩。2012 年以來，證券投資領域的資本項目開放呈加速趨勢，從多個層面打開或擴大境內外雙向投融資渠道。從總的進展來看，債券市場向外資開放的程度高於、速度快於股票市場，對資本流出的限制高於對資本流入的限制。居民在境外發行證券通常不受限制，非居民在境內發行證券通常管制較多。如圖 7 所示，2015 年前三季度的資本流動淨額達到 5037 億美元，接近中國當年 GDP 的 6%。證券投資領域主要包括的資本項目有股票、債券、貨幣市場工具、集體投資類證券以及衍生工具。

第一，證券市場跨境投資部分開放，採用合格機構投資者、境內外交易所互聯互通、金融開放創新區域試點三種不同層次的特殊安排提高中國資本市場開放度。

（1）在投資者層面，合格機構投資者是跨境資本市場投資的主要渠道，所有證券類資產均可通過合格機構投資者完成境內外配置，但投資額度與資金匯兌都面臨嚴格限制。截至 2016 年 1 月 27 日，共批准合格境外機構投資者（QFII）投資額度 807.9 億美元，合格境內機構投資者（Qualified Domestic Institutional Investor，簡稱 QDII）投資額度 899.9 億美元，人民幣合格境外機構投資者（RQFII）投資額度 4698.3 億元人民幣。RQFII 為境外人民幣提供了回流與資產配置渠道，截至 2015 年 6 月 RQFII 試點已擴大到境外 13 個國家和地區。2016 年，境外資本投資境內證券市場的限制有所放寬，資金流入與流出的渠道更加通暢。2016 年 2 月 4 日，QFII 外匯管理制度改革的內容包括提高單家 QFII 投資額度上限、對投資本金取消匯入期限等要求。

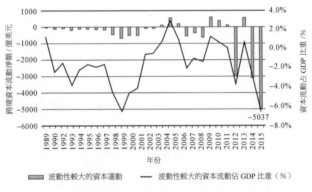

圖 7　1989—2014 年中國波動較大的跨境資本流動淨額與 GDP 之比

注：根據國家外匯管理局的定義，波動性較大的跨境資本流動主要包括證券投資和其他投資，在實際計算中加入淨誤差與遺漏。
資料來源：國家外匯管理局，世界銀行 WDI 數據庫，作者整理。

（2）在交易所層面，滬港通突破性地實現了內地與香港股票市場之間資本的雙向自由流動。相比合格機構投資者制度，滬港通擁有投資者主體更加寬鬆、額度管理更加靈活、交易成本更低、制度轉換成本低等優勢。"閉環式"資金流動降低了資金大幅進出中國金融市場的風險。在投資範圍上，滬港通目前的投資標的局限在市場中的大中盤股票。數據統計顯示，截至 2016 年 2 月 25 日，滬股通累計成交額 17400 億元，日均成交額 59 億元，港股通累計成交額 8802 億元，日均成交額 30 億元。

（3）在區域試點方面，上海自貿區金融改革試驗希望率先完成人民幣資本項目可兌換。與資本項目開放相關的、打算繼續推進的自貿區金融改革包括合格境內個人投資者境外投資（QDII2）、自貿區內企業境外母子公司境內發行人民幣債券、擴充境外人民幣投資金融產品的範圍等。可見，這些打算推進的改革內容重點在於促進資金跨境雙向流動，構建境外人民幣回流渠道。在人民幣離岸中心以外，如果這些改革措施順利推進，則上海自貿區將成為人民幣資本項目開放的新窗口，而且具有重要的示範作用。

第二，債券類項目開放進展較快，目前已基本實現可兌換。在債券市場投資人對外開放方面，從 2016 年 2 月開始，中國銀行間債券市場已向境外機構投資者全面開放，非居民購買境內債券工具基本可兌換；居民購買境外債券工具仍主要通過 QDII 完成。在債券市場發行人對外開放方面，居民境外發行經登記可完成兌換；非居民境內發行存在較嚴格的准入條件，而發行主體所受到的限制從 2014 年底開始逐步放開。

從 2005 年開始，首批境外機構投資人進入中國銀行間債券市場，直到 2014 年，銀行間債券市場投資人的對外開放節奏一直比較穩健，2015 年開始開放步伐顯著加快。根據央行發佈的《2015年金融市場運行情況》，截至2015年末，已有308家境外央行、主權財富基金、QFII等境外機構進入銀行間債券市場投資，境外機構投資者數量較2015年末增加約70%。2016年2月24日，央行發佈《進一步放開境外機構投資者投資銀行間債券市場》，取消境外機構投資者投資銀行間債券市場的審核與額度限制，並將合格市場參與者的範圍擴大到包含商業銀行、保險公司、證券公司、基金管理公司及其他資產管理機構在內的各類金融機構。至此，銀行間債券市場向境外投資人全面放開（見表3）。

表3　中國銀行間債券市場投資人的對外開放歷程

次序	時間	內容
1	2005年5月	泛亞基金獲批進入銀行間債券市場，成為首批進入中國銀行間債券市場的境外機構。
2	2010年8月	境外中央銀行或貨幣當局，香港、澳門地區人民幣業務清算行，跨境貿易人民幣結算境外參加銀行獲准進入銀行間債券市場。
3	2011年12月	人民幣合格境外機構投資人（RQFII）獲准投資銀行間債券市場
4	2013年3月	合格境外機構投資者（QFII）獲准進入銀行間債券市場
5	2015年6月	境外人民幣清算行和參加行可開展債券回購交易，且回購資金可調出境外使用。
6	2015年7月	境外央行、國際金融組織、主權財富基金獲准運用人民幣投資銀行間債券市場。
7	2016年2月	合格市場參與者的範圍擴大到包含商業銀行、保險公司、證券公司、基金管理公司及其他資產管理機構在內的各類金融機構；取消額度限制與准入審批。

資料來源：袁沁，張璨：《銀行間債券市場對外開放的歷程及意義》，《銀行家》2015（9）：64-65（作者整理）。

在居民境外發行債券方面，早在20世紀80年代就有成功實踐的例子。

1982 年 1 月，中國國際信托投資公司在日本債券市場發行了 100 億日元的私募債。由於 2008 年全球金融危機後發達國家普遍採用寬鬆貨幣政策，導致境外融資成本低於境內，所以境內企業多選擇在中國香港、英國等地發行債券。根據國際清算銀行的統計，2010 年以後中國企業境外發行國際債券的規模迅速增加，截至 2015 年第三季度中國發行人發行的國際債券餘額已達 4962 億美元。其中，香港離岸人民幣市場是境內企業選擇發行人民幣債券的首選地。截至 2014 年底，境內企業（包括子公司）在香港發行的人民幣債券餘額達到 2952 億元人民幣。

在非居民境內發行人民幣債券（熊貓債券）方面，境外機構的發行申請、發行規模、發行利率與資金用途等需要經過審核與管理。發行主體範圍也受到較多限制，但從 2014 年底開始逐步放開。境外開發性金融機構在境內發行債券的實踐較早，2005 年國際金融公司在銀行間債券市場發行了 11.3 億元人民幣債券。但是由於人民幣國際化程度有限，所募集資金使用受限等原因，此後很長時間內熊貓債的發展出現停滯。2015 年開始，在人民幣加入 SDR 貨幣籃子，人民幣匯率形成機制更富彈性的大背景下，熊貓債迎來新的發展高潮，發行主體拓展至境外非金融企業、境外商業銀行、外國地方政府、中央政府等（見表 4）。

表 4　境外機構在中國銀行間債券市場發行債券的歷程

次序	時間	內容
1	2005 年 10 月	國際金融公司和亞洲開發銀行分別發行 11.3 億元和 10 億元人民幣債券，發行主體僅限於國際開發機構。
2	2014 年 3 月	德國戴姆勒公司私募發行 5 億元人民幣債券，發行主體拓展至境外非金融企業。
3	2015 年 9 月	香港上海滙豐銀行有限公司和中國銀行（香港）有限公司獲准分別發行 10 億元和 100 億元人民幣金融債券，發行主體拓展至國際性商業銀行。

| 4 | 2015 年 11 月 | 招商局香港發行 5 億元短期融資券，為境外非金融企業首次公開發行人民幣債券；加拿大不列顛哥倫比亞省獲准發行 60 億元人民幣債券，發行主體拓展至外國地方政府。 |
| 5 | 2015 年 12 月 | 韓國政府獲准發行 30 億元人民幣主權債券，發行主體拓展至外國中央政府。 |

第三，股票類證券項目部分實現可兌換，境內外雙向投資可通過合格機構投資者完成；通過滬港通的安排，滬港兩市雙向投資的參與者範圍拓展到普通機構投資者與合格個人投資者[1]。境內企業在境外股票市場上市基本不受限制，而非居民在境內發行人民幣股票尚待突破。

在股票市場投資人對外開放方面，由於擔心開放節奏過快可能導致波動性較大的跨境資本流動加劇，總體來看開放態度較為審慎。最初的股票市場開放探索是建立 B 股市場，後來通過引入 QDII、QFII 與 RQFII，初步構建了居民直接投資海外股票市場、非居民直接投資 A 股的渠道。在此基礎上，滬港通實現了兩地金融市場的進一步開放與融合，投資者範圍得到擴大。

在股票市場發行人對外開放方面，境內企業海外上市不受限制，香港市場和歐美市場是中國企業赴海外上市的主要目的地。境外企業在中國 A 股市場發行股票尚無先例，但是從理論上說，通過滬港通機制推動海外企業在 A 股市場發行股票並沒有法律障礙（見圖 8）。

1　證券賬戶及資金賬戶合計不低於 50 萬元人民幣的個人投資者。

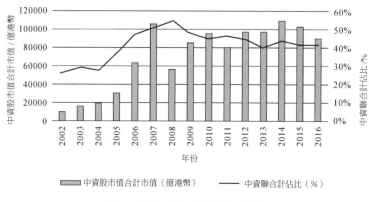

圖8　在香港上市的中資股票市值統計

注：中資股包括在香港上市的 H 股與紅籌股。
數據來源：Wind。

　　第四，集體投資類證券項目部分實現可兌換，境內外雙向投資可通過合格機構投資者完成；境外機構在境內發行集體投資類證券子項目開放程度較低，2015 年 7 月開始的內地與香港基金互認是集體投資類證券境內外雙向發行開放的第一步。

　　由於資金流動不穩定，集體投資類項目的開放較為謹慎。2015 年 11 月，中國人民銀行、國家外匯管理局發佈了《內地與香港證券投資基金跨境發行銷售資金管理操作指引》，集體投資類證券的境內外雙向發行子項目實現部分開放。但是投資額度仍受限制，資金進出金額不高於各等值 3000 億元人民幣。截至 2016 年 1 月末，內地基金在香港發行銷售資金累計淨匯入 2154.33 萬元人民幣，香港基金在境內發行銷售資金累計淨匯出 4017.67 萬元人民幣。

　　第五，衍生品項目的開放程度較低，境內外雙向投資都受到投資主體與品種限制。2015 年以來境內衍生品市場對外開放速度明顯加快，目前外資可投資的境內衍生品種類包括股指期貨、商品期貨（原油期貨）以及外匯市場衍生品等。境外機構在境內發行衍生品項目尚未開放。

由於衍生品具有高槓桿、高波動性、可做空等多種特徵，衍生品項目實際上處於人民幣資本項目開放路徑的最末端。從 2015 年開始，在"構建開放型經濟新體制"[1]的整體改革框架安排下，衍生品投資的雙向開放被提上日程。

從境外機構投資境內衍生品的角度看，2015 年以前，外資允許投資的境內衍生品品種僅限股指期貨一種，通過 QFII 投資需受到額度限制，並且僅能從事套期保值交易[2]，衍生品項目開放一度停滯。2015 年以來，中國衍生品市場開始進一步開放，投資主體範圍與品種不斷擴大。2015 年 8 月，中國證監會發佈《境外交易者和境外經紀機構從事境內特定品種期貨交易管理暫行辦法》，允許境外交易者和境外經紀機構從事境內特定品種商品期貨交易，並確定原油期貨為中國首個境內特定品種。2015 年 9 月，央行發佈公告允許境外央行類機構參與中國銀行間外匯市場，開展包括即期、遠期、掉期和期權在內的各品種外匯及外匯衍生品交易。截至 2016 年 1 月，共有 14 家境外央行類機構完成備案，正式進入中國外匯市場。

從境內機構投資境外衍生品的角度看，目前允許參與境外衍生品交易的境內機構與相關業務包括：由中國銀監會監管的金融機構，經批准後可購買境外衍生品，用於對衝資產負債表風險或者為客戶提供衍生品交易服務；QDII 可投資境外衍生品；經中國證監會許可，特定的大型國有企業可參與境外商品期貨套期保值；保險公司可運用衍生品進行風險對沖管理[3]。在 2015 年 10 月發佈的上海自貿區金融改革"新 40 條"的指引下，上海自貿區內鼓勵證券與期貨機構通過試點的方式參與境外衍生品交易，合格的境內投資主體範圍進一步擴大。

1　參考 2015 年 9 月發佈的《中共中央　國務院關於構建開放型經濟新體制的若干意見》。

2　2011 年 5 月 6 日中國證監會公佈的《合格境外機構投資者參與股指期貨交易指引》中有詳細規定。

3　IMF. *Annual Report on Exchange Arrangements and Exchange Restrictions*, 2011.

對外債權與債務

對外債權債務項目已實現部分可兌換。在境內機構對外提供貸款方面，實行餘額管理與登記管理；在境內機構借用外債方面，中、外資企業長期面臨差異性政策，中資企業受到限制較多。2015 年開始實施的外債宏觀審慎比例自律管理試點，是降低境內中資企業借用外債門檻的第一步。

對外債權債務項目開放程度較高，與國際貿易緊密相關的商業信貸已經實現完全可兌換[1]，中國已建立起以事後登記為主的對外債權債務管理框架。截至 2014 年，中國企業無擔保對外借款餘額達到 1093.6 億美元。值得注意的是，中國外債結構中短期外債所佔比例在 2014 年已經超過 70%（見圖 9）。

圖 9　中國企業對外借款情況一覽

注：借款餘額數據單位為百萬美元。
數據來源：世界銀行 IDS 數據庫。

在境內機構對外提供借款的渠道較為通暢。第一，境內銀行對境外的放款基本不受限制。第二，境內非銀行企業對外放款實行餘額管理。如對

1　IMF. *Annual Report on Exchange Arrangements and Exchange Restrictions* 2014.

境外控股或者參股的主體提供資金支持，放款人境外放款餘額不得超過其所有者權益的30%[1]。境外放款有效期限為兩年。

境內機構借用外債方面，中、外資企業適用的外債管理政策差異長期存在。外資企業借用外債適用"投注差"與登記管理模式，而中資企業借用外債面臨嚴格的主體資格審核、長短期借債審批、資金使用要求、外債歸還要求等的管理與約束。這樣的"雙軌制"管理政策，使得享受"超國民待遇"的外資企業借用外債更為便利，也使得中資企業在借用外債實際操作中成本較高（見表5）。

表5　中、外資企業借用外債管理政策差異性一覽

條目	中資企業	外資企業
主體審查條件	1. 滿足國家激勵行業範疇，並具有相關許可證。 2. 保持連續盈利三年以上，或經營狀況較好。 3. 貿易性質企業的淨資產與總資產比值要高於15%，非貿易性企業其比值要高於30%。	投資總額與註冊資本之間有差額、註冊資本全額到位。
借債審批條件	借用中長期外債（一年以上），需經國家發改委事前審批；借用短期外債（一年以內），採用餘額管理。	在"投注差"範圍內自行借用外債，採用登記管理。
資金使用政策	受到限制，短期外債不可結匯。	外債均可結匯使用

資料來源：吳華芳：《中、外資企業借用外債差異性政策研究》，國家外匯管理局〔2013〕19號《外債登記管理辦法》，2013（30）：106-107（作者整理）。

1　參考《國家外匯管理局關於境內企業境外放款外匯管理有關問題的通知》（匯發〔2009〕24號）。

從 2015 年開始，境內中資企業借用外債的管理方式向"外債宏觀審慎比例自律管理"的方向改革，中資企業借用外債的管理方式更加靈活。在保留借款額度的前提下，試點地區取消了外債審批制度。2015 年 3 月，張家港保稅區（金港鎮）、北京中關村和深圳前海三地獲批成為國內首批啟動"外債宏觀審慎管理"的試點區域，允許試點區域內註冊企業在淨資產的兩倍以內自主借用外債，消除中外資企業外債管理政策的差別。

此外，外債資金實現意願結匯制是對外債權債務項目可兌換的重要進展。根據 2015 年 12 月發佈的《進一步推進中國（上海）自由貿易試驗區外匯管理改革試點實施細則》，上海自貿區內的企業外債資金可以根據匯率波動情況，選擇合適時點進行結匯。

跨境擔保項目已經實現部分可兌換。在內保外貸領域，已經取消數量與資格限制，以事後登記為主要管理方式；在外保內貸領域，為了控制對外債務激增給國際收支帶來的影響，對擔保履約實行額度管理。債務人因外保內貸履約形成的對外負債，未償還本金餘額不得超過其淨資產的一倍[1]。

個人交易

個人交易項目部分可兌換。在資本交易項目方面，資產轉移、禮品捐贈等交易活動受到個人年度購匯額度限制，移民類大額財產轉出需由外匯局審批。在金融交易項目方面，直接投資、證券投資、個人貸款等仍受到嚴格限制。2016 年開始，合格境內個人投資者境外投資機制進入試點階段，個人資本交易項目開放速度加快。

在個人海外投資方面，目前存在五個合法渠道：通過認購金融機構發行的 QDII（合格境內機構投資者）、QDLP（合格境內有限合夥人）、QDIE（合格境內投資企業）等跨境投資產品，投資於境外有價證券；通過個人財產轉

1　參見國家外匯管理局 2014 年發佈的《跨境擔保外匯管理規定》。

移，將資金匯到境外開展投資；境內個人在境外設立特殊目的公司，通過特殊目的公司從事海外投資；通過境內代理機構，參與境外上市公司員工持股計劃、認購期權計劃；通過滬港通投資香港交易所上市的股票類證券等。

2015 年 6 月央行發佈的《人民幣國際化報告（2015）》指出，中國將進一步推動人民幣資本項目可兌換改革，包括考慮推出合格境內個人投資者制度境外投資試點。根據上海自貿區金融改革 “新 40 條”，將在上海自貿區首先試點。合格境內個人投資者制度打算對符合條件的個人投資者的投資額度不再設上限，取消 5 萬美元年度購匯額度限制，允許直接投資境外金融類產品，含股票、債券、基金及衍生品等。

總體評估

綜合以上分析，本文將人民幣資本項目開放的現狀評估結果總結在表 6 中。總的來看，在 IMF 劃分的資本項目 40 個子項目中，可兌換的有 4 個，主要集中在居民境外發行股票與貨幣市場工具、直接投資清盤等領域；基本可兌換的有 9 個，主要集中在信貸業務、直接投資、非居民投資境內債券市場等領域；部分可兌換的有 18 個，主要集中在股票、集體投資類證券與衍生品的雙向投資、債券雙向發行、非居民境內購買不動產、個人資本交易等領域；不可兌換的有 6 個，主要集中在衍生品雙向發行、非居民境內發行股票與貨幣市場工具、個人貸款等領域；無明確法律規定的有 3 個，包括外國移民境外債務的結算、移民向國內的財產轉移以及博彩和中獎收入的轉移。擁有跨境資本雙向流動合法渠道的子項目共有 31 個，佔子項目總數的 77.5%。不可兌換項目意味着缺乏合法的資本流動渠道，佔子項目總數的 15%。具體來說，信貸業務與直接投資項目的開放水平最高，其次是證券投資類項目，個人資本交易類項目的開放程度最低。無明確法律規定的子項目均集中在個人資本轉移領域。在證券類項目中，債券類項目的開放程度最高，而衍生品類項目的開放程度最低。

表 6 人民幣資本項目開放情況一覽（截至 2016 年 2 月）

項目	子項目		現狀評估		備註
一、資本和貨幣市場工具	1. 資本市場證券	股票或有參股性質的其他證券	非居民境內買賣	部分可兌換	合格機構投資者
			非居民境內發行	不可兌換	無法律明確允許
			居民境外買賣	部分可兌換	合格機構投資者
			居民境外發行	可兌換	
		債券和其他債務證券	非居民境內買賣	基本可兌換	銀行間債券市場對境外機構投資者全面開放
			非居民境內發行	部分可兌換	准入條件與主體限制
			居民境外買賣	部分可兌換	合格機構投資者
			居民境外發行	基本可兌換	登記管理
一、資本和貨幣市場工具	2. 貨幣市場工具		非居民境內買賣	部分可兌換	合格機構投資者
			非居民境內發行	不可兌換	無法律明確允許
			居民境外買賣	部分可兌換	合格機構投資者
			居民境外發行	可兌換	
	3. 集體投資類證券		非居民境內買賣	部分可兌換	合格機構投資者
			非居民境內發行	部分可兌換	內地與香港基金互認
			居民境外買賣	部分可兌換	合格機構投資者
			居民境外發行	部分可兌換	內地與香港基金互認
二、衍生工具和其他工具	4. 衍生工具和其他工具		非居民境內買賣	部分可兌換	可投資產品包括股指期貨、特定品種商品期貨、外匯衍生品等。
			非居民境內發行	不可兌換	無法律明確允許
			居民境外買賣	部分可兌換	合格機構投資者與其他符合監管要求的企業
			居民境外發行	不可兌換	無法律明確允許

項目	子項目		現狀評估		備註
三、信貸業務	5. 商業信貸		居民向非居民提供	基本可兌換	餘額管理與登記管理
			非居民向居民提供	部分可兌換	中資企業借用外債面臨嚴格的審批條件與約束
	6. 金融信貸		居民向非居民提供	基本可兌換	餘額管理與登記管理
			非居民向居民提供	部分可兌換	中資企業借用外債面臨嚴格的審批條件與約束
	7. 擔保、保證和備用融資便利。		居民向非居民提供	基本可兌換	事後登記管理
			非居民向居民提供	基本可兌換	額度管理
四、直接投資	8. 直接投資		對外直接投資	基本可兌換	行業與部門仍有限制
			對內直接投資	基本可兌換	需經商務部門審批
五、直接投資清盤	9. 直接投資清盤		直接投資清盤	可兌換	
六、不動產交易	10. 不動產交易		居民在境外購買	基本可兌換	與直接投資的要求一致
			非居民在境內購買	部分可兌換	商業存在與自住原則
			非居民在境內出售	可兌換	
七、個人資本交易	11、個人資本轉移	個人貸款	居民向非居民提供	不可兌換	無法律明確允許
			非居民向居民提供	不可兌換	無法律明確允許
		個人禮物、捐贈、遺贈和遺產	居民向非居民提供	部分可兌換	匯兌額度限制
			非居民向居民提供	部分可兌換	匯兌額度限制
		外國移民在境外的債務結算	外國移民境外債務的結算	—	無明確法律規定

新金融　新格局 · 中國經濟改革新思路

項目	子項目		現狀評估	備註
	個人資產的轉移	移民向國外的轉移	部分可兌換	大額財產轉移需經審批
		移民向國內的轉移	—	無明確法律規定
	博彩和中獎收入的轉移	博彩和中獎收入的轉移	—	無明確法律規定

資料來源：中國人民銀行、國家外匯管理局，作者整理。

下面我們從參與主體、市場層次、資本期限、資本流向等四個方面評估人民幣資本項目開放的現狀。從參與主體的維度來看，以機構為主體的資本流動渠道基本已經打通，個人資本項目的開放即將啟動；從市場層次的維度來看，證券類項目的境內外二級市場投資渠道基本已經打通，一級市場發行渠道仍需進一步開放；從資本期限的維度來看，長期資本流動渠道比較通暢，短期資本流動項目開放程度不高；從資本流向的維度來看，資本流入的渠道基本通暢，而資本流出仍受到限制。

可見，中國近幾年來在資本項目開放方面取得了明顯進展，如果以已宣佈可兌換的發展中國家作為參照，中國的資本項目開放水平已經達到平均標準。需要注意的是，低風險類項目已經基本開放完畢，未來需要進一步開放的項目具有風險更高、管理與監測難度更大的特點。

●○ 人民幣資本項目開放的新趨勢

人民幣加入 SDR 貨幣籃子提升非居民配置人民幣資產需求，以資本項目可兌換為基礎促進人民幣跨境流動

2015 年 11 月 30 日，國際貨幣基金組織 IMF 正式宣佈將人民幣納入 SDR 貨幣籃子。人民幣加入 SDR 貨幣籃子，可促進以人民幣計價的貿易投資便利化，增強海外投資者配置人民幣資產的積極性，加速人民幣從貿易貨幣、投資貨幣向儲備貨幣發展。與此同時，亞洲基礎設施投資銀行、絲路基金有限責任公司等機構的建立以及 "一帶一路" 倡議，在促進中國企業 "走出去" 的過程中會逐步發揮作用。可見，"資本項目下輸出，經常項目下回流" 的人民幣跨境流動已經形成。一方面，人民幣資產的需求提升，要求境內資本市場進一步與國際接軌，使得人民幣回流渠道更為通暢，提升資本項目可兌換程度；另一方面，在 "走出去" 的背景下，境內企業與個人跨境投資的規模不斷提升，金融機構服務跨境投資的服務需求不斷增加，需要放開資本流出的限制，提高人民幣資本項目的可兌換程度。綜上，為了配合人民幣國際化穩步有序推進，人民幣資本項目開放進程也需要相應加快。

資本項目開放與宏觀審慎管理相結合

相比於發達國家，新興經濟體資本項目可兌換的實現更容易伴隨跨境資本流動風險的出現。新興經濟體受到宏觀經濟不穩定、金融體系不穩健等因素影響，更難以抵禦跨境資本流動的衝擊，容易導致金融風險的產生與放大。因此，周小川提出將 "有管理的可兌換" 作為人民幣資本項目開放的目標，在有序開放人民幣資本項目的同時，積極改革資本項目管理方法，逐步用宏觀審慎和市場型工具的管理方法代替行政性審批。具體來說，資本項目管理改革的最新趨勢包括以下幾方面。

第一，取消包括事前審批在內的行政管理手段，轉為以事後登記為主的監測管理，同時逐步建立跨境資本流動的宏觀審慎監管框架。傳統的匯兌管理採用微觀的審批管理方式，宏觀的審慎管理則是通過稅收和準備金，或通過資產負債表匹配進行管理，具有減震器的作用。新興經濟體在構建宏觀審慎監管體系方面的經驗值得借鑑，例如智利採取的無息準備金制度，要求所有不同期限的外債，均需在智利中央銀行指定賬戶無息存入其融資總額的20% 作為準備金。

第二，減少或取消額度管理等數量型管理工具的使用，更多地採用價格型工具調節跨境資本流動。價格型工具主要包括托賓稅等，例如韓國要求境內金融機構根據所持外債期限長短設定不同比例的宏觀審慎穩定稅，還要求外國人在購買韓國國債和貨幣穩定債券後需繳納額度為 15.4% 的預扣稅。這些規定旨在約束跨境資本流動與投機性交易。中國人民銀行在 2012 年指出，資本項目可兌換水平較高的國家和地區，如 OECD 國家，更傾向於採用審慎性管理等價格調節措施；資本項目可兌換水平較低的國家和地區，如土耳其、捷克、韓國等，較多採用額度限制等行政性措施。可見，資本項目開放需要配合更加靈活、有效的資本管理工具。2015 年 9 月，為了完善宏觀審慎管理框架，防範宏觀金融風險，央行開始對開展遠期售匯業務的金融機構收取 20% 的外匯風險準備金，這是針對跨境資本流動實施宏觀審慎監管的嘗試。

第三，開始構建對短期資本流動嚴密的監測管理與風險預警體系。對跨境資本流動進行宏觀審慎監管的前提是對可能引發金融危機的風險來源加以識別與度量。監測體系應該包括反映國內外宏觀經濟走勢、跨境資本流動趨勢、與貿易和直接投資相關的國際支付趨勢、中國外債期限結構與償付能力等相關指標。更進一步，還需要確定監測指標與系統性風險發生的相關性，從而實現對跨境資本流動引發系統性風險的可能性進行預測。在此基礎上，未來需要完善應對跨境資本過度流入和集中流出的應急預案。

（鄭子龍參與本文起草與討論，本文發表於《一財網》2016 年 4 月 4 日。）

參考文獻

1 易綱：《外匯管理改革開放的方向》，《中國金融》2015（19）：18-20。

2 王書朦：《中國資本項目開放進程中跨境資本流動宏觀審慎監管研究——基於新興經濟體的國際借鑑》，《金融與經濟》2015（12）：32-37。

3 張灼華：《人民幣國際化與香港的戰略定位》，《清華金融評論》2015（1）。

從人民幣匯率預期管理看在岸與離岸匯差調控

　　自 2015 年 8 月 11 日匯改開始後，人民幣在岸市場和離岸市場經歷了不同程度的波動，央行也相繼推出了一系列政策應對措施並取得了明顯成效。在當前人民幣面臨貶值趨勢的背景下，在政策操作上應注意維持穩定的離岸在岸匯差，進一步發展離岸市場的人民幣計價金融產品，擴大投資產品種類，在注重擴大匯率雙向波動幅度的同時，適度提高人民幣匯率波動的容忍度，有利於靈活應對離岸市場匯率波動和進一步推動人民幣國際化的進程。

●○ 2016 年以來，人民幣匯率波動較為劇烈，這背後有外部和內部兩方面的深層次原因 [1]

　　從外部來看，歐美日等發達經濟體之間由經濟周期和經濟政策分化所帶來的外溢效應衝擊是人民幣匯率波動的重要原因。人民幣中間價定價新規則——"收盤匯率 + 一籃子貨幣匯率變化"——表明，人民幣匯率走勢更多關注與一籃子貨幣相關聯。2016 年以來，上述國家的匯率均呈現明顯波動，美元指數最高接近 100，最低值不到 92。而且，由於美國經濟數據的搖擺、英國脫歐 "黑天鵝" 等事件，匯率市場波動劇烈。

1　本部分發表於《21 世紀經濟報道》2016 年 9 月 8 日，原題目為《全球經濟動盪下的人民幣匯率》。

從內部來看，人民幣匯率的波動性和靈活性上升也是匯率正在更多由市場因素驅動的表現。伴隨着匯率形成機制改革的深入，匯市的參與主體更加多元化，預期也更為多元化和分散，主體的多元化和行為的變化可能會在短期內加劇人民幣匯率的波動幅度。2016 年以來，受企業外幣負債去槓桿以及海外兼併收購意願不斷升溫等因素的影響，中國外匯市場呈現階段性的外匯供小於求的局面，人民幣對美元收盤匯率階段性地呈現較中間價貶值的走勢。

具體分析這期間人民幣匯率的波動，可以發現，2016 年 1 月份至 2 月初，人民幣匯率的波動幅度加大，可以視為“8·11”匯改的延續，市場對匯率形成機制的變化需要一個適應的過程，離岸和在岸匯差階段性較大的問題也需要一個過程來逐步化解。2016 年 2 月 13 日中國人民銀行原行長周小川接受專訪，首次就匯改與市場進行全面系統的政策解讀，這是該輪人民幣匯率改革以來注重政策溝通的一個重要轉折點。之後，央行不斷強化與市場的溝通，在匯率引導上也更加市場化，干預頻次在減少，但在市場出現異常波動時積極干預，有助於預期的穩定。

隨着央行強化與市場的溝通，市場對匯率形成機制的理解和接受程度在不斷提高。2016 年 2 月下旬至 2016 年 9 月的人民幣匯率波動幅度擴大，其實更多是匯改的應有之義。隨着人民幣匯率更多地由市場來決定，人民幣和市場主要貨幣的雙邊波動都會有所加大。以對美元匯率為例，3 月、4 月美聯儲加息預期降溫，美元指數持續下跌至 92 左右，而 5 月、6 月又隨着加息預期升溫持續反彈，這期間，人民幣兌美元也是先升值後貶值。另外應注意到，在當前參考收盤價＋一籃子貨幣的人民幣匯率形成機制下，人民幣兌一籃子貨幣的波動幅度通常會低於兌美元的波動幅度，2016 年 3 月初至 6 月末人民幣兌美元匯率中間價年化波動率為 4.28%，而中國外匯交易中心（CFETS）人民幣匯率指數年化波動率僅為 2.31%。一方面，人民幣兌美元匯率更為靈活，雙邊波動呈常態化；另一方面，兌一籃子貨幣也在嘗試保持相對穩定的基礎上穩步提高靈活性，進而提升人民幣匯率市場化波動的程度。

那麼，接下來人民幣匯率走勢又會怎樣？從 2016 年初到 2016 年 9 月，人民幣匯率波動總體上呈現非對稱性策略貶值趨勢，也即美元走強時，更多盯住一籃子貨幣，人民幣兌美元貶值，但對一籃子貨幣仍保持穩定乃至升值；美元走弱時，更多地參考美元匯率，跟隨美元一起走弱，對一籃子貨幣貶值。從趨勢看，人民幣匯率是否延續這一策略，很大程度上與美元走勢密切相關。一旦美元的強勢得到進一步強化，非對稱性、策略性貶值的"兩條腿"走路策略就可能面臨較大壓力。類似的情況出現在英國脫歐公投的"黑天鵝"風波中。美元走強，使離岸人民幣兌換價格（CNH）一度達到 6.7，CFETS 人民幣指數同樣走貶，人民幣匯率出現了"雙貶值"。如果未來美元再次上演快速升值，人民幣中間價仍需在"穩雙邊匯率"還是"對籃子貨幣升值"中做出不可迴避的抉擇。

在新的人民幣匯率形成機制下，美元的走勢依舊是影響 2016 年下半年人民幣匯率走勢的最主要因素。從國內來看，自"8·11"匯改至今，在影響匯率走勢的主要因素中，由貶值預期導致的資本外流和貶值壓力已大幅弱化，企業進一步去化外幣負債的空間也較為有限，但居民和企業部門積極尋求海外資產配置會在中長期持續影響匯率走勢。金融高槓桿和資產泡沫能否平穩化解也會是影響匯率走勢的一個關鍵變量。同時，從更為基本的影響因素看，中國經濟轉型的進展如何，直接決定了中國的勞動生產率的提高速度，進而直接影響到人民幣匯率的中長期走勢。另外，人民幣與美元利率的相對走勢也有很大影響。

人民幣匯率出現較大幅度地波動時，什麼水平是一個相對合理的匯率呢？從理論上說，所謂合理匯率，無非就是指匯率的合理均衡水平，也就是與宏觀經濟運行中外部均衡目標與內部均衡目標相一致的真實匯率水平。在具體的測算上，學術界有很多研究，如購買力平價法、基本面均衡匯率、行為均衡匯率等，但結果不盡相同。這表明，基於國際收支、價格水平等不同的切入點，匯率存在多重均衡水平的可能。在實踐中，人民幣資本項目還在穩步開放進程中，僅僅基於經常項目的匯率均衡顯然適用性下降。因此，探討人民幣匯率的合理均衡水平是與央行對匯率的干預導向以及資本項目的開放步伐等密切相關的，它其實始終處於動態變化的過程之中。

●○ "8．11" 匯改以來離岸人民幣市場匯率波動特徵

一是政策因素影響市場預期，人民幣匯率呈現階段性貶值走勢。縱觀 "8．11" 匯改後的離岸市場走勢，可以發現人民幣匯率的波動主要出現在幾個標誌性事件節點："8．11" 匯改公佈後、2015 年 11 月底宣佈人民幣進入 SDR 貨幣籃子、12 月美聯儲加息、央行公佈 CFETS 人民幣匯率指數及英國脫歐公投結果公佈。"8．11" 匯改前後，人民幣貶值的主要壓力更多來自於之前關注美元所帶來的被動升值效應；2016 年初的下行走勢更多反映出市場參與者對人民幣貶值預期的情緒，特別是離岸市場中投機資本的消極賣空在一定程度上加大了貶值預期和市場波動；2016 年 5 月後受避險情緒和英國脫歐等因素影響，人民幣匯率再次震蕩下行。面對美元加息的背景，"8．11" 匯改可以視作應對人民幣貶值壓力的前瞻性調整，在逐步轉向參考一籃子貨幣匯率定價模式後，離岸在岸市場匯差呈現逐步收斂趨勢。

二是離岸和在岸市場人民幣的大幅匯差引發階段性的套利交易。從特定角度看，境內銀行間外匯市場和香港離岸人民幣市場這兩種匯率報價分別反映了管理者對人民幣波動區間的意願和境外機構對未來走勢的判斷。從 "8．11" 匯改到 2015 年年底，境內外日均匯差約為 440 基點，2016 年 1 月 6 日，兩地的匯率差異甚至一度擴大到 1600 基點左右，這種匯率差異一方面反映出市場對匯率貶值預期的分歧，另一方面也會引發大量套利交易。從理論上來說，套利者可以通過貿易項目將離岸市場買入的人民幣劃轉至境內貿易賬戶，先按照較高的在岸匯率兌換為美元，再流轉至境外。如果兩地匯差收益

能夠抵補交易成本，通過這種套利模式可獲得無風險收益。現實中也不乏境內企業通過境內購匯再到離岸無本金交割遠期外匯交易（Non-deliverable Forwards，簡稱 NDF）市場結匯獲得匯差收益。從匯差套利交易模式看，這種套利交易本身就會帶來人民幣的貶值壓力，它與人民幣的賣空運作更是緊密聯繫。在央行的系列政策措施下，2016 年上半年兩地匯差逐漸收窄，日均差價約為 161 基點，反映出人民幣匯率預期的有效改善，跨境套利得到抑制。

三是離岸匯率波動率大幅提高。"8‧11"匯改以來，離岸市場的波動性顯著增加，匯改當月離岸人民幣（CNH）匯率波動率高達 10.97%，而在 2016 年 1 月甚至出現人民幣匯率單日下跌幅度達 400 至 500 基點的情況。在離岸市場中出現的匯率波動性急劇加大，一方面存在國際投機資本借助人民幣衍生品利用高波動率進行獲利的因素，另一方面則對在岸市場人民幣中間價管理形成了一定的影響。雖然在岸市場人民幣（CNY）和 CNH 市場的參與者、監管機構和價格形成機制有所不同，但兩個市場之間的價格關係緊密聯繫。與在岸市場嚴格的管理機制相比，離岸市場的外匯監管相對寬鬆，外匯交易中的一部分也逐步演化為對沖資產價格風險，甚至引發套利交易，這種外匯交易功能的轉變無形中加大了離岸市場的短期波動。而"8‧11"匯改後這種短期波動對在岸市場的影響作用將更為突出。在"收盤匯率＋一籃子貨幣匯率變化"的人民幣中間價形成機制下，離岸市場的匯率波動會間接影響在岸市場收盤匯率價格，進而影響到第二天的中間價。

●○ 央行應對離岸市場波動的相關措施評估

隨着市場聯動效應的不斷增強，如果不能及時有效地應對離岸市場波動，不僅會給在岸市場匯率管理和貨幣政策實施增加難度，還會階段性地加大人民幣貶值壓力和引發市場的看空情緒。面對此次匯改後離岸市場中的大幅波動和套利交易，央行採取了多個方面的管理政策組合，積極干預外匯市場波動，並取得了不錯的市場政策效果。

一是通過增加離岸市場融資成本的形式，打擊投機資本。針對離岸市場中的非理性賣空行為，央行採取了控制離岸市場人民幣流動性，如對境外金融機構遠期外匯賣盤頭寸平盤收取風險準備金、離岸人民幣徵收存款準備金等措施增加了境外人民幣融資成本，同時輔以加強外幣現鈔收付管理。加大對虛假貿易背景交易核查力度等措施控制非真實貿易背景下的人民幣外流。在多項措施下，離岸人民幣拆借價格的重要參考指標香港銀行間隔夜拆借利率（Hibor）在 2016 年 1 月期間大幅攀升，有效提高了做空人民幣的槓桿融資成本，抑制了人民幣賣空規模。

二是短期內通過外匯遠期等衍生品操作穩定匯率，拉近在岸離岸匯差。根據央行公佈的數據，截至 2016 年 6 月末，央行持有的外幣對本幣遠期合約和期貨合約淨空頭頭寸約 289 億美元，除了滿足企業外幣負債的套保需求外，也可體現央行穩定在岸匯率的政策意圖。除遠期操作外，另一種更為直接的方式則是通過離岸市場代行直接買入人民幣，拋售美元。此外，CFETS 人民幣匯率指數的公佈，有助於引導市場改變過於關注人民幣兌美元匯率的習慣，在一定程度上緩解了人民幣繼續貶值的預期。

通過市場化的價格手段調節跨境資本流動，央行的系列措施有效緩解了短期內離岸人民幣的快速貶值，但從長期來看干預成本有所上升，對離岸市場發展和人民幣國際化進程會造成一定影響。從外匯儲備規模指標來看，截至 2016 年 7 月末，外匯儲備餘額為 3.21 萬億美元，同比下降 13%，外儲充足率（外匯儲備規模 /M2）由 2015 年初的 18.80% 下降至 2016 年 7 月末的 14.33%。而截至 2016 年 3 月末，中國外債餘額約為 1.36 萬億美元，中長期外債餘額較 2015 年末上升 4%，實際可用外匯儲備比通常想像得低，依賴外儲穩定匯率的做法無法長期持續。此外，央行干預匯市而賣出外匯的行為可能導致國內利率的升高，在當前國內實體經濟下行，企業盈利和融資環境亟待改善的背景下，為減少對實體經濟的影響，將不得不調整國內的貨幣供應，造成貨幣政策調控和實施上的被動，以及不同政策之間一定程度的衝突。

從離岸貨幣存量指標來看，截至 2016 年 6 月末，離岸最大的人民幣資金池，即香港地區存款餘額約 7115.48 億元，同比下降 28.34%。受短期匯率調控因素的影響，離岸市場人民幣出現供給下降，利率上升，離岸人民幣債券發行量大幅下降，2016 年一季度點心債發行量較 2015 年同期大幅下降 295 億元，降幅近 74% 的現象。離岸市場發展作為人民幣國際化進程的重要基礎設施，在滬港通、開放境外機構參與銀行間債券市場、深港通等政策影響下，離岸人民幣運用和回流渠道不斷拓寬，通過銀行間債市匯市的進一步開放，長期內人民幣的國際吸引力將不斷提升，離岸市場對在岸市場的影響程度也會相應增長。如何在進行外匯干預穩定市場的同時，減少對離岸市場正常發展和人民幣國際化穩定進程的影響，還有待於央行維持政策目標的穩定以及與市場的有效溝通。

●○ 政策建議

一是維持穩定的離岸在岸匯差，加強預期管理。在當前資本賬戶尚未完全開放的條件下，在岸和離岸兩地市場環境、監管政策以及流通成本的差異造成了兩地的匯率差異短期內將一直客觀存在。從監管者角度來看，在岸和離岸之間的匯差走勢可以作為外匯市場操作的重要參考。當兩地匯率差異較大時將衍生大量的套利交易，同時會將離岸市場的貶值預期傳導到在岸市場，而央行在離岸市場的干預會逐步縮小兩地之間的匯率差異，當匯差波幅逐漸收窄時，離岸市場匯率預期也會逐步趨於穩定，套利交易逐漸減少，這意味着監管者在進行市場干預操作中的一個政策重點是維持在岸和離岸之間匯差的穩定，加強預期管理。

二是發展離岸市場的人民幣計價金融產品，擴大投資產品種類。從離岸人民幣持有主體來看，近年來離岸人民幣市場負債業務不斷上升，而資產項下業務仍主要源於境內的融資需求。與之對應，目前人民幣國際化進程主要實現了境外人民幣的供給渠道，而需求渠道仍主要依賴於人民幣回流渠道的進一步拓寬。從歐洲美元市場等離岸貨幣的發展經驗來看，離岸市場的重要功能之一包括了滿足非居民所持有貨幣的投資和對沖需求，人民幣離岸市場也是如此。在"8‧11"匯改後，離岸和在岸市場匯率波動的加劇給人民幣計價金融衍生品帶來了發展機遇。以港交所推出的美元兌人民幣（香港）期貨合約為例，截至 2016 年 6 月底，人民幣期貨合約持倉量增至 27819 張，較 2015 年底大幅增長 32%，名義金額總計 28 億美元。2016 年上半年，人民幣期貨合約日均交易名義金額達到 2.19 億美元。離岸市場金融產品的發展壯大不僅可以解決部分投資需求、增加人民幣國際化的深度，也可給監管主體增加市場化的調控工具。

三是在注重擴大雙向波動幅度外，適度提高人民幣匯率波動的容忍度。"8‧11"匯改進一步改善了人民幣匯率形成機制的市場化程度，匯率彈性不斷增加，但從人民幣匯率的波動率上來看，總體仍較低。經測算，在 2015 年 8 月至 2016 年 7 月期間，人民幣即期匯率收盤價的月均波動率約為 2.5%，與其他國家貨幣相比仍然較低。隨着匯率制度改革和人民幣國際化進程的深入，多元化的人民幣交易參與主體必然會帶來市場預期的分化，匯率市場波動性增加也會漸成常態，2016 年初的離岸市場走勢也一定程度上反映了這一現象。而市場對於人民幣匯率波動的心理閾值將直接反映到市場的走勢上，在人民幣面臨貶值壓力的背景下，適度提高對人民幣波動的容忍程度，培養市場對匯率波動增加的平常心，從而可以避免因為小幅波動造成的市場情緒變化和過多解讀，減少對人民幣匯率管理造成的壓力。

（居姍參與本文起草與討論，本文發表於《上海證券報》2016 年 9 月 28 日。）

香港離岸人民幣市場發展的新動力

　　李克強總理在 2017 年的政府工作報告中指出，要深化內地與港澳的合作，研究和制定粵港澳大灣區城市群發展規劃，發揮港澳獨特優勢，提升港澳地區在國家經濟發展和對外開放中的地位與功能。

　　當前中國需要與世界經濟進一步接軌，同時也需要在國際經濟"黑天鵝"事件頻發的情況下，防範人民幣國際化和資本項目放開對內地金融系統可能帶來的影響，香港在金融領域上發揮的作用和扮演的角色，比過往更為複雜和更具挑戰性，香港應該在國家開放和經濟轉型中擔當關鍵角色，在風險可控的情況下探索出資本市場開放的新路徑。

●○ 香港是人民幣國際化的"試驗田"與"橋頭堡"

　　回歸二十多年以來，香港金融中心的獨特地位不斷得以鞏固，香港交易所的首次公開募股（IPO）的融資額持續處於全球領先地位，全球主要的商業銀行均以不同形式在香港開展業務。我們可以看到，香港金融中心的發展面臨幾次動力的轉換，正是因為香港及時抓住了這幾次不同的發展動力轉換的機會，其金融中心地位才有新的發展。

　　改革開放以來，香港憑借成熟穩定的金融市場和"一國兩制"的靈活框架，一直扮演着引導外資進入內地的橋樑角色。20 世紀 80 年代開始，大量外資企業先後在香港設立地區總部和辦事處，通過在香港投資，開拓內地的市場。至 20 世紀 90 年代中期的高峰時期，通過香港進入內地的外商直接投資佔中國外商直接投資（FDI）總額的比重超過 7 成。香港即使在亞洲金融風暴後，所佔比重一度下跌，但在 2010 年又回升至五成比例，始終是內地最大的外來直接投資來源。

另一方面，香港也是內地企業走出去的重要平台。內地不少機構在香港設立"窗口"公司，透過香港籌集銀行貸款。1992 年，內地企業開始以 A+H 股的形式在香港上市，香港逐漸成為內地企業上市的融資門戶。在港上市不僅滿足了內地企業的國際籌資需求，也使得內地企業提升管治水平，跟國際規範接軌，為企業國際化和全球市場佈局做好準備。從 2005 年至今的十多年裏，香港已經成為內地企業首次公開招股的最主要的資本市場。除全球金融危機期間，內地公司在香港市場 IPO 發行金額的佔比均超過 60%，2015 年至 2016 年甚至達到 80% 以上。內地赴港上市公司已成為香港市場融資增量的重要組成部分。

2011 年後，人民幣啟動國際化道路，內地資本市場逐步邁向雙向資本開放。香港充分把握中國金融改革的發展方向，順勢而為，積極擔當人民幣國際化"試驗田"與"橋頭堡"的重要角色，目前已發展為較有規模和較成熟的離岸人民幣中心，試驗並推動了多個資本項目放開政策。

第一，香港是全球處理人民幣跨境貿易結算、支付的最主要樞紐。2016 年香港人民幣實時全額支付系統（Real Time Gross Settlement，簡稱 RTGS）清算額達 202 萬億元人民幣，在香港進行的人民幣支付量佔全球比重約七成。第二，隨着香港離岸人民幣市場的深度和廣度的不斷加深和擴寬，對於人民幣的使用已不僅僅局限在最初跨境貿易結算上，境外人民幣的投資功能、融資功能、風險對沖功能都得到了較大發展。截至 2016 年 11 月底，香港人民幣貸款餘額達 3031 億元，為曆年新高。離岸人民幣點心債市場也備受國際投資者青睞，並帶動了香港整體債券市場的發展，改變了香港多年以來"弱債強股"的局面。第三，合格境外機構投資者（QFII）及合格境內機構投資者（QDII）的範圍及額度不斷擴大，滬港通和深港通先後啟動，以及交易總限額取消等為內地資本市場開放提供了新的渠道，香港迎來 "互聯互通" 時代。

●○ 該如何看待當前香港市場上的人民幣離岸匯率大幅波動呢？[1]

匯率政策歷經轉變

2016 年以來，人民幣匯率進入真正雙向波動時期。

從市場趨勢觀察，在脫歐、特朗普當選總統等國際事件衝擊下，人民幣匯率調控在中間價機制改革、資本項目有序放開和保持外匯儲備平穩等多個政策目標之間，階段性地有所側重和保持平衡。

目前看來，人民幣匯率政策大致經歷了三個階段的轉變。

第一階段是 2016 年上半年，以完善人民幣中間價定價機制為主基調，明確中間價參照 "收盤匯價 + 一籃子貨幣匯率"，逐步完善以市場供求為基礎、參考一籃子貨幣的管理浮動匯率制度，從而改變以往人民幣階段性地掛鈎美元的市場慣性。

第二階段在英國脫歐公投、特朗普當選總統後，全球金融市場出現劇烈震蕩，人民幣基本保持對 CFETS 一籃子貨幣穩定的同時，出台多項針對性措施，包括對自貿區資本出入、對外直接投資項下的非實需資本加強管理，有效地減少了對外匯市場直接干預，穩定外匯儲備規模，緩解資本外流。

第三階段體現在有序推進資本項目方面。2016 年年底，深港通推出並取消總額度限制，進一步加強內地與境外資本市場的互聯互通；持續推進債券

---

1 本部分發表於《國際金融報》2017 年 1 月 23 日，原題目為《香港市場人民幣大跌大漲說明啥》。

市場對外放開進程，內地監管機構不斷擴大境外投資者引入範圍，並對相關流程做出優化；12 月自貿區對境外投資者的債券發行正式開展。

供應機制仍不完善

在人民幣國際化的新階段和新環境下，香港離岸市場運行格局進一步轉變。

穩定匯率的手段之一是提高境外做空成本，通過抽緊離岸人民幣流動性，抬升人民幣銀行同業拆息（RMB HIBOR Fixing）短期利率；同時，2016年以來離岸人民幣資金池總體規模下降，離岸人民幣在套利機制以及匯率貶值預期推動下持續回流在岸，離岸市場長短期流動性的規模均出現收縮。但另一方面，離岸交易持續增長，特別是人民幣加入特別提款權（SDR）以後，國際機構對債券、貸款等人民幣計價的資產需求效應逐漸顯現，無論是在跨境支付交易還是國際投融資領域，人民幣的國際運用規模進一步深入和擴展，離岸利率多次出現大幅波動、與在岸市場利率水平相背離的情況。

離岸市場長期流動性主要來自跨境貿易結算渠道，自 "8·11" 匯改以來離岸資金池出現收縮。自 2009 年 7 月推出跨境貿易結算以來人民幣一直是處於淨輸出狀態，輸出動力主要源於人民幣匯率升值預期，至 2014 年底全球離岸人民幣存款規模達 1.6 萬億元的歷史高點。但 "8·11" 匯改後，離岸人民幣較在岸出現了更大的貶值趨勢，市場套利機制反轉，人民幣資金開始從離岸回流在岸。同時，境外投資者持有人民幣匯率的信心有所減弱，將部分人民幣存款轉回美元、港幣資產，導致離岸人民幣池進一步收縮。

而短期流動性供應機制在效率、規模及運作時間方面，與市場發展仍存有一定差距。目前離岸人民幣在香港市場的日均交易額已達 7700 億元，某些時點超過港幣，但相比之下即日交收的日間資金規模卻有限，市場對即日交收的短期流動性需求殷切。另外，官方渠道向市場提供的資金，有相當一部分來自於內地的央行貨幣互換協議，使用時需要參考內地銀行間市場和清算系統的運作時間。在市場資金方面，離岸人民幣掉期市場作為離岸獲得人民幣短期流動性的主要渠道，在進入美元加息周期後波動增加。

方向改善流動性

離岸人民幣短期利率的大幅波動給離岸債券市場的穩定擴張帶來壓力，同時加大了境外機構持有人民幣資產的風險對沖成本，亦可能誘發投機性的短期跨境資本流動。

隨着離岸市場日均交易金額快速增長，RQFII、滬港通、深港通等的投資活動不斷活躍，無論是應對金融產品交易還是長期性融資需求，離岸市場都需要獲得充足的人民幣流動性作為支持，可考慮從以下方向進行改善。

其一，穩步推動人民幣國際化，逐步放開雙向跨境資本流動渠道。從境外循環渠道來看，目前全球貿易需求疲弱，全球貿易量增長連續幾年低於3% 水平；中國對外貿易增長回落，2015 年貿易總額下滑 8%，2016 年仍較2015 年小幅下滑 0.9%，原有的利用經常項目和貿易結算推動人民幣全球使用出現停滯。如果更多利用資本項目直接投資等渠道向外輸送人民幣，特別是通過人民幣對外直接投資（Outbound Direct Investment，簡稱 ODI）使內地企業走出去，加之 "一帶一路" 等區域合作倡議，那麼有望提升人民幣的國際接受度，加速推進人民幣在海外的持續性沉澱和循環，解決離岸人民幣市場規模停滯不前的問題。

其二，打通兩地債券回購市場，着手推動 "債券通"，拓展新的國際資本投資中國市場的新途徑。如若進一步提升交易便利及效率，可考慮建設連通境內外債券市場的 "債券通" 跨境平台，實現境外機構利用持有的離岸債券，到境內進行回購交易並獲得融資。債券通建設不僅是使中國金融市場雙向開放且有序推進的重要選項之一，而且也可從實際操作角度，提升境外人民幣資產的可交易性和使用便利性，打開資本項目對外輸送人民幣窗口，進一步促進離岸人民幣市場的穩定發展。

其三，為發展利率互換、掉期等衍生品提供市場基准，進一步強化離岸人民幣市場的定價效率及風險管理能力。隨着人民幣加入 SDR 貨幣籃子，資本賬戶進一步擴大開放，本土和國際投資者尋找跨市場投資機會將直接影響人民幣流動。同業拆息定盤價（CNH HIBOR fixing）穩定性和效率的提高，有利於建立更為有效、合理的在岸、離岸人民幣市場定價基準，保持在岸和離岸市場合理的價格差異，從而促使離岸市場開發出更多的債券回購、利率互換產品，深化離岸人民幣市場的風險對沖功能，為人民幣境外交易創造出更有深度的市場環境。

另外，拓寬離岸市場的產品規模和類別，進一步擴大離岸人民幣資金池。隨着滬港通、深港通總額度取消，合格境外機構投資者（QFII）、人民幣合格境外機構投資者（RQFII）投資規模繼續擴大，將不斷拓寬離岸人民幣投資渠道，有利於更多人民幣資金在海外市場流轉。除此之外，隨着人民幣國際化程度和資本項目開放逐步加深，互聯互通模式將進一步拓寬到更大範圍，包括進一步打通在岸與離岸債券市場、外匯衍生品和大宗商品市場，從而增加市場參與主體數量和多樣性，提升市場流動性，為更多國際客戶群通過香港進入內地市場提供平台。在人民幣貶值壓力下，離岸市場如何發展？

2015 年以後，在匯率面臨階段性貶值壓力下，人民幣國際化推進速度有所減緩，離岸人民幣市場發展出現一定程度停滯：香港離岸人民幣在套利機制以及匯率貶值預期的推動下持續回流，離岸人民幣資金池整體萎縮至 6000 億元以下，較高峰期減少四成。點心債市場發行受人民幣利率波動影響，2016 年全年離岸人民幣債券發行總額為 422 億元人民幣，按年下降近一半。人民幣在環球同業銀行金融電信協會（Society for Worldwide Interbank Financial Telecommunication，簡稱 SWIFT）的排名出現下跌，全球市場份額從 2015 年 12 月的 2.31% 下降至 1.67%，在全球支付貨幣排名下滑到第 6 名。

在人民幣貶值壓力下，離岸市場應如何發展？人民幣國際化呈現出的一些新的發展趨勢，為離岸市場發展提供新的動力。

第一，從國際投融資角度來看，以人民幣計價的資產需求以及跨境資本流動規模出現擴大趨勢，人民幣開始表現出國際投資及資產儲備屬性。具體表現為：在資產方面，人民幣加入 SDR 以後，國際機構對以人民幣計價的債券資產需求增加。2016 年境外機構持有的境內債券託管餘額 8526 億元人民幣，比年初增長近一成半。RQFII 規模和使用區域進一步擴大，2016 年底 RQFII 申請額度達 5284 億元人民幣，較上年增加 19%，範圍已覆蓋中國香港、新加坡、英國、法國、韓國、加拿大、德國、澳洲、瑞士、盧森堡、泰國共 11 個主要國家和地區。在融資方面，儘管點心債出現萎縮，但離岸人民幣融資活動未受到影響。這些數據表明，人民幣雖然面臨貶值預期，但在國際資本領域的運用範圍和規模仍在進一步擴展，貨幣屬性已經開始從支付結算向資產計價、融資投資轉變，新的貨幣職能逐步顯現。

第二，隨着內地利率市場化和匯率形成機制改革向縱深發展，市場主體開始根據境內外利差、匯差變動，自主決定人民幣資金的跨境配置方向和規模，企業 "走出去" 戰略成為推動跨境人民幣使用的主要因素。2016 年以人民幣計價的對外直接投資（ODI）及外商直接投資（FDI）達 2.40 萬億元，增長速度明顯快於經常項目，其中人民幣對外投資為 1.06 萬億元，按年增長 44%，企業跨境投資中人民幣使用比重大幅上升。

第三，配合人民幣國際化進程和資本項目開放，香港離岸人民幣產品開發步伐大幅推進，離岸人民幣外匯交易量持續增長。香港交易所的人民幣貨幣期貨產品，2016 年底的未平倉合約達 45635 張，是 2014 年 23887 張的兩倍。相信隨着資本賬戶進一步開放，人民幣匯率將更受市場化影響，進入真正雙向波動時代，人民幣外匯交易規模、頻率和參與主體數量會成倍增加。

可以預見，人民幣國際化的主要驅動力，將愈來愈依賴於境外人民幣金融產品的豐富程度和與國際接軌的進度，香港離岸市場功能將進一步向風險管理、跨境資金配置、人民幣資產管理、產品創新等方向轉變。儘管內地外匯交易市場和債券市場已經大幅向境外投資者開放，但所用協議、定價基準等還不能與國際接軌，與之相關的法律、稅收等制度，對境外投資者而言也存在一定壁壘。香港離岸市場的體制優勢有利於推進人民幣國際化，加之服務專業、金融基礎設施完善、金融產品豐富，可以為市場提供廣泛而充分的風險對衝工具，對促進人民幣的境外循環和在國際上廣泛使用具有重要作用。境內市場也需要一個與國際交易習慣接軌的交易市場，從而更好地推動人民幣走出去，實現國民的財富投資配置多元化、國際化。

在內地經濟轉型、企業國際化佈局和外匯管制強化的政策基調中，香港凸顯出開放的融資中心、風險管理中心和區域管理中心等優勢，在香港擁有相關業務平台的機構，在其國際化佈局中受到外匯管理政策等調整的影響較小。

●○ 香港金融中心發展的新動力

目前，愈來愈多的內地居民和企業希望進行資產的全球配置，香港市場的上市公司對他們來說更為熟悉，與內地市場相比，總體上的估值比較有吸引力，因此，香港有條件成為內地企業和居民進行全球化資產配置的首選市場。

第一，建立和完善種類廣泛的投資工具體系。相比在內地市場進行交易，在香港市場進行交易的投資者可利用許多不同的股票衍生產品和結構性產品進行股票投資對沖及套利。這些投資工具在波動的市況下起着緩衝的作用。因此，投資者更有能力應對高風險的市況，也較在內地市場有更多獲利機會。在港的金融機構應該積極提供多種金融產品，滿足投資者多種多樣的投資需求，協助他們更好地進行資產配置和風險管理。

第二，考慮到香港市場上適應全球和中國經濟轉型的若干行業首次公開招股的較高定價，預計敏感的市場主體會注意到這一點，並且有條件吸引到優秀的相關行業的發行人。消費品製造、能源及醫療保健等若干行業以往在香港首次公開招股較在內地招股獲得的市盈率更高。

　　第三，吸引市場更多關注適應經濟轉型方向的新經濟行業股票，利用香港市場的金融工具和融資支持體系，促進中國經濟的去產能去庫存去槓桿，促進傳統經濟的整合併購以及轉型升級。香港市場目前的行業組成較為集中在金融業，資訊科技及醫療保健等新經濟行業仍有大量增長空間。此外，從歷史數據分析，醫療保健過去在香港首次公開招股，市盈率明顯高於內地。香港的金融機構應該適時吸引市場更多關注新經濟行業股票，使市場行業的組成要素更加多元，使香港市場的行業組成更加多元化、國際化，長期來看有利於吸引更多相關行業的國內外投資者。

　　第四，相比內地市場，香港的新股發行制度限制較少，也更透明靈活。在香港首次公開招股中，由遞交申請到推出發售所需的時間較少，因此申請的輪候隊伍相對內地短許多。每宗首次公開招股以至上市後的集資活動，均完全是發行人的商業決定。上市後的集資方法多種多樣，只要是按照相關上市規則進行，發行人均可自行決定使用哪種方法。在港上市企業有條件充分享受這種制度的靈活性帶來的便利，根據其自身的業務需要和當時的市場情況在資本市場靈活地進行籌資，更好地協助企業發展壯大和進行全球化佈局。

　　（本文發表於《21 世紀經濟報道》2017 年 3 月 14 日評論版〔第七版〕）

人民幣國際化的新趨勢與香港的定位

人民幣國際化這個主題，在當下的環境裏，是一個比較具體的題目，而且是和一些金融機構經營、企業全球化佈局和居民資產配置關聯度愈來愈高的一個重要題目。

●○ 在市場需求驅動下的人民幣國際化進程：有進展，但是進展不均衡

人民幣國際化近年來速度明顯加快，但是基本上還是在市場需求的推動下進行的，是在歐美金融危機的背景下全球需要新的相對穩定的貨幣帶動下的國際化。在推進的速度上採取了十分審慎的策略。這個審慎的人民幣國際化和人民幣可兌換策略，可以以不同時期的五年規劃中的表述來對照。筆者作為"十三五"規劃專家委員會的委員，參與了"十三五"規劃的一些工作，例如，在 1996 年人民幣實現了經常項目的可兌換之後，在人民幣資本項目的可兌換方面，一直採取的是十分審慎的態度，從"十五"規劃開始就提出要穩步推進人民幣資本項目的可兌換，推進人民幣國際化。"十一五"規劃，在這個方面用的詞語是"有序推進"，然後"十二五"規劃用的詞是"逐步推進"。到了討論"十三五"的時候，用的是"基本實現"資本項目的可兌換。2017 年召開的第五次全國金融工作會議，在資本項目可兌換方面，用的詞依然謹慎，表達方式是"穩步推進"。

可見，從"十五"規劃一直到"十三五"規劃，如果說在以前很多年這

個主題的政策動向可能跟中國許多企業關係不大，因為當時企業對外投資有限，那麼，現在這個領域的政策動向開始成為一個影響企業經營的非常重要的政策變量，特別是在 2008 年全球金融危機之後，中國的企業開始在政策的鼓勵下加速進行國際化佈局，人民幣在升值壓力下也支持企業走出去，到2016 年中國企業的對外投資為 1701 億美元，達到了一個歷史的高點，同時中國企業對外投資的規模也超過了國際資本對中國的投資。同時，中國的海外資產裏面，民間持有的海外資產首次超過官方持有的海外資產，這也表明中國企業到了一個可以進行國際化配置的時代。如果說在這個時候人民幣還解決不了國際化、資本項目可兌換的問題，那可能就會制約中國企業的全球化佈局，以及參與全球化競爭。

在特定的市場條件下，因為政策目標出現限制的變化，我們可以看到對外投資領域的數據變化之大。2017 年上半年中國對外投資下降 45.8%，其中在房地產、文化傳媒這些領域的對外投資下降 82.5%，在目前這個階段，如果沒有人民幣國際化的支持，那麼資金流出一緊縮，資金出不去，往往再好的項目也只能乾着急，因此人民幣資本項目可兌換，以及人民幣國際化，正在變成一個愈來愈現實的需要企業深入研究和了解的課題。所以，如果我們要預期一下未來五年到十年中國金融界會有什麼大問題需要破解的，人民幣國際化一定是排在前面的。這可以說是中國企業發展到特定階段的客觀要求。

對於英國脫歐問題，有專家談到，英國在歐洲現有的治理架構中影響力有限成為英國脫歐的重要原因之一，脫歐之後，英國就需要重新在全球化中尋找空間，這就必然需要拓展與中國的經貿往來。在處理中國與英國的經貿往來方面，中國香港具有獨特的地位和作用，因此，有專家判斷，英國脫歐之後，對於香港的投資會明顯增加。筆者在這裏嘗試把人民幣國際化和香港的定位結合起來，給大家介紹一下我們所思考的人民幣國際化的趨勢和香港的角色，怎麼看待目前這個階段以及香港的定位。

當前我們在談人民幣國際化的時候，首先應當提到的，就是人民幣加入國際貨幣基金組織特別提款權（Special Drawing Right，簡稱 SDR）的貨幣籃子，目前佔比 10.92%，這是具有標誌性的事件。那麼，人民幣國際化目前進展如何呢？作為國際支付貨幣，我們可統計出來人民幣佔國際支付貨幣多大的比重呢？截至 2017 年 8 月，從統計數據看是 1.67%，這還是非常初步的起步階段。從貨幣國際化的進度看，美元依然佔據主導地位，人民幣離國際化的程度還有很大的差距，還有許多的工作要做。另外一個指標就是衡量貨幣在外匯交易中的佔比，現在人民幣在外匯交易裏面的佔比是 4%。把這幾個數字擺出來對比可以看出，國際支付佔比 1.67%，外匯交易佔比 4%，SDR佔比 10.92%。實際上在國際貨幣基金組織（International Monetary Fund，簡稱 IMF）商討加入人民幣的 SDR 的貨幣籃子時，首先需要計算人民幣應該佔多大的比重，按照 IMF 原來的計算公式，貿易權重佔比高，模擬測算的結果應當比 10.92% 還要高，大概在 15% 左右，但是因為中國金融市場的開放度和人民幣國際化程度確實相對偏低，所以降低了貿易權重佔比後計算出來的結果在 10.92%。這個 10.92% 的貢獻度是如何分解的呢？大概十個百分點的貢獻是基於人民幣在貿易計價結算中的使用，而只有不到一個百分點是人民幣在金融領域的使用貢獻的，這形成了一個顯著的反差。人民幣國際化的進展，以及人民幣在國際貨幣體系中的影響力，與目前中國在全球經濟體系中的影響是不匹配的，2016 年中國的 GDP 佔全世界總量的 14.84%。我希望人民幣在不同指標中的佔比也能上升到這個水平。

　　當然，人民幣國際化，並不是為了國際化而國際化，大量的歷史和現實數據證明，經濟規模的此消彼長，帶動全球經濟結構的調整和經濟增長重心的轉移，全球化進程中經濟秩序的多極化，客觀上需要按照這種新的國際經濟結構來調整國際貨幣體系，這應當是一個大趨勢，同時，人民幣也成為第一個被納入 SDR 貨幣籃子新興市場的國際貨幣，而且一加入進去就排在貨幣籃子中的第三位，起點並不低。在 2008 年國際金融危機之後，國際貨幣市場的大幅波動，客觀上也需要在現有的發達經濟體的貨幣之外有新的相對穩定的貨幣。或者說，正是在全球金融危機的動盪中，變動的國際市場對於人民幣在國際貿易結算、金融產品計價，以及作為儲備貨幣的需求，雖然目前看來還不太均衡，但是總體上是在逐步上升的。

●○ 人民幣國際化的動力需要從貿易計價結算驅動轉向人民幣計價的金融產品市場的創新與發展

根據目前的發展階段，人民幣國際化在"8‧11"匯改以前，至少在香港離岸市場上來觀察，人民幣升值預期帶來的套匯機會，人民幣利率較高帶來的套利機會等，吸引了海外市場持有人民幣的投資者和投資機構，同時，人民幣國際化的推進在貿易計價結算環節相對佔據主導地位。

"8‧11"匯改之後，人民幣國際化的動力開始出現轉變，具體來說，就是開始轉向人民幣計價的金融產品的創新和市場發展。在逆全球化的經濟背景下，貿易增長動力減弱，即使人民幣貿易計價結算比例有提高，但是，在逆全球化的背景下繼續靠人民幣在貿易計價領域的發展來提高人民幣國際化的程度，應當說空間有限。與此形成對照的是，新的人民幣國際化的動力正在形成。例如，人民幣匯率波動靈活性上升帶來的匯率風險管理的需求在持續上升；"一帶一路"倡議的持續推進，帶來了大量的跨境投融資需求和資產配置的需求。在這個推進過程當中，如果說之前的發展階段，中國主要是資金的吸收方和接受方，通常並沒有太強的話語權說用什麼貨幣，那麼現在中國更多的是作為對外的投資方，此時就更有條件在"一帶一路"倡議的實施進程中，配合推進人民幣的使用，擴大使用的範圍，這應當成為下一步非常重要的政策努力方向。

分析人民幣國際化下一步的發展方向，可以對比一下主要國際貨幣的國際經驗。從這些經驗來看，人民幣下一步要進一步提升國際化的水平，需要有深度的金融市場和豐富的金融工具來支持，也需要協調好人民幣國際化和人民幣資本項目可兌換的進展，這不能僅僅停留在口號上，而是需要大量的人民幣計價的金融產品的創新，基礎設施的配套完善，本幣市場和海外金融市場的開放，跨境交易的便利性，以及市場的深度和廣度的培育等等。從這個角度來說，目前人民幣的國際化進程應該說基本上是一個重要的戰略性起步階段，在貿易結算環節，人民幣的佔比已經有了明顯的提高，但是在境內和海外的離岸市場金融工具產品的多樣性和開放性，對於境外投資者來說交易的便利性等方面，還有不小的差距，在目前這個發展階段，不要說和美元比，就是和其他的幾個佔比不是那麼高的國際貨幣，如澳元、日元等相比，都還有很大的差距。因此，人民幣國際化已經有了一個良好的起步，目前也正在出現新的趨勢，需要發展更多人民幣計價的產品，拓展更多的渠道來對外投資和互聯互通，這幾個方面都呈現出一些新的變化趨勢。

在目前的國際環境下，來自貿易計價結算這個方面的需求動力在減弱，具體表現在貿易上，就是貿易的增長速度持續低於 GDP 的增長速度，由此帶動的貿易計價結算的需求實際上是在減弱的。同時，之前也有政策建議，試圖在海外發展離岸人民幣市場，但是在人民幣面臨階段性的貶值壓力時，外匯管理和對外投資政策的調整，不僅對一些活躍的跨境投資企業帶來顯著的影響，香港的離岸人民幣市場也受到很大的影響。從近年來的統計數據可以看到，香港離岸人民幣市場的規模在高峰的時候，突破了一萬多億元人民幣，現在下降到五千多億元人民幣。這也意味着原來推動人民幣國際化的一些動力因素正在出現調整，如貿易擴張、人民幣升值預期等，但是，同樣不容忽視的是，現在我們也看到推進人民幣國際化的新動力，愈來愈轉向人民幣計價的投資產品發展方面，國際機構對人民幣計價產品的需求，對於人民幣風險管理產品和人民幣金融資產的需求在持續上升，滬港通、深港通和債券通正是在這樣的背景下成功啟動運行的。

2017 年 7 月啟動了債券通，這為境外資本投資中國在岸的債市提供了一個更為符合國際投資者交易結算習慣的新渠道。目前，外資持有中國在岸債市的比重還是很小，2016 年外資在中國債市的投資為 8526 億元人民幣，僅在 2016 年就增加了 15% 左右，但即便如此，外資持有佔整個中國的債券市場餘額的比重不到 2%，這一開放水平不僅顯著低於主要發達經濟體，也低於像馬來西亞這樣一些發展中的經濟體。預計隨着愈來愈多的市場交易平台接入債券通平台，通過債券通交易中國債市的投資者數量會穩步上升，成為帶動人民幣國際化的一個重要動力，因為對許多機構投資者例如央行等來說，債券市場是其資產配置的主要選擇。

香港市場上離岸人民幣規模的變動，也值得深入分析。在經歷了離岸人民幣規模持續上升之後，"8·11" 匯改以來，人民幣在香港離岸市場上的規模出現了明顯的下降，但是，與此同時，在香港市場上以人民幣計價的融資活動並沒有明顯下降，2016 年香港離岸人民幣市場上的人民幣貸款餘額達到了 3031 億元，這是歷年統計數據的新高。

與此同時，人民幣在境外使用的形式和渠道開始趨於多樣化，市場導向以及企業跨境並購使用人民幣的比重在上升，香港市場上人民幣的存款餘額雖然下降了將近一半，但是人民幣計價的產品開發以及人民幣計價產品使用的多樣性有了很大改進。雖然人民幣國際化中來自貿易計價結算的增長動力在減弱，但是來自於投資和金融產品計價的需求在持續上升，在風險管理、儲備配置這些方面的需求也在上升，因此，人民幣國際化的動力轉換目前處於一個重要的轉折點，由此會在外匯交易、風險管理、跨境資金配置、人民幣的資產管理等方面帶來新的需求。

這一趨勢在債券通項目上也表現得很明顯。2017 年 7 月 1 日，習近平主席在香港宣佈了債券通的啟動，2017 年 7 月 3 日債券通正式啟動，目前運行平穩。啟動之初，由於外資持有的債券佔中國債券市場的比重不到 2%，債券通開通之後，不少人很關心其能在多大程度上提升外資投資中國債市的比重。如果一定要找一個參考指標的話，筆者認為，通過債券通等多種債市開放渠道的共同努力，如果能夠把外資持有中國債市的規模從目前的相對較低的水平，提高到目前人民幣在 SDR 貨幣籃子裏所佔的權重 10.92% 的水平，那將會是一個非常巨大的債市開放程度的躍升。

中國"十三五"規劃對債市發展也提出了明確的要求，其中一個指標，是在 2020 年的"十三五"期間，債市與 GDP 的比值要達到 100%，現在這個比值在 80% 多的水平，考慮到未來幾年中國的 GDP 還會繼續增長，2020 年 GDP 規模按照目前的增長預期有望接近一百萬億元人民幣，債市如果要達到一百萬億元的規模，還有巨大的增長空間。在這個巨大增長的債市中，如果外資持有的比重達到人民幣佔 SDR 貨幣籃子的 10.92% 的水平，那麼，這就是十萬億元的巨大規模。債市開放不僅會促進人民幣國際化的進度，而且也會帶動金融體系的發展，進而支持新的人民幣國際化。例如，國際投資者要通過債券通進入中國債券市場，如果投資者沒那麼多人民幣，就可以用美元買，這就產生了美元匯率避險的需求。債券通這個項目最大的價值就在於其的帶動作用，會帶動一系列配套的金融產品和金融市場的發展，從而形成一個圍繞債券通的，服務於債券市場投資的生態系統，為人民幣的國際化提供支持。

●○ 中國企業通過全球化佈局來提升核心競爭力，為人民幣國際化帶來新空間

"8 · 11"匯改以來，因為中國對外投資政策的調整，一些跨境投資受到一定的影響，但是從趨勢看，如果這些企業的對外投資能夠促使中國進行資源和市場的佈局，能夠促進中國企業國際競爭力的提升，而不是投機性的資本流出，那麼，經過短期的調整之後，應當依然還是一個發展趨勢，而中國企業"走出去"與人民幣國際化如果能很好地結合起來，就可以成為推動中國對外投資健康發展的重要力量。

實際上，具體從統計數據觀察，2017 年以來，對外投資下滑是比較顯著的，主要是少了一些投機色彩較為濃厚的房地產等領域，但與"一帶一路"相關的、能對接中國市場發展等的項目，實際上還是保持了穩步的上升趨勢。從理論上來分析，中國的國際收支周期確實也到了通過對外佈局來提升競爭力的發展階段，中國企業對外投資的規模也超過了外資對中國的投資規模。同時，在中國對外資產裏面，民間持有的對外資產超過了官方持有的對外資產。換一個角度說，如何評估中國企業的對外投資？我認為，背後的原因，還是要看投資的風險收益水平，也就是說，是把外匯集中起來以外匯儲備的形式投資美國等發達國家的債券，還是以企業市場化投資的形式進行全球佈局，我想一個基本的評估指標，應當是企業投資這些項目的回報水平要明顯高於投資美國國債的收益率，這樣就是對中國國家資產負債的改善。

從國際收支波動的不同階段來看，實際上國際收支的格局在不同的階段也有明顯不同的特徵。中國的國際收支從改革開放初期的注重資本流入，到現在開始要進行全球的佈局，實際上也符合歷史上一些追趕型經濟體國際收支波動的演變歷程。

從歷史數據分析，追趕型經濟體的國際收支波動在不同階段往往有以下不同的基本特徵：在經濟體規模相對小、開始起飛並參與全球市場時，面臨的主要問題是資本稀缺和技術稀缺，這就需要通過大規模吸引外資來彌補發展中經濟體的儲蓄和技術缺口。隨着經濟發展水平的不斷提升，經濟逐步進入成熟期，勞動力要素成本上升，資本開始有向外投資的機會和需求，同時企業也有動力通過對外投資以及海外並購向產業鏈的高端轉型，這是經濟轉型或者說推動供給側改革、提升效率的題中應有之義。

因此，從這一點出發，我們也想到一個統計方面的問題，我們現在過於關注 GDP，實際上隨着企業全球化的佈局，是不是可以多關注一些統計指標，除了關注 GDP 之外，還要看看國民生產總值（Gross National Product，簡稱 GNP），企業對外佈局時在海外購買的資產所貢獻出來的經濟增長，同樣也是這個國家經濟實力的體現。我們可以考察一下一些發達經濟體的發展曆程，對比其 GDP 和 GNP，當這些國家的企業開始進行全球化佈局時，往往 GDP 增長速度明顯變慢，但是如果把海外投資統計起來來看，GNP 增長速度明顯要快一些。實際上中國有不少優秀的企業，大股東往往來自日本等國的投資機構，它們分享了增長的巨大收益。經濟研究報告會提到日本經濟"迷失了"三十年，"迷失了"二十年，但是為什麼日本經濟"迷失"了幾十年，總體生活質量還保持了較高的水平？及早進行海外投資佈局，分享全球最有活力的經濟體，比如說中國等的增長收益，應當是一個原因。

從數據來觀察，韓國在不同的發展階段，同樣也經歷過最開始 GNP 小於 GDP，之後經過對外投資佈局，GNP 超越 GDP 的過程。

結合中國國際收支的發展階段，應當說，中國也到了這樣一個全球化佈局的發展階段，這也會帶動人民幣國際化程度的上升。在日本經歷了通常所說的經濟"迷失"的二十年背後，國際化的資產配置部分對沖了本國經濟增長乏力、人口老齡化等等帶來的負面影響。目前，中國也即將進入人口逐步老齡化階段，傳統增長動力在逐步減弱，企業通過進行全球化佈局來獲取資源和市場，進而提升自己的全球競爭力的階段正在到來，中國的企業如果能很好地進行全球化配置，分享全球經濟增長活躍地區的動力，來對沖未來人口老齡化等可能帶來的經濟增長動力減弱的負面因素，這應當說也是值得從中長期戰略角度研究的題目。

目前中國企業對外投資的分佈，從地區上看，還是集中在歐美成熟的發達經濟體。"一帶一路"倡議逐步實施，中國在這些相關的新興經濟體裏的投資佔比從目前看還是以相對低的水平在逐步提高，2016 年接受投資最多的地區是歐洲，同時從行業來看也比較分散。下一步是中國企業如何根據中國經濟的現實需要、中國企業的比較優勢以及中國產業轉型升級的需要等，來探索可行的企業走出去的模式，同樣值得關注。

從人民幣的使用角度來看，"一帶一路"倡議相關的項目融資、跨境貸款、貿易支付這些金融領域使用人民幣的意願在逐步提高。特別值得關注的是，印度尼西亞、澳洲等和中國的經濟關聯度比較大的經濟體，在向中國內地和香港付款的佔比貨幣結構中，已經有超過 10% 的付款是用人民幣，這在貨幣國際化發展中是一個重要的拐點。通常來說，如果一種貨幣在一個市場的使用率達到 10%，往往就意味着該貨幣在這個市場即將進入一個快速發展的拐點。

因此，在新的國內外經濟金融環境下，人民幣國際化的推動力，如何從貿易輸出、工程輸出逐漸轉到金融輸出，把人民幣國際化與"一帶一路"沿線的貿易、投資、工程承包、信貸、國際產能合作結合起來，形成一個溝通、融合、相互推動的格局，將在很大程度上提升人民幣國際化的水平。

●○ 人民幣國際化與資本項目可兌換良性互動

人民幣國際化和資本項目可兌換，可以說是既相關聯，又不是完全一樣的兩個概念。實際上資本項目可兌換從國際範圍來看，還沒有一個統一的定義。將中國的人民幣和已經宣稱資本項目可兌換的六十多個國家的貨幣進行對比後，我們發現，在這些宣稱實現資本項目可兌換的經濟體中，既有強調不對匯率有限制就已經實現了資本項目可兌換的，也有既對交易沒有限制，也對匯率和資金流動沒有限制才認為是實現了資本項目可兌換的。中國目前看來選用的是不對匯率有明顯限制就應當算是基本實現了資本項目的可兌換，但是還有可能根據需要對資本項目的部分交易進行限制。

如果逐一對照國際收支平衡表中的資本項目的不同項目，現在人民幣在資本項目中屬於完全不可兌換的只有三個項目，其他的基本都是可兌換，或者是部分可兌換的。因此當前面臨的問題是，部分可兌換的項目如何提高可兌換的水平，三個完全不可兌換的項目如何逐步實現部分可兌換。

從目前監管部門的政策邏輯看，資本項目可兌換的逐步推進，大致可以總結為以下幾個方面的框架：第一，均衡管理，資本的流入流出需要總體上保持平衡狀態；第二是穩步開放；第三是便利化；第四是國民待遇。

在這樣的市場環境下，中國的資本項目可兌換，可以看出以下幾個方面的政策偏好。

第一，強調的是先資本流入，後資本流出。就以 2017 年 7 月份啟動的債券通項目為例，理想的狀態當然是北向和南向同時推出，但是在目前的國際收支形勢下，就只通了北向，吸引外資流入中國在岸市場這一邊，資本可以先進來，但要通過這個渠道對外投資則需要再另議。

第二，先直接投資，後間接投資，直接投資項目有投資廠房等可見實體，易於監管，而間接投資相對來說監管難度較大。

第三，先實體投資，後衍生品類投資；先機構投資，後個人投資。

從另一個角度來考察，資本項目可兌換也有不同的政策導向：

第一，基於真實性交易背景基礎的資本項目可兌換。

第二，基於合規性基礎的可自由流動。

第三，基於金融市場監管法規完善的可自由交易。

如果按照這三個步驟來劃分，人民幣可兌換實際上還處於第一個階段。

"8‧11" 匯改以來，在面臨階段性資本流出壓力時，決策者取消了滬港通和深港通的總額度，這是值得深入分析的，這也說明滬港通、深港通、債券通這種互聯互通機制是符合中國目前的決策者的政策導向的。具體來說，在金融市場開放方面，金融決策者可能既希望有一定程度的開放，又希望這個開放帶來的影響是可控的、積極的，至少不希望對現有的市場形成很大的衝擊。從這個角度說，滬港通、深港通、債券通的制度設計至少滿足了他們的政策訴求。具體來說，滬港通、深港通在內地和海外市場的資金流動方面，相當於一個透明、封閉的天橋，一個國內的投資者用人民幣買香港的股票，看似資金流出來了，過了半年股票賣出，賣出股票所得的資金只能通過滬港通和深港通的渠道原路返回，實現資金回流。實際上滬港通和深港通就形成了一個可控的金融市場開放，這樣的開放既是風險可控的，又實現了資本項目開放程度的提升，並且形成了一個閉環式的資金流動。

●○ 在人民幣國際化進程中，中國香港的獨特定位

全球的經濟金融體系運行到今天，一方面是歐美主導的海外金融市場，形成了自己長期積累的、運轉有效的一套交易、結算、監管等的習慣與制度。與此同時，中國作為一個崛起中的龐大經濟體，金融市場經過長期的發展，也形成了較大的規模與比較獨特的金融架構、交易習慣，以及交易、結算、托管等制度。人民幣國際化，從這個角度看，無非就是要讓這兩個系統對接起來，讓資金能在這兩個系統中相互流動起來。以目前的市場格局，讓中國的金融體系放棄現在已經形成的這麼大規模的金融市場，完全按照歐美的金融制度來，肯定是不可能的；同樣，讓歐美市場把已經形成了上百年的金融市場慣例全部放棄，按照中國的金融制度來，看起來也並不現實。

這就給中國香港發揮獨特的功能創造了空間，那就是可以同時聯通兩個金融體系，並在其間擔任獨特的橋梁作用。在海外市場與中國在岸市場之間發揮獨特橋梁作用的，是中國外匯交易中心（CFETS）和香港交易所共同建立的債券通公司。而在中國在岸市場的交易，也基本是按照中國的交易制度來進行的。在滬港通、深港通成功啟動之後，現在債券通也成功運行，下一步還有條件拓展到新的資產領域，這既促進了中國金融市場的開發，又帶動了人民幣國際化程度的提升，還發揮了香港獨特的金融中心的價值作用。

這樣，在原有的各個開放渠道之外，債券通的啟動增加了一個海外投資者投資中國債市的渠道。我們可以對比一下債券通和其他代理行機制的差異。在其他代理行機制下，投資者要投中國的債市，就得完全按照中國債市

的規矩來，從開戶到額度到審批交易、託管賬戶、收益權處置等，需要海外投資者對中國內地市場非常熟悉，而且機構運行的成本相對較高，時間也相對較長。債券通的啟動，在海外環節沿用了海外投資者習慣的交易結算機制，海外投資者此時要投資中國內地債市，不用對中國內地的交易結算體系有非常深入的了解，因為有一個債券通的轉接平台，海外投資者還是按照原來熟悉的交易習慣，比如說名義持有人制度、多級託管制度等的實施，使得債券通的啟動給更廣泛的海外投資者群體進入中國債券市場提供了新的便捷的可能性。

香港金融中心地位的形成，本身也顯示了香港獨特的優勢和價值。二十多年前，如果從上市公司的構成來說，當時的香港還很難說是一個國際金融中心，因為當時在香港上市的公司，大部分是香港本地的一些公司，產業結構比較單一，二十多年後，香港的上市公司不僅數量大幅上升，而且從產業構成上也變成了一個高度國際化的、上市公司產業構成非常多元化的國際金融中心。香港做了什麼促成了這樣的重要轉變？回到改革開放初期，中國內地的企業高速發展，需要大量資本；海外的資金想進中國內地市場，但不得其門而入，香港敏銳地利用自身“一國兩制”的優勢，抓住這個機會，把內地的企業和資金需求請出來，與海外的投資者資金進行匹配。應當說，二十多年來，香港成功地做了這麼一件事，就變成了活躍的國際金融中心。

一直到現在，內地企業籌資的需求依然還在，特別是現在內地新經濟發展活躍，十分需要新的上市框架來支持它們從國際市場中籌集資金，所以香港推出了創新板的咨詢。

與此同時，香港又正在面臨一個愈來愈大的新的金融服務需求，這就是：內地的企業和居民開始要“走出去”了，到海外配置資產，香港可以通過自身的獨特定位，讓這些內地的投資者在香港實現資產配置的“家門口”的國際化，不用遠涉重洋到紐約、倫敦這些金融中心去開戶投資。香港此時要做的，就是要發揮金融專業優勢，設計出適應內地投資者需要的金融產品，並把全世界好的金融產品也積極吸引到香港，讓中國內地的投資者以較低的制度成本，實現"家門口"的國際資產配置。

隨着內地居民資產海外配置需求的上升，未來香港金融市場會從目前主要的兩類市場主體，即內地的企業和海外的資本，轉變為四類市場主體，增加的是內地居民需要進行海外配置的資金，以及海外的多種金融產品。此時，香港需要做的，就是不斷發展人民幣計價的多種金融產品，不斷擴大互聯互通的資產類別，搭建支持中國企業和居民"走出去"的平台，使其成為人民幣的定價中心、風險管理中心、新經濟融資的中心，以及人民幣商品定價的中心。

國際貨幣演變的歷史告訴我們，每一次國際金融體系的洗牌，往往伴隨着大的市場動蕩，其中一個非常重要的市場波動的根源，就是給一個原來沒有納入國際體系中的特定的貨幣進行在國際化條件下的定價。從這個角度說，所謂貨幣的國際化，實際上可以說就是貨幣的首次公開募股（IPO），這個貨幣原來在沒有進入國際體系時很少有海外市場在用，現在進入市場了，進入國際體系了，愈來愈多的人要開始用時，大家都還不知道這個貨幣應當如何定價。此時，往往容易導致金融體系的劇烈洗牌，促進不同類型的資產的重新配置，比如說美元、德國馬克、日元的崛起，都一度引起十分劇烈的國際市場動蕩。現在我們要推動的人民幣國際化，實際上就是如何讓國際體系接納人民幣，並且對人民幣進行定價，在這個過程中，最為需要的，就是如何為支撐人民幣的國際化提供多種多樣的人民幣計價的產品、風險管理的產品等，這個需求目前看來是非常巨大的，有大量細致的工作需要我們去做。這也正是香港可以發揮獨特作用的地方，包括在這個過程中，如何協助內地企業走出去，發揮自身獨特的價值，成為區域管理的平台，也成為內地居民進行國際化資產配置的平台。

香港在支持中國內地的企業進行全球化佈局方面，還可以發揮區域管理總部和海外融資平台的功能。以前不少企業說，在海外有沒有管理總部、有沒有上市平台以及投融資平台並不重要，反正國家政策是支持企業對外佈局的。但是，近期對外投資政策的調整，凸顯了這些企業有沒有海外融資中心的差別。如果沒有海外的投融資平台和穩健的融資方案，資金流出的門稍稍一關緊，可能許多項目就談不成了。

目前，中國也是全世界主要商品的主要消費國，中國和"一帶一路"沿線經濟體的很多項目和大宗商品、資源能源相關，而且大宗商品價格直接涉及定價權。目前，海外成熟市場的商品市場結構可以說呈現的是正三角形的形態，從現貨市場發展起來，再到貿易融資和中間市場，最後到塔尖上一部分金融投資者投資的期貨市場。而中國國內的商品市場是典型的趕超型的市場，與成熟市場相反，中國有龐大的資金是做投機性的期貨炒作的，往往推出一個新的產品，就可以輕鬆達到交易量世界前列，但是中間的交易和融資服務並不足，再往下到服務實體經濟方面，就往往只有很少一部分參加。因此，如果能把內地商品市場與海外市場聯通起來，國際、國內市場都是雙贏的。如果把國際上服務實體經濟的現貨體系對接到中國市場，把中國的流動性引入國際市場，這既能夠提高在國際市場上的中國投資者的價格影響力，也能夠改善中國的實體經濟得到的來自商品市場的服務。

●○ 香港離岸市場可獲新的發展機遇 [1]

在這種情況下，香港離岸市場的發展將面臨三個方面的轉變。

一是離岸市場的發展動力由主要依靠人民幣升值預期和境內外套利交易等，轉向發展金融產品的豐富性和深化度，提供更多與人民幣全球配置和

1　本部分發表於《清華金融評論》2017 年 3 月 5 日，巴晴參與本部分的起草與討論，原題目為《人民幣國際化新階段與香港的機遇》。

跨境流動相適應的市場工具和管理手段。國際貨幣基金組織（IMF）報告顯示，目前日本、英國和美國等發達國家信貸、股票、債券佔 GDP 的比重達到 500% 以上，而中國在 210% 左右，在金融市場的深化和金融產品的多樣化方面還有很大的發展空間。隨着人民幣加入 SDR 貨幣籃子，資本賬戶進一步擴大開放，本土和國際投資者尋找跨市場投資機會的行為將直接影響人民幣流動。香港可以進一步發展和豐富多層次金融產品，包括離岸人民幣的存放、融資、外匯交易，以及人民幣計價金融產品創設與投資等，使得離岸市場繼續成為推動中國內地企業對外投資，實現國際跨境投資需求，便利機構管理風險的重要場所。同時，香港離岸市場發展的着眼點要從前一階段規模的擴張轉向鞏固市場的深度和有效性上，通過建立更為有效、合理的在岸、離岸人民幣市場定價基準，改變人民幣定價體系分割現狀，保持在岸和離岸市場合理的價格差異。這就需要進一步打通在岸與離岸債券市場、外匯市場和衍生品市場，提升市場流動性，增加市場參與主體數量和多樣性。

二是在內地經濟金融體系面臨轉型壓力時，香港可以成為內地轉型與經濟金融結構調整的風險管理中心。例如，人民幣匯率的波動更為靈活，是下一階段人民幣成為國際貨幣的必然趨勢，一種貨幣從受到嚴格管制到相對靈活的波動，必然產生大量的匯率風險管理的需求。中國內地的企業愈來愈多地進行全球化佈局，參與"一帶一路"沿線的相關項目，香港有條件成為為這些企業管理海外投資風險、進行全球化佈局的管理中心。

三是在金融市場開放逐步提高之後，香港市場將不僅僅是一個活躍的投資目的地市場，也正在成為一個活躍的門戶市場。這一點在深港通啟動之後將表現得更為明顯，滬港通和深港通的先後啟動，以及交易總限額的取消、保險資金的入市等，使得香港市場與深圳和上海市場聯結為一個有 70 萬億元市值的巨大的共同市場，這個共同市場以香港市場為門戶，為內地資金進行國際化配置，以及國際資本進入內地資本市場投資，提供了良好的基礎設施和平台，可以預計，如果未來這個互聯互通的框架繼續拓展到新股通、債券通和商品通等其他產品領域，將進一步強化香港作為門戶市場的關鍵地位。

因此，在人民幣國際化發展的新階段，應重視香港作為連接內地與全球的最重要的雙向平台和離岸人民幣樞紐的作用，香港也完全有條件繼續利用自身優勢，以"共同市場"的新角色，為自身的長遠發展開拓更大的創新空間。

（本文發表於《今日頭條》2017 年 8 月 23 日）

多層次國債市場為境外投資者提供重要支持

　　國債市場一般包括境外本幣國債、境外外幣國債和境內國債市場三個部分。自從 2009 年 9 月 28 日中華人民共和國財政部（簡稱財政部）首次在港發行人民幣國債後，人民幣本幣國債在港發行已成為一項長期的制度安排，體現了中央政府對鞏固和提升香港國際金融中心地位的大力支持。

●○ 有助於為離岸市場人民幣資產形成基準的利率曲線

　　2009 至 2016 年，財政部在香港累計發行人民幣國債共計 1640 億元。其中，2009 至 2011 年分別發行了 60 億元、80 億元和 200 億元人民幣國債，包括 2 年、3 年、5 年、7 年和 10 年期等主要期限品種；2012 年及 2013 年香港人民幣國債的規模各達到 230 億元人民幣，2014 至 2016 年每年均增加至 280 億元人民幣，並且還增加了 15 年、20 年及 30 年期的長期限債券，更好地適應了機構投資者的期限偏好，也為離岸人民幣資產提供了一條相對完整的基準孳息率曲線，為海外人民幣資產定價、風險管理等提供了重要的參考。

　　2017 年人民幣國債發行規模為 140 億元人民幣，分兩次在香港發行，上、下半年各發行 70 億元，同時還發行 20 億美元。連同 140 億元人民幣國債，2017 年整體發債規模與以前持平。而增加的美元債為 2013 年來財政部首次於海外發行的美元計價國債，不僅有助於提升海外市場對中國主權債的信心，還可進一步豐富香港債券市場品種，有利於鞏固香港作為全球資產管理中心的地位。

●○ 推動了人民幣的海外交易和使用

除了財政部之外，過去近十年裏，離岸人民幣債券市場上的主權級發行人，已包括了更為廣泛的發債主體，形成了多元化的人民幣主權債市場。來自境內的發債主體，還包括了國家開發銀行、中國進出口銀行及中國農業發展銀行等內地政策性銀行的准主權級的發行人。來自境外的發債主體，主要包括：一是由國際機構發行的准主權級別人民幣債，比如亞洲開發銀行、世界銀行、國際金融公司均是離岸市場上較為活躍的、有主權級別的人民幣債發行人；二是外國政府或地方政府發行的主權債，比如 2014 年英國政府發行的 30 億元人民幣計價的主權債券，以及 2013 年加拿大不列顛哥倫比亞省政府發行的 25 億元人民幣債券。境外主權級別的發行人發行以人民幣計價的高等級債券，不僅令主權債發行結構更加完善，也可推動其他離岸人民幣業務發展。這些機構發債籌集的資金可以為本國的外匯儲備提供支持，或再投資到人民幣離岸市場中，推動了人民幣在海外金融市場上的交易和使用，便利海外投資者投資人民幣資產。

●○ 人民幣與美元發債幣種替換，有利於減少發債成本，靈活安排外匯資金

2016 年以來，離岸人民幣資金池有所收縮，截至 2017 年 8 月末，香港人民幣存款為 5327 億元人民幣，較 2014 年年底的 1.003 萬億元人民幣規模流失近五成。離岸人民幣市場流動性不足，以及美國處於加息周期，推高了境外的債券發行成本。境外的利率水平與境內相比，出現了明顯倒掛。2017 年 6 月發行的 3 年期離岸人民幣國債利率為 3.99%；5 年期中標利率為 4.10%，創 2009 年人民幣國債在港首發以來新高；相比之下，中債境內國債

的到期收益率，3 年期品種為 3.51%，5 年期為 3.73% 。如果再發行較長年期的離岸債券，將變相增加發債成本。

　　離岸人民幣資金池萎縮以及融資成本攀升，已經對近期的離岸人民幣債券發行產生影響。2017 年上半年全球離岸人民幣債（不包含存款證）發行較為慘淡，發行量降至約 210 億元人民幣；人民幣存款證的發行量則為 593 億元人民幣。除了財政部上半年發行的 70 億元國債外，其間數額較大的主要是東方資產發行的 8.5 億元人民幣債券以及中國銀行發行的 15 億元人民幣債，其餘發行規模較小。

　　如果調整發債幣種結構，減少人民幣發債規模，同時增加美元主權債，不僅可以減少發債成本，同時也可運用主權債發債方式增加外匯資金來源。作為財政部於 2004 年以來首次於海外發行的非本幣債，其已經受到國際投資者的廣泛關注，說明市場對中國主權信用評價的信心，並沒有受到穆迪調降評級或人民幣匯率的影響。

●○ 同時發展本、外幣國債市場還可為內地企業海外發債提供定價指引，助推企業走出去

　　隨着 "走出去" 的趨勢不斷擴大，中資企業已經成為亞洲美元債市場的主要發行人，募集大量海外資金用於支持境外業務擴張。2016 年全年，中資美元債發行規模為 1786 億美元，2017 年上半年中資美元債發行規模已經達到 1682 億美元。其中最活躍的發行人是中資銀行，發債佔比 47%；隨後是工業企業發債，佔 23%；房地產行業發行佔比，也從 2016 年的 9% 大幅升至 21% 。隨着政策層面以簡化海外發債程序來鼓勵外匯流入，以及境外融資成本相對較低，相信中資美元債的海外發行仍將保持較高水平。

　　國債一向是企業債券、證券化資產等金融資產的定價基準。海外美元國

債的發行，有利於衡量人民幣資產的海外無風險利率水平，為中資企業確定海外發行成本，以及為海外投資者提供重要參考。

●○ 債券通有助海外機構投資人民幣債券市場

離岸人民幣債券規模減小，並不意味着市場對人民幣資產熱情降低。相反，我們看到近年來海外投資者對人民幣債券，特別是國債的興趣正在逐步增加。根據中國銀行間債券市場債券託管的數據，截至 2017 年 9 月末，境外機構持有人民幣債券達到 8960 億元，同比增長 23.35%，較去年末增長 15.4%，其中國債持有 5261 億元，較去年末增加了 1025 億元，或 23%。

債券通，以可控的方式進一步提升了中國債市的開放程度，在交易前的市場准入環節，交易中的價格發現與信息溝通換節，以及交易後的託管結算環節，都減少了境外投資人的交易成本，提高了市場效率。利用這個平台參與人民幣債券投資的海外主體已經愈來愈多，截至 2017 年 9 月末，已有超過 180 家的基金或機構加入了債券通平台，日均交易約 13 億元人民幣。

從境外本、外幣國債發展來看，離岸人民幣國債和政策性銀行發行的准主權債已經形成離岸人民幣資產的基準利率曲線，美元債的發行也可為內地企業海外發債提供定價指引。而境內的國債市場二級市場交易活躍，國債及政策性銀行債餘額達到 25.8 萬億元，佔整體債券市場規模的 35.8%，成為海外機構投資人民幣資產的主要板塊。多層次的國債市場將為國際資本流入中國資產，促進人民幣國際化提供重要支持。

（巴晴參與本文的起草與討論，本文發表於《騰訊財經》2017 年 10 月 25 日，原題目為《多層次國債市場將為境外投資者投資人民幣資產提供重要支持》。）

穩步推動人民幣國際化

　　2016 年人民幣國際化從高歌猛進階段邁入調整鞏固期，政策與市場領域有進有退，基礎建設日趨成熟完善。2017 年 7 月召開了第五次全國金融工作會議，會議指出要深化人民幣匯率形成機制改革，穩步推動人民幣國際化，穩步實現資本項目可兌換。可見人民幣國際化是一個平穩推進的過程，不能一蹴而就。

　　在國際金融危機衝擊下，主要國際貨幣波動顯著加大，國際經濟治理格局出現變化，直接擴大了對人民幣的需求。從客觀上看，國際金融危機反而成為推動人民幣國際化難得的時間窗口，這種因為金融危機動蕩和主要儲備貨幣的波動帶來的人民幣的需求，直接成為人民幣國際化的主要推動力。人民幣國際化的推進取決於特定的國際國內環境，當外部環境對人民幣需求大或者說國際市場對人民幣有需求的時候，人民幣國際化的速度就會加快一些。而當國際市場發生波動，美元走強或者人民幣面臨階段性的貶值壓力時，人民幣國際化的推進速度就可以放緩。總的來說人民幣不是為國際化而國際化，國際市場的需求一方面也推動人民幣國際化的發展，且人民幣的推進速度是一個相機抉擇的過程。

●○ 人民幣國際化的進程和現狀

　　近年來，在國際經濟大環境的驅動下，我國相應採取了一系列配合措施，以積極穩妥的方式實現人民幣國際化目標。

跨境貿易人民幣結算金額高速增長

為了促進中國外貿企業的貿易和投資便利化，中國於 2009 年 7 月開始，在上海等 5 個城市進行跨境貿易人民幣結算試點，首批試點企業 365 家。2011 年 8 月試點擴大至全國，至此跨境貿易人民幣結算不受地域限制，業務範圍涵蓋貨物貿易、服務貿易和其他經常項目，並逐步擴展至部分資本項目，在政策支持和市場需求的合力推動下，人民幣跨境貿易結算量不斷加速增長。

貨幣互換協議規模繼續擴大

2008 年 12 月以來中國與周邊國家和地區加強了貨幣合作，2009 年 12 月底，東盟十國與中、日、韓三國正式簽署清邁倡議多邊化協議，與之前的清邁倡議相比，在多邊框架下的貨幣互換使各成員國可獲得的貸款總額整體上升。與此同時，在清邁倡議框架下的雙邊貨幣互換協議使網絡規模也得到了進一步的擴大。截至 2015 年 10 月，中國人民銀行已與韓國、馬來西亞、中國香港、阿根廷等 33 個央行或貨幣當局，共計簽署了 3.31 萬億元人民幣的本幣互換協議。通過簽署本幣互換協議，人民幣可通過官方渠道進入這些經濟體的金融體系，促進人民幣結算和流通效率的提高。目前已有大部分互換協議進入實質啟用階段，起到了緩解流動性緊張，促進雙邊貿易和投資發展，維護區域金融穩定的作用。

資本項目下人民幣業務不斷突破

在跨境直接投資人民幣結算方面，中國人民銀行自 2010 年以來就按照"風險可控、穩步有序"的原則，開展了人民幣境外直接投資個案試點。2010 年 10 月，新疆在全國率先開展跨境直接投資人民幣結算試點。2011 年 1 月和 10 月，中國人民銀行先後公佈一系列管理辦法，規定獲准的境內企業可以用人民幣進行境外直接投資，境外的企業和個人也可按規定使用人民幣來華開展直接投資。2016 年全年累計辦理人民幣對外直接投資（ODI）結算 1.06 萬億元，按年增長 44%，人民幣外商直接投資（FDI）結算 1.40 萬億元。在跨境金融投資人民幣結算方面，2010 年 8 月中國允許境外央行、港澳清算行、境外參加行等三類機構運用人民幣資金投資銀行間債券市場。2011 年 12 月人民幣合格境外機構投資者（RQFII）制度開始試點，符合資格的境內基金管理公司、證券公司的香港子公司，可以運用在香港募集的人民幣資金投資境內證券市場。在銀行發放境外項目人民幣貸款方面，2011 年 10 月中國出台了《境內銀行業金融機構境外項目人民幣貸款的指導意見》，允許具備國際結算能力的境內銀行業金融機構，對中國企業機構的各類境外項目提供信貸資金支持。現在 RQFII 規模和使用區域進一步擴大，2016 年年底 RQFII 申請額度達 5284 億元人民幣，較上年增加 19%。隨着 QDII（合格境內機構投資者）、QFII（合格的境外機構投資者）、RQFII（人民幣合格境外機構投資者）、滬港通等一系列政策的實施，資本項目下的人民幣結算業務發展迅速。

香港人民幣離岸市場發展迅速

人民幣離岸市場是人民幣國際化的緩衝帶，為我國經濟隔離了影響在岸市場價格和我國宏觀調控的風險。在人民幣國際化的推進過程中，香港離岸人民幣市場得到了快速發展，目前已經成為境外人民幣存量最大、業務開展最為齊全、產品創新最為活躍的市場。另外，香港為內地企業全球化佈局有四大平台優勢：作為亞太區及“一帶一路”沿線國家交通樞紐的區位優勢；作為全球最自由經濟體的開放合作的先發優勢；作為國際金融、航運和貿易中心的服務業專業化優勢；作為東西方文化交融之地的人文優勢。這些優勢促進內地居民通過香港市場進行資產的國際化配置，使香港金融市場成為一個活躍的投資目的地市場和重要的門戶市場。陸續啟動的滬港通、深港通及債券通實際上是藉助香港以相對封閉可控的方式來實現市場的對外開放和人民幣的國際化。

人民幣的國際貨幣職能平穩起步

人民幣已經成為中國主要的跨境貿易結算貨幣之一，並在周邊國家的更大範圍內被接受為交易媒介，尤其是在與中國經貿聯繫密切的周邊國家，人民幣在貿易結算和日常支付中被普遍使用，流通總量和範圍不斷增加。人民幣已與多種外幣建立了市場化的匯率兌換機制，部分國家已經開始接納人民幣作為儲備貨幣，比如韓國、白俄羅斯、馬來西亞、泰國等。此外，人民幣在國際貨幣體系中和國際金融治理中更受關注。2008 年以來的金融危機衝擊全球，也在特定程度上暴露了過分依賴美元的國際貨幣體系的不足，改革國際貨幣體系，建立適應新的國際經濟金融格局的多元化國際貨幣體系，開始成為更多國家的共識。在動蕩的國際金融環境下，中國經濟依然保持了高速穩健發展，人民幣維持穩定升值的強勢地位，國際金融市場對人民幣的認可和需求明顯上升。2009 年 9 月中國人民銀行與國際貨幣基金組織（IMF）簽署協議購買不超過 500 億美元 IMF 債券；中國還參與了特別提款權自願協議交易，幫助 IMF 成員國，特別是欠發達國家及時獲得可兌換貨幣，應對全球金融危機。這些都提高了人民幣在國際貨幣體系中的地位，為逐步創造條件將人民幣納入特別提款權貨幣籃子奠定了基礎。

人民幣納入特別提款權（SDR）貨幣籃子

2015 年 11 月 30 日，國際貨幣基金組織執董會決定將人民幣納入特別提款權（SDR）貨幣籃子，SDR 貨幣籃子相應擴大至美元、歐元、人民幣、日元、英鎊 5 種貨幣，人民幣在 SDR 貨幣籃子中的權重為 10.92%。加入 SDR 是人民幣國際化進程中的標誌性事件，人民幣成為第一個被納入 SDR 籃子的新興市場國家貨幣。2015 年 10 月 8 日人民幣跨境支付系統（Cross-border Interbank Payment System，簡稱 CIPS）一期在上海正式投入使用，該金融設備提升了我國跨境業務及離岸市場金融業務的貨幣結算效率。截至 2017 年 7 月，CIPS 共有 31 家直接參與者，584 家間接參與者（其中亞洲 422 家、歐洲 82 家、北美洲 22 家、大洋洲 16 家、南美洲 16 家、非洲 26 家）。

"互聯互通"實現了金融市場的有序開放

滬港通、深港通突破性地實現了內地與香港股票市場之間資本的雙向流動。相比合格機構投資者制度，滬港通、深港通擁有投資者主體更加多元、額度管理更加靈活、交易成本更低、制度轉換成本低等優勢，取消了總額度，"閉環式"資金流動降低了資金大幅進出中國金融市場的風險。債券通於 2017 年 7 月啟動，先啟動北向通，沒有總額度限制，且是閉環式管理推動現貨債券市場的互聯互通，有助於支持國際資金的流入。在中國內地與香港之間開通的滬港通、深港通及債券通均使用人民幣進行結算，既順應了資本市場國際化發展趨勢，也擴大了我國人民幣離岸市場規模，能夠更好地推進人民幣國際化進程。

●○ 人民幣國際化未來的發展路徑

儘管人民幣國際化在市場需求的推動下，取得了明顯進步，但與美元、歐元、日元等國際貨幣比較，人民幣的國際化進程還面臨多方面的挑戰。比如，在當前國際金融市場上推動人民幣國際化的時間窗口是階段性的；人民幣國際化涉及面廣泛，需要清晰的頂層設計和清晰的時間表；人民幣跨境結算的結構不平衡；香港人民幣離岸市場還處於起步階段；資本項目開放程度和投資回流渠道有限；等等。

目前，從人民幣在跨境貿易、直接投資中的使用規模來看，人民幣已經實現了作為國際支付和結算的貨幣功能，我國下一步應該是構建成熟完善的在岸和離岸市場為目標，開發豐富的金融工具，作為對人民幣國際化的支持。

對於人民幣國際化未來發展的路徑，應該以逐步滿足市場需求為基礎，穩步推進人民幣國際化

在世界金融史上出現的主要國際貨幣先後有英鎊、美元、日元和歐元等。縱觀每一種國際貨幣地位的形成，往往是依托本國強大的經濟貿易實力，隨着本國金融體系的開放而逐步漸進形成的結果。國際市場對一種貨幣的認可，其實質是以對該國經濟發展前景和金融體系穩定性的信心為基礎的。因此，人民幣國際化程度的提高，是順應國內外市場需求而逐步推進的過程，是中國經濟發展和金融開放進程的自然產物。穩步推進人民幣國際化取決於國際市場是否平穩，是否逐漸恢復常態，美元是否升值，新興市場貨幣是否有升值壓力等。人民幣國際化是順應國際需求的決策，中國也應該以本國經濟的發展和壯大為基礎，在金融體系完善和開放的過程中，逐步增加豐富多樣的人民幣計價的金融產品。

培育在岸市場與離岸市場人民幣計價產品多樣性，促進境內外人民幣市場協調發展

現在貿易計價結算的需求在逐步減弱，離岸市場人民幣規模逐步減小。以前無論是在岸還是離岸市場，人民幣國際化主要依靠貿易計價結算的推動，現在需要轉到依靠發展多種多樣的人民幣計價的金融產品上，這也將成為人民幣國際化下一步的發展重點。香港離岸人民幣產品開發步伐大幅推進，離岸人民幣外匯交易量持續增長。例如：香港交易所的人民幣貨幣期貨產品，2016 年底的未平倉合約達 45635 張，是 2014 年 23887 張的兩倍。

這些對人民幣在投資、風險管理、儲備領域的需求的上升，逐步使人民幣外匯交易規模、頻率和參與主體數量顯著增加，對風險管理、跨境資金配置、人民幣資產管理、產品創新等提出更大需求。此外，要想通過在岸和離岸市場，促進境內外人民幣市場協調發展，首先，要不斷完善和開放境內本土金融市場。這一方面要求境內金融市場層次體系較為健全，要有豐富的人民幣產品種類、足夠大的市場規模和穩定安全的運行機制，這與人民幣匯率形成機制改革、利率和匯率形成機制的市場化等緊密結合。另一方面要求境內市場是較為開放的，能夠和境外人民幣市場進行雙向流動，並能充分吸納境外人民幣資金流動，這又與人民幣資本項目開放的程度緊密相關。其次，要加強香港人民幣離岸市場的培育。目前看來，香港與內地緊密的經貿聯繫使其成為境外人民幣最主要的集散地，同時香港作為成熟的國際金融中心，有着成為人民幣離岸中心的良好硬件和軟件條件，而且中央政府也通過一系列政策明確支持香港成為人民幣離岸中心。在這個趨勢推動下，未來香港的人民幣離岸市場的廣度和深度有望繼續得到擴大和提升，以更好地滿足境外人民幣投資保值的需求，吸引更多國際投資者參與離岸人民幣交易，逐步在香港形成境外人民幣交易流通的離岸金融中心；在此基礎上，通過香港離岸人民幣市場來發揮聚集和輻射作用，促進人民幣在東南亞乃至更為廣泛的國際範圍內被接受和使用。第三，要進一步拓寬人民幣跨境流動渠道。當境外市場上的人民幣存量達到一定程度後，就會產生投資回流境內市場的需求，因而要建立順暢的人民幣跨境雙向流動渠道。

與跨境人民幣業務開展相結合，穩步推進資本項目開放

資本項目是對國際收支平衡表中資本和金融賬戶的總稱，具體包括資本轉移、直接投資、證券投資、信貸業務和其他投資等部分。在人民幣國際化平穩推進的進程中，逐步放鬆資本項目下的嚴格管制是可以預期的。但資本項目開放不可能一蹴而就，也不可能等資本項目完全開放之後再開始推行人民幣國際化。未來資本項目開放應與各項人民幣跨境業務的開展相結合，兩者必然會呈現同步進行、相互促進的格局。當然，許多國際經驗表明，資本項目管制並非越少越好，過快或過度地開放資本項目管制容易導致短期國際資本的大進大出，如果控制失當則可能會衝擊國內資產價格和金融市場的穩定。目前資本項目不可兌換子項目僅剩三項，主要集中在境內資本市場一級

發行交易環節，如非居民境內發行股票、貨幣市場工具和衍生品業務。根據中國已明確的資本項目開放的"四項基本原則"（均衡管理、穩步開放、便利化和國民待遇），中國的資本項目開放的總體思路預計為：先資本流入後資本流出，先直接投資後間接投資，先實體類投資後衍生品類投資，先機構投資後個人投資。同時，資本項目的開放順序可總結為三步走：第一步基於真實性交易背景基礎的可兌換，第二步基於合規性基礎的可自由流動，第三步基於金融市場監管法規完善基礎的可自由交易。所以，人民幣國際化的過程需要分步推進，使人民幣資本項目開放與境內外人民幣資金跨境流動的需求相匹配，與國內金融市場改革和建設的進程相平衡，與防範國際資本流動衝擊的監管要求相適應，把握好開放的力度和進度，使資本項目開放成為人民幣國際化程度進一步提升的重要驅動力。

從主要國際貨幣走過的"周邊化—區域化—全球化"的區域擴展順序看，人民幣下一步的使用地域範圍會繼續拓展

首先是"周邊化"，人民幣是在中國與相鄰國家的邊境貿易結算中，逐漸在周邊國家開始流通的。人民幣的邊貿結算最初是一個自發的市場行為，在中國與越南、蒙古、白俄羅斯、俄羅斯等周邊國家簽署"本幣結算協議"後得到了強化和加速。然後是"區域化"，即人民幣在中國地緣附近區域的國家和地區中，更有效率地運用於國際貿易、跨境投融資結算等，乃至被接納為外匯儲備貨幣，逐步成為特定區域內普遍接受的國際貨幣。最後才是"全球化"，也就是成為全球各國普遍認可的國際貿易結算貨幣，在國際金融市場上被國際金融機構廣泛用於計價交易，並成為全球外匯儲備中重要的儲備貨幣之一，由此可見，人民幣全球化還需要較長時間。2017 年，人民幣正式成為全球儲備貨幣，但是這並不能表示人民幣已經實現了"全球化"。可以說人民幣已經完成了"周邊化"，正處於"區域化"階段，但離成為能和美元、歐元等相比肩的"全球化"國際貨幣還有非常大的差距。

從主要國際貨幣在功能演進的"結算貨幣－計價單位－價值儲備"順序看，人民幣在貨幣職能上需要繼續深化

當前人民幣的國際化首先是繼續完善其成為國際貿易的重要結算貨幣功能。在跨境貿易中充當結算貨幣是人民幣國際化的起步，目前中國對外貿易中以人民幣結算的比例已超過 30%，人民幣作為跨境貿易結算貨幣的職能得到體現。但在沒有中資企業參與的國際貿易結算中，以人民幣結算的比例仍相對較低。人民幣要成為美元那樣被第三方國家普遍接受的國際貿易結算貨幣，在全球國際貿易結算中佔據相應份額，未來還面臨更艱巨的任務。其次，人民幣貿易計價結算的需求逐步減弱，我國要逐步創造條件，豐富人民幣計價產品。這要求有相應的有效率、有深度的金融市場作為載體，不僅境內的人民幣市場要相當成熟和開放，而且境外的人民幣離岸市場也要有充分的廣度和深度，同時境內外市場之間要有通暢的人民幣雙向流通渠道，使國際市場上人民幣的持有者能夠有效率和更有選擇地進行人民幣計價產品的投資交易。人民幣最終要成為全球各國的價值儲備貨幣則必然需要更長的時間。衡量國際貨幣地位的主要標誌之一就是其在國際外匯儲備中的佔比。2017 年人民幣成為全球儲備貨幣，全球央行持有人民幣的規模為 84.51 億美元，佔已支配外匯儲備中排名第七位，約佔總份額的 1.07%。未來人民幣只有在國際貿易結算和國際金融市場交易中被廣泛使用，且幣值相對穩定，兌換相對自由，才可能會被更多國家廣泛接納為外匯儲備貨幣，最終成為國際外匯儲備中的重要構成，從目前人民幣的功能看，這應當說是相當長遠的目標之一。

（本文發表於《今日頭條》2017 年 7 月 20 日，原題目為《如何理解全國金融工作會議中強調的穩步推動人民幣國際化》。）

參考文獻

1　巴曙松：《人民幣走向國際化》，《紫光閣》2012（7）：24-26。

2　巴曙松：《對人民幣國際化未來發展路徑的思考》，《中國經濟時報》2012-02-14（003）。

3　中國人民銀行：《人民幣國際報告》2017 [R/OL]；http://www.askci.com/news/chanye/20171023/090437110191.shtml。

在人民幣國際化進程中的金融開放 —— 邏輯、進展與趨勢

　　十九大報告在建設現代化經濟體系部分對新時代的經濟開放做出了具體部署。作為經濟開放的重要領域，我國金融體系的對外開放始終遵循積極穩健、服務實體經濟的推進思路。人民幣逐漸融入國際貨幣體系為我國未來金融開放提供了新的動力。我國企業與個人的資本國際化佈局意願以及國際投資者的人民幣資產配置需求，共同促進了境內金融市場國際化與金融機構對外開放的加速進行。未來進一步推動擴大金融體系的對外開放，不僅需要深化人民幣匯率形成機制的市場化等金融體制改革，還應考慮完善宏觀審慎政策架構，有效管理在開放過程中外部金融波動可能帶來的風險。

　　十九大報告提出"主動參與和推進經濟全球化進程，發展更高層次的開放型經濟"基本方略，擴大金融開放將為形成全面開放新格局添加推動力。改革開放以來，我國金融體系的對外開放進程一直遵循服務實體經濟與國家總體發展戰略的思路。特別是金融危機以後，我國所面臨的國內國際經濟金融形勢發生了深刻變化。隨着企業國際化從資源與市場獲取階段轉向創新、技術與財務的全球配置，以及在全球金融一體化深化背景下人民幣跨境金融交易需求的顯著提升，與之配套的金融對外開放政策一直在積極、穩健地推進實施。2016 年人民幣正式納入國際貨幣基金組織特別提款權，標誌着我國對全球經濟金融體系治理的深度參與，這也成為未來金融開放新的動力來源。以人民幣融入國際貨幣體系為主線，新時代的金融開放將更富有主動性和建設性，增加金融市場國際化水平有助於提高人民幣資產在全球資產格局中的地位與配置價值。隨着金融開放的深化，外部經濟環境變化通過金融渠

道傳導的影響更為顯著，健全宏觀審慎政策框架從而強化風險管理顯得更為重要。

●○ 我國金融開放的邏輯脈絡

機制改革來源於服務企業貿易投資與調節外部失衡的共同需求

基於便利企業貿易投資的需要，人民幣匯率改革與資本項目開放共同驅動了我國外向型經濟發展。從國際上看，本幣可兌換是封閉經濟向開放經濟轉變的必然要求。在實現經常賬戶可兌換以後，企業部門日益增大的對外經貿往來也會催生資本項目下的交易需求。按照有真實交易背景優先的原則，人民幣資本項目的開放遵循了直接投資先於證券投資，資本流入先於資本流出，長期資本先於短期資本的思路。資本項目開放後需要匯率維持在相對較為均衡的區間，為構建更為靈活的匯率形成機制提供了依據。

2008 年金融危機以前，我國面臨以美國巨額貿易赤字和對外債務、新興市場國家大量貿易盈餘和外匯儲備為特徵的經濟失衡。推動匯率制度市場化改革有助於調節經濟外部結構性失衡，減弱央行因干預外匯市場損失的貨幣政策有效性以及外匯儲備成本。

在金融危機後，我國的外部環境出現顯著變化。由於發達國家實施量化寬鬆政策，我國國際收支逐漸由經常項目主導轉變為跨境資本流動主導，人民幣匯率的資產價格屬性開始顯現。根據國家外匯管理局的數據，從 2005 年到 2008 年，經常項目順差對我國國際收支順差的平均貢獻率約為 78%；而從 2009 年到 2011 年，其平均貢獻率約為 44%，資本項目順差的平均貢獻率提升到 56%。

2014 年美國量化寬鬆政策推出以後，隨着短期資本流動加劇，我國資本項目連續出現逆差，導致經常項目、資本項目"雙順差"格局暫時消失，"經常項目順差、資本項目逆差"的國際收支格局出現。2015 年 8 月啟動的新一輪匯率市場化改革有利於釋放人民幣貶值預期，取代資本管制形成更為均衡的跨境資本流動調節方式。根據國家外匯管理局的數據，2016 年全年我國經常賬戶實現順差 1964 億美元，佔同期 GDP 的 1.8%；非儲備性質的金融賬戶逆差 4170 億美元，佔同期 GDP 的 3.7%。

我國企業全球價值鏈重構與居民資本國際化配置對金融開放提出新要求

從企業國際化進程來看，我國企業全球化的動力已從初期的通過出口與並購獲取資源、市場與提高效率，轉變為通過境外直接投資實現創新技術、產品與資源的全球化佈局，提升企業的全球競爭力。我國企業尋求參與全球產業鏈重構的過程，帶動了資本的國際化配置，我國已成為新生的對外投資者，而資本輸出需要相應的開放環境予以配合與保障。2016 年，我國對外直接投資（ODI）人民幣收付金額達到 1.06 萬億元，同比增長 44.2%。

利用"一帶一路"倡議契機推動企業"走出去"對外投融資，有利於人民幣擴大境外使用範圍與方式。自"一帶一路"倡議提出以來，我國與沿線國家貿易投資往來活動日益活躍。根據國家外匯管理局發佈的《2017 年上半年中國國際收支報告》，2016 年我國與參與"一帶一路"國家間跨境相互投資總金額達 1784 億美元，相比 2013 年增長 93%。以開發性金融為主要融資方式，我國企業參與"一帶一路"相關投資規模穩步擴大。2017 年上半年，我國企業對"一帶一路"沿線 47 個國家新增投資 66 億美元，比去年同期增長六個百分點。

"藏匯於民"的政策，使對外資產持有主體發生了結構性變化。官方外匯儲備形成的對外資產比重逐漸降低，而市場主體所持有的份額不斷增加。根據我國國際投資頭寸表，從 2014 年末到 2017 年 6 月末，儲備資產佔我國對外總資產的比重由 60.6% 降低到 47.4%。為順應居民的外匯資產或境外資產多元化配置需求，個人資本交易、證券投資項下資本流出等相關子項目有進一步開放的動力。統計數據顯示，2017 年上半年，我國對外證券投資（淨流出）增加 401 億美元，同比多增 6%，其中股權投資增加 142 億美元，債券投資增加 259 億美元。

金融危機後人民幣國際化迎機遇趁勢而為，取得關鍵進展

在全球金融危機期間，我國周邊一些國家和地區出現外匯流動性緊縮的現象；再加上區域內貿易與經濟往來便利，使用人民幣進行貿易投資結算的需求在我國貿易夥伴當中顯著增加，人民幣迎來區域化的窗口機遇期。根據《2017 人民幣國際化報告》統計數據，截至 2016 年末，中國人民銀行與 36 個國家和地區的貨幣當局簽署了雙邊本幣互換協議，協議總規模超過 3.3 萬億元。

因此，需要以區域金融合作和人民幣跨境結算使用為先導，帶動人民幣的跨境金融交易使用，完善境外人民幣回流與資產配置渠道。境外使用人民幣的規模擴大以及更具彈性的匯率機制，讓人民幣更加具備投資貨幣和儲備貨幣的功能與特徵。納入特別提款權（SDR）既是人民幣國際化的關鍵進展，也體現了我國金融改革的積極效果。隨着人民幣逐漸融入國際貨幣體系，人民幣資產在全球資產配置中的吸引力也相應提高。根據國家外匯管理局的統計數據，2017 年上半年境外對我國證券投資淨流入 206 億美元，同比增長 3.5 倍。從投資存量看，截至 2016 年末，非中華人民共和國居民持有境內人民幣金融資產餘額為 3.03 萬億元。

治理全球金融周期需要引入人民幣，以實現國際儲備貨幣多元化

隨着全球金融一體化程度加深，新興經濟體的資產價格、信貸增速以及資本流動總量隨着發達經濟體貨幣政策變化而產生共振的情況更為顯著。儲備貨幣發行國的貨幣政策通過金融渠道對其他經濟體的影響更為廣泛與深

入。在全球金融周期作用下，新興經濟體的對內對外政策協調難度和金融體系脆弱性均不斷提高。全球金融周期現象的出現與現行國際貨幣體系存在的內在缺陷密切相關。以美元為主導的國際貨幣體系無法從根本上解決"特里芬難題"，儲備貨幣發行國的國內貨幣政策與其他各國對儲備貨幣的需求仍存在矛盾。

從治理全球金融周期的政策選擇來看，從溢入效應的傳導渠道入手，可以採用宏觀審慎政策體系管理順周期的信貸增速和企業槓桿率，維護金融穩定。而更加主動和根本性的解決方案是推動人民幣參與全球貨幣體系的優化與重構，從加強區域貨幣金融合作入手降低對美元的依賴，進而逐步提升人民幣在儲備貨幣體系中的地位，減弱美國經濟環境變化對我國內外部經濟政策選擇的掣肘與制約。

●○ 我國金融開放的新進展評述

機制改革視角：匯率形成機制市場化與資本項目開放穩步有序推進

經過多輪市場化改革，人民幣匯率逐漸形成以市場供求、一籃子貨幣匯率以及逆周期調節因子為基礎的決定框架，有利於實現匯率雙向波動與相對穩定的協調統一，並適度對衝和緩解市場情緒的順周期波動。自 2005 年人民幣匯率開啟市場化改革以來，經過多次擴大銀行間市場匯率中間價的浮動區間，外匯市場開始進入多重均衡狀態，人民幣匯率的彈性顯著提升。從 2015 年 8 月開始，人民幣匯率形成機制引入外匯市場上一日收盤價，後來又逐步添加一籃子貨幣和逆周期調節因子。更加靈活的人民幣匯率形成機制可以有效吸收資本流動與經濟基本面變動帶來的調整壓力，增強國際投資者對人民幣資產價值穩定的信心。

在人民幣資本項目開放方面，證券市場跨境投資進展較快，已形成合格機構投資者、境內外交易所互聯互通以及銀行間債券市場直接開放三種不同層次的制度安排。首先，合格機構投資者主體範圍與投資額度不斷擴大。截至 2017 年 9 月末，共批准合格境外機構投資者（QFII）的投資額度 944.94 億美元，人民幣合格境外機構投資者（RQFII）的投資額度 5894.56 億元人民幣。其次，滬深港三地交易所聯通，構建了內地與香港證券市場雙向投資交易的通道，將投資主體拓展到個人。最後，自 2016 年 2 月起，我國銀行間債券市場向境外機構投資者全面開放。截至 2016 年末，共有 407 家境外機構獲准進入銀行間債券市場，債券託管餘額超過 8000 億元。

綜合評估目前人民幣資本項目開放的程度，從參與主體看，以機構為主的資本流動渠道已打通，個人資本項目還需進一步開放；從市場層次看，證券類項目的境內外二級市場投資渠道開放程度較高，非居民在境內發行證券仍有限制；從資本期限看，長期資本流動比較通暢，短期交易性資本流動也在逐漸放開；從資本流向看，資本流入基本通暢，流出仍受限制。

市場開放視角：以互聯互通模式開創國內金融市場國際化新局面

從 2014 年到 2016 年，將滬深港三地股票市場聯結成共同市場的"滬港通""深港通"相繼推出上線，以互聯互通模式實現了海外產品與投資者"引進來"以及內地產品與投資者"走出去"，提供了國內國際資產佈局的高效平台。2016 年，滬股通和深股通資金流入總金額 1105.5 億元，港股通資金流入 276.1 億元。目前投資規模仍較小，隨着未來開放區域的擴展，三地市場之間的相互影響將會更加深入。

隨着互聯互通的延伸，"債券通"於 2017 年 7 月正式運行，為三地共同市場加入定息及貨幣產品，進一步補充可供投資的人民幣資產組合，將在岸與離岸債券市場連成一體。"債券通"的北向通與現有的機構投資者直接投資內地債券市場渠道存在互補關係，可對接多樣化的投資者類型與投資需求。

"債券通"降低了國際投資者進入內地債券市場的門檻,他們不必深入了解內地市場的制度體系,可沿用目前熟悉的方式進行交易。

互聯互通模式聯結了各地市場形成區域市場,進而形成國際化市場,用穩步有序的節奏推動金融市場開放。首先,互聯互通以對本地市場的制度進行最低程度的改變和相對封閉的設計模式,保證內地資本市場國際化節奏的總體可控性。其次,互聯互通既為國際投資者提供投資多樣化人民幣資產的便利渠道,也為內地居民全球化配置資產提供了新的規範化窗口。再次,互聯互通機制助推人民幣資產融入國際金融市場,有助於促進在岸離岸人民幣金融產品創新和提升流動性,進而完善人民幣資產價格發現與風險對沖功能,成為推動人民幣國際化的新動力。最後,接觸香港資本市場成熟的規則體系以及國際專業機構投資者的投資策略,可以培養出更加成熟專業的內地投資者,促進我國資本市場的監管理念與制度框架更加成熟與國際化。

行業准入視角:自貿區試點加大金融服務業對外開放力度

從 2013 年正式建立上海自貿區開始,金融開放試點的步伐不斷加快。根據連續更新的四版自貿區外商投資准入負面清單,首先,開放範圍顯著擴大。2015 年負面清單僅適用於上海、廣東等四個自貿區,而 2017 年版已覆蓋全國範圍內 11 個自貿區。其次,限制與約束大幅減少。截至 2017 年 11 月,限制性措施總數從最初的 190 項削減至目前的 95 項。再次,對金融業的要求更加具體和透明。2017 年 6 月上海自貿區推出了針對區內金融業的對外開放負面清單指引,細化了包括金融租賃、貨幣經紀、銀行卡清算、金融信息服務等寬口徑金融服務業的分類開放政策,提出了關於外商投資的股東資產總額、資本金規模、經營業績、控股比例等 10 個類別的管理措施。最後,很多國家均對本國國有金融機構設有一定程度的特殊保護,而我國並沒有設置相關保護條款。

上海自貿區的金融服務業對外開放負面清單首次以完整、透明、細致的政策體系為外資進入金融業各個子行業提供了明確指引，但是在開放程度選擇上仍較為謹慎。例如，在股權限制方面，跨太平洋夥伴關係協定中關於馬來西亞和新加坡都只有兩項相關條款，美國有一項條款，澳洲、加拿大和日本均未設置任何限制，而我國 2017 年版外資准入負面清單中有六項相關條款。通過國際比較可見，發達經濟體的金融業普遍開放程度較高，而新興市場國家在本地化經營、股東資質等方面存在諸多限制，我國相比發達經濟體的金融業開放水平仍存在一定差距。

●○ 我國金融開放的趨勢與展望

繼續推動人民幣國際化需要進一步深化相關機制改革

資本項下證券投資與資本流出限制的繼續放開，便利境內資本的國際化配置以及中國企業的全球化佈局。一方面，人民幣資產的需求提升，要求境內資本市場進一步與國際接軌，使得海外人民幣回流機制更順暢；另一方面，境內企業與個人跨境投資的規模不斷擴大，金融機構服務跨境投資的需求逐漸增加。可見，為了便利人民幣資本跨境流動，需要進一步放開資本項下證券投資與資本流出的限制，配合人民幣國際化的穩步推進。

可逐漸降低美元在人民幣匯率形成機制中的影響，提高一籃子貨幣所起到的錨定作用，在匯率中間價決定機制中引入反映宏觀經濟基本面的指標。我國對外貿易投資多地區、多元化、多夥伴的現實要求人民幣匯率形成機制更多參考一籃子貨幣，這樣可以進一步增強人民幣對一籃子貨幣的匯率穩定性。隨着匯率彈性逐漸增大，對外匯市場波動的容忍度也應隨之提高，盡量減少使用干預手段調節匯率。基於市場預期的分化，人民幣匯率雙向波動常態化，這本身反映了匯率水平更加接近均衡。應逐漸引導市場主體樹立匯率風險意識，利用風險對沖工具管理匯率風險。

從全球視角提升人民幣資產的配置價值需要進一步延伸與拓展國內國際金融市場聯通

擴展境內外交易所聯通範圍與資產類別，以互聯互通模式促進境內金融市場與國際對接，為人民幣資產提供更優質的風險定價平台，提升人民幣的投資貨幣屬性。從產品類別看，可以從目前的股票與債券品種延伸到大宗商品、股票和貨幣衍生品、人民幣利率產品以及其他風險管理工具，滿足投資者對衝其跨境投資組合風險的需要。從市場深度看，圍繞滬港通、深港通、債券通提供風險管理、信用評級、投資咨詢等服務的專業機構將獲得發展動力，為金融市場的深化帶來新空間。從聯通範圍看，可考慮逐漸將合作範圍擴大至紐約、倫敦、法蘭克福等金融中心的交易所，實現境內金融市場由區域化走向全球化。金融市場的雙邊開放將帶來人民幣跨境金融交易的增加，人民幣的投資貨幣屬性更為顯著。

在交易結算貨幣和投資貨幣屬性的基礎上，提升人民幣的儲備貨幣屬性。隨着人民幣儲備貨幣的角色逐漸被認可，有更多央行把人民幣作為其儲備資產。2017 年上半年，歐洲央行共增加等值 5 億歐元的人民幣外匯儲備，新加坡、俄羅斯等 60 多個國家和地區將人民幣納入外匯儲備。豐富以 SDR 計價、人民幣結算的產品，有助於擴大 SDR 的使用，提升人民幣以及 SDR 計價資產的市場規模和流動性，促進其他國家增持人民幣作為儲備貨幣。2016 年 8 月，全球首隻以 SDR 計價、人民幣結算的債券（木蘭債）由世界銀行在我國銀行間債券市場成功發行，合計額度 20 億元 SDR。

為促進國內金融機構提升經營效率，需要進一步開放金融業外資准入

從提升行業效率的視角來看，外資機構的進入將促使國內金融行業對齊國際標準優化業務模式、治理體系以及市場建設，有助於提升金融部門整體的全球競爭力。從服務實體經濟的視角，外資金融機構"引進來"可以為我國企業"走出去"提供更便利的境內外金融服務，降低企業國際化發展的經營成本與資金成本，發揮人民幣在跨境投融資方面的優勢作用。"一帶一路"倡議的實施將帶來大量跨境金融合作機會，也為我國金融業對外開放提供新的動力與機遇。

十九大報告提出："全面實行准入前國民待遇加負面清單管理制度，大幅度放寬市場准入，擴大服務業對外開放。"從自貿區金融業准入負面清單來看，目前仍存在包括持股比例、業務範圍、股東資質在內的多方面限制。首先，從降低准入門檻的角度，可以進一步壓縮負面清單內容，重點削減持股比例與股東資質的限制條款，緩解外資機構面臨的政策約束；其次，從轉變管理思路的角度，可以由強調事前審批全面轉向備案管理、事後監測，用宏觀審慎管理逐步替代准入要求及業務限制；最後，從推廣改革經驗的角度，可以一方面增加自貿區試點，另一方面根據各地差異化的經濟金融發展水平採用多層次的開放政策框架，在強調金融監管的前提下全面深化金融業的開放。

為加強在金融開放過程中的風險管理，需要進一步完善宏觀審慎政策架構

金融風險的跨國傳導為我國的金融開放帶來了不可忽視的外部風險。2008 年的金融危機表明，資產價格、信貸總量等金融因素的大幅震盪可能通過金融系統對實體經濟產生巨大影響，只有處於相對平穩階段的金融周期才有利於經濟增長和金融穩定。而金融周期的跨國擴散使得我國金融體系被動承受外部金融波動帶來的溢出效應，並且削弱了我國經濟政策的有效性。

全球金融周期主要通過跨境資本流動傳導外部衝擊，在通過宏觀審慎框架管理企業與金融機構行為的同時，注重利用較為平衡的市場機制調節短期資本流動。已有研究表明，金融周期主要通過國際銀行系統間的總資本流動進行國際傳染。從控制傳導渠道的角度，可以對金融機構的槓桿水平實行更有效的逆周期管理與調節，從而控制金融機構對外部衝擊的放大效應。資本管制措施無法從根本上解決外部金融波動帶來的影響，反而還會造成投資者恐慌，有可能引發更嚴重的資本外流與貨幣危機。提升我國金融體系的整體穩健性，配合靈活的匯率制度與政策溝通引導，有助於有效緩解外部衝擊，調節跨境資本流動。

●○ 拓展開放條件下的人民幣監測體系：國內協同與國際合作 [1]

貨幣的國際化會不斷加強原來相對分割的不同地區的金融市場的互動性，人民幣的國際化將推動金融機構的國際化業務不斷擴張，同時，國內金融市場和國際市場的互動和聯繫也會隨之增強。這就對監管協作提出了更高的要求。

人民幣境外流通規模雖然目前看來並不大，但是從趨勢上看正在快速擴大。海外人民幣市場規模的擴大，客觀上要求傳統的局限於國內市場的人民幣監測體系能夠進一步延伸到海外市場，否則，國內貨幣政策的制定就會缺乏完整的判斷依據。

目前看來，可以從如下幾個方面來拓展新的人民幣監測體系。

一是進出口貿易的海關統計。在人民幣國際化的初級階段，在跨境貿易中充當支付媒介和計價單位仍然是推進人民幣國際化的重要動力。

二是積極與周邊國家建立開放的貿易結算機制。

三是將人民幣的跨境流通納入商業銀行體系，建立國際化的支付清算系統，擴大系統覆蓋的範圍。

四是人民幣國際化的進展需要加強金融監管的國際合作。

十九大報告指出：「我國經濟已由高速增長階段轉向高質量發展階段，正處在轉變發展方式、優化經濟結構、轉換增長動力的攻關期。」這就需要

1　本部分來自於《今日頭條》2017 年 8 月 23 日，原題目為《人民幣國際化促進宏觀金融政策轉型》。

圍繞人民幣國際化的主線，擴大金融對外開放範圍，從經濟全球化進程中汲取提升我國經濟發展質量的新動力。一方面，高水平的貿易和投資自由化政策環境可以便利我國企業創新技術與提升資源的國際化佈局，助推企業逐漸邁向全球產業鏈的中高端，直接改善我國產業結構以及提升經濟效益；另一方面，加快融入全球金融體系可以提升我國金融部門服務實體經濟的效率，通過優化資源的國際化配置提高我國經濟發展的全要素生產率。在金融開放的過程中還需同步構建更加穩健的宏觀審慎管理框架，控制外部金融波動可能對我國產生的不利影響。

（鄭子龍參與本文的起草與討論，本文發表於《金融時報》2017 年 11 月 7 日，原題目為《新時代人民幣國際化進程中的我國金融開放：邏輯、進展與趨勢》。）

參考文獻

1　管濤：《匯率的本質》，北京：中信出版社，2016。
2　國家外匯管理局：《2017 年上半年中國國際收支報告》，2017。
3　李稻葵、梅松：《美元 M2 縮緊誘發世界金融危機：金融危機的內外因論及其檢驗》，《世界經濟》2009（4）：15-25。
4　王道平、范小雲：《現行的國際貨幣體系是否是全球經濟失衡和金融危機的原因》，《世界經濟》2011（1）：52-72。
5　王喆、葉嵐：《金融服務業推行負面清單管理模式研究》，《經濟縱橫》2015（1）：87-91。
6　楊嬡、趙曉雷：《TPP、KORUS 和 BIT 的金融負面清單比較研究及對中國（上海）自由貿易試驗區的啟示》，《國際經貿探索》2017（4）：69-81。
7　張明：《次貸危機對當前國際貨幣體系的衝擊》，《世界經濟》2009（6）：74-80。
8　周小川：《關於改革國際貨幣體系的思考》，《中國金融》2009（7）：8-9。
9　周小川：《金融服務業受益於對外開放》，《中國金融家》2017（7）：16-17。
10　周小川：《共商共建"一帶一路"投融資合作體系》，《中國金融》2017（5）：6-8。
11　中國金融四十人論壇：《2017 徑山報告：積極、穩健推進中國金融開放》，2017。
12　中國人民銀行：《人民幣國際化報告（2017）》，2017。

新 金 融　　新 格 局 ● 中 國 經 濟 改 革 新 思 路

8

金融科技

發展大數據、區塊鏈與人工智能

大數據風控的現狀、問題及優化路徑

　　在互聯網技術和信息技術的推動下，大數據在金融行業的風控中獲得了引人注目的進展，但是在實際運用中其有效性還需進一步提高。當前大數據風控有效性不足既有數據質量的障礙，也有大數據風控的理論性障礙，還有數據保護的制度障礙。要消除這些障礙，提高大數據風控的有效性，需要金融企業、金融研究部門和政府監管部門的共同努力。

　　大數據已經滲透到了世界的各個角落，包括從商業、科技到醫療、教育、經濟、人文等社會其他各個領域。早在 1980 年，阿爾文‧托夫勒（Alvin Toffler）在《第三次浪潮》一書中就預言大數據將成 "第三次浪潮"。奧巴馬政府將大數據定義為 "未來的新石油"。凱文‧凱利（Kevin Kely）認為所有的生意都是數據生意。2013 年的互聯網金融將 "大數據" 推向了新的高度。金融的核心是風險控制，將風控與大數據結合，不斷完善和優化風控制度和體系，對於互聯網金融企業和傳統金融企業而言都同等重要。

●○　大數據風控發展迅速，但有效性不佳

　　在應用層面，金融行業利用大數據進行風控已經取得了一定的成效。使用大數據進行風控已成為美國等發達國家互聯網金融企業的標準配置。美國金融科技公司 ZestFinance 開發的 10 個基於學習機器的分析模型，對每位信貸申請人的超過 1 萬條原始信息數據進行分析，並得出超過 7 萬個可對其行

為做出測量的指標，而這一過程在 5 秒鐘內就能全部完成。為網上商家提供金融信貸服務的公司 Kabbage 主要目標客戶是易貝（eBay）、亞馬遜（Amazon）、PayPal 等電商，其通過獲取這些企業網店店主的銷售記錄、信用記錄、顧客流量、評論、商品價格和存貨等信息，以及他們在臉書（Facebook）和推特（Twitter）上與客戶的互動信息，借助數據挖掘技術，把這些店主分成不同的風險等級，以此來確定提供貸款金額數量與貸款利率水平。

中國互聯網金融企業對於大數據風控的運用也如火如荼。阿里巴巴集團推出了面向社會的信用服務體系芝麻信用，芝麻信用通過分析大量的網絡交易及行為數據，對用戶進行信用評估，這些信用評估可以幫助互聯網金融企業對用戶的還款意願及還款能力做出結論，繼而為用戶提供相關的金融和經濟服務。騰訊的微眾銀行推出的"微粒貸"產品，其風控核心是，通過把社交大數據與央行徵信等傳統銀行信用數據結合，運用社交圈、行為特徵、交易、基本社會特徵、人行徵信五個方面對客戶進行綜合評級，運用大量的指標構建多重模型，以快速識別客戶的信用風險。

對於大數據風控的理論研究尚處於萌芽階段，本文以"大數據風控"為主題在中國知網（CNKI）數據庫進行搜索，與此相關的文獻數量可以從側面反映大數據風控的理論研究現狀。

CNKI 數據庫中以"大數據風控"為主題的文獻共 46 篇（截至 2016 年 2 月統計數據）。在這些文獻中，以報道性的文章較多，重要報紙全文庫和特色期刊總共為 23 篇，佔比 50%；而理論研究的文章較少，中國學術期刊總庫為 12 篇，佔比 26%；尚沒有中文社會科學引文索引（CSSCI）2014 至 2015 年的來源期刊（見圖 1）。

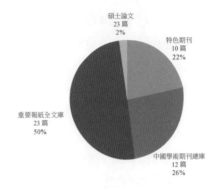

圖 1　CNKI 數據庫與大數據風控相關的文獻數量和分類

（截至 2016 年 2 月）

資料來源：作者根據相關數據自行整理。

　　雖然大數據風控在實踐上已經有所進展，但是其有效性也受到一些挑戰。例如，以大數據風控為基石的 P2P 平台就頻頻暴露問題，對於 P2P 平台來說，由於其純線上操作的特點，大數據風控的有效性是決定其經營狀況的重要因素，如果大數據風控有效性較差，則面臨的壞賬壓力較大，容易出現提現困難甚至跑路的問題。

●○　當前大數據風控有效性不足的原因分析

　　一些學者對於大數據風控的有效性問題進行了研究。王強[1] 指出了當前個人大數據徵信的問題：一是數據的真實性，二是數據收集的法律障礙，三是壞賬的不可預測性的問題 [1]。甚至有作者認為大數據風控是無效的，陳宇[2] 援引各種證據認為大數據風控是無效的。總體而言，當前大數據風控有效

1　王強：《"垃圾進垃圾出"：大數據徵信的難題》，《財新網》2015 年 4 月 23 日。
2　陳宇：《風吹江南之互聯網金融》，上海：東方出版社，2014（06）：234-240。

性欠佳的原因主要有以下幾個方面。

數據的質量問題

當前大數據風控的有效性欠佳，其首要原因就是數據的真實性不高，數據包括社交數據和交易數據兩個方面。

一是社交數據的真實性問題。美國 P2P 公司 Lending Club 和 Facebook 合作獲取社交數據，中國宜信[1]也曾大費周折地收集借款人的社交數據，最後兩者得出的結論都是社交數據根本就不能用。美國很多大數據徵信公司的信息錯誤率高達 50%。

二是交易數據的真實性問題。當前許多電商平台的刷單現象非常嚴重，這將導致交易數據嚴重失真。隨着網購的火爆，有關電商平台刷單的報道屢見報端。電商刷單有兩種方式：一種是商家找所謂的消費者進行刷單。賣家買快遞單號，其收件人和寄件人與實際的買家、賣家不一致。另一種是快遞公司發空包，但快遞公司並未完成配送，而是幫助商家完成平台上的物流信息。

大數據風控的理論有效性問題

從信息技術（IT）層面論證大數據風控的實踐性案例已經很多，但是在經濟金融的理論層面，大數據風控還面臨着一些問題需要解決。

一是金融信用與社會信用的相關性不確定。目前大數據主要來源於互聯網，而人們在網絡中的表現並不能完全反映其真實的一面。相同的人群在不同場合呈現的特徵是不一樣的，尤其是目前人們在線上、線下割裂的狀態，其行為方式往往會出現強烈的反差。例如有些人不善交際，卻將自己做的美

---

1 公司創建於 2006 年，通過大數據金融雲、物聯網和其他金融創新科技，為客戶提供個性化的財富管理和金融科技服務。

食展示在微博上，吸引大量關注，粉絲暴增。因此網絡並不能確切地證明某人社交圈子的真偽，也就是說互聯網的數據很難還原用戶現實中的信息。

二是大數據對於"黑天鵝"事件的滯後性。在現實世界，總會出現不可預測的"黑天鵝"事件，一旦出現則有可能衝擊大數據風控模型的基本假設，進而影響大數據風控的有效性。大到美國的次貸危機，小到個人意外事件的發生，在某種程度上大數據風控是無法預測的，但這些事件的發生，對宏觀經濟和微觀主體都會產生重大的影響[1]。例如，2008年美國次貸危機後產生了一種"策略性違約"行為，即貸款主體本身有能力還款，但是其在房價遠低於貸款總額的時候，重新購買一套房子，並對之前的房貸斷供，以此方法進行"套利"。雖然此類違約者因此會有不良信用記錄，但是這對信用報告的影響有限，因為違約者其他的債務仍按期償還。而大數據對這種突變事件的預測能力則非常有限。

大數據收集和使用的制度問題

在數據收集和使用的過程中也面臨着合法使用的問題。如何高效、適度地開發和使用大數據，不僅僅是一個技術問題，也是一個社會問題，這些泄露的數據大量流入數據黑市，造成了用戶安全、企業安全甚至國家安全方面的連鎖反應。數據的收集和使用在很多時候都沒有徵得數據生產主體的同意，這導致了數據的濫用和隱私的泄露。

近年來，個人數據泄露事件頻頻發生，因個人數據泄露而造成損失的新聞屢見報端。獵豹移動安全實驗室發佈的《2015年上半年移動安全報告》顯示，截至2015年上半年，獵豹共監測到496起數據泄露事件，影響超過544萬人。2015年10月19日，烏雲網發佈消息稱，網易的用戶數據庫疑似泄

1　陳宇：《風吹江南之互聯網金融》，上海：東方出版社，2014（06）：234-240。

露[1]。

數據安全也將愈來愈多地將企業推向風口浪尖。上海漢均信息技術有限公司發佈的《2005—2014 年全球泄密事件分析報告》顯示，十年間，在全球泄密事件中，我國泄密事件數量佔比為 58.5%，其中高頻發地域主要是東部沿海經濟較發達、產業格局以高技術含量為主的一二線城市（見圖 2）。威瑞森（Verizon）發佈的《2015 年數據泄露調查報告》覆蓋 95 個國家，其中有61 個國家出現了安全問題，涉及 79790 個安全事件（security incident），超過2000（2122）個確認的數據泄露（data breach）事件。

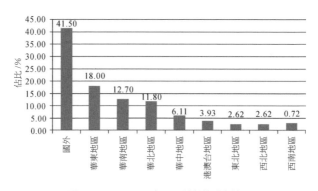

圖 2　2005—2014 年國內外數據泄密情況

資料來源：上海漢均信息技術有限公司《2005—2014 年全球泄密事件分析報告》。

●○ 提高大數據風控有效性的路徑

儘管大數據風控的有效運用尚存在諸多障礙，但這並不能成為大數據風控無效的理由。因為對於數據這個資源的挖掘尚處於初級階段，需要在消除障礙、解決問題中前行，這是大數據風控發展的必然趨勢。有效掃除當前大

1　梁宵：《企業數據安全"烏雲"密佈：難以估量的"未來"危機》，《中國經營報》2015　年 11 月 1 日（6）。

數據風控的障礙需要各方面的共同努力，其中金融企業、金融研究部門和政府監管部門的角色尤為重要。

對於金融企業而言，要從基礎數據上保證客戶數據的多樣化、連續性和實時性，確保數據真實可靠。對於金融研究者而言，可從經濟學、數學等多個角度綜合論證大數據風控的有效性，為大數據風控提供理論支持。對於政府監管部門而言，需要從法律制度、會計制度等方面進行建設，構建數據合理運用的良好環境體系。

對於金融企業而言，要構建多樣化、連續性和實時性的基礎數據庫

一是多維度地收集數據，以實現互聯互通，打破數據的孤島。美國徵信系統的完善是因為美國政府對其擁有的大數據資源的開放程度日益透明化。目前我國的大數據風控系統還沒有實現互聯互通，阿里、銀聯、平安、騰訊以及眾多的 P2P 公司，都是各自為政，P2P 公司拿不到央行的數據，幾家大的互聯網平台也沒有相關大數據。因而，各金融企業要在建立互聯互通機制、打破數據孤島方面進行信息分享，從而能多維度地收集數據，確保數據之間能夠相互驗證[1]。

二是從供應鏈交易環節獲取數據。獲取真實數據最好的途徑就是要切入客戶的交易環節，尤其是穩定可持續的交易環節，即供應鏈。一方面，經過了幾十年的發展，當前的供應鏈都有一套完整的上下游進入和退出機制，數據的真實性對於核心企業而言至關重要，因而這些數據非常可靠；另一方面，這些數據和數據維度對於供應鏈中的企業評價是可靠的，金融企業可以此為基礎，加上自身的風險控制經驗，構建一套全新的基於數據的信用評價機制。

三是積極佈局"物聯網＋"。物聯網覆蓋了產品生產、交易和使用的環

1　朱劍紅：《打破信用信息"孤島"（政策解讀）》，《人民日報》2015 年 6 月 26 日（02）。

節，因而互聯網只是物聯網的一部分。在物聯網下，不僅要獲取交易環節的數據，更重要的是獲取生產環節和使用環節的數據。因而，金融企業要積極佈局"物聯網＋"，為獲取更為全面的數據打下基礎。例如，企業機器運行數據，可以收集客戶汽車駕駛數據，可穿戴設備反映的身體狀況數據，等等。這些數據都是大數據風控不可或缺的部分。

對於金融研究部門而言，可從經濟、金融等多個角度綜合論證大數據風控的有效性，為大數據風控提供理論支持

當前對於大數據風控模型的構建大多是從技術的角度探討的。但是，從經濟、金融角度進行的探討亟待加強，不同的經濟假設會使模型推導的結果產生截然不同的變化。因而，從經濟、金融等角度對大數據風控進行有效性的研究就顯得很有必要。比如大數據風控如何順應經濟周期的變化，如何從統計上論證過去的數據對於未來行為判斷的准確性，如何解決道德風險所帶來的不確定性。例如，唐時達（2015）提出要把數據提升至與傳統抵質押品同等重要的高度，建立"數據質押"風控體系[1]。

對於政府監管部門而言，要推動和完善與數據相關的制度建設

首先是加強法律制度的建設，對數據的收集和使用予以法律上的保護。我國對於數據保護的制度性舉措散見於多部法律中，如憲法、刑法、侵權責任法等，多是以保護個人隱私、通信秘密等形式出現，尚缺乏一部數據保護的專門性法律。這導致了數據的法律邊界不明，數據保護法律的操作性不強，數據保護執法機制滯後等問題，制約了數據收集和運用的發展。對此，最理想的狀況是出台一部《信息保護法》。在完善個人信息保護法律制度的道路上，應出台《個人信息保護法》，明確國家機關、商家和其他法人、自

1　唐時達、李智華、李曉宏：《供應鏈金融新趨勢》，《中國金融》2015（10）：40-41。

然人掌握個人信息的邊界和使用的範圍[12]。齊愛民、盤佳認為要構建數據主權和數據權法律制度。[3]2014年10月最高人民法院頒佈的《關於審理侵害信息網絡傳播權民事糾紛案適用法律若干問題的規定》（以下簡稱《規定》）就是此領域的進展之一，《規定》首次明確了個人信息保護的範圍。

其次是會計制度建設，對數據資產予以明確的計量。隨着數據重要性的提升，數據列入企業資產負債表只是時間問題，數據將和土地、勞動力、資本一樣，成為一種生產要素（Viktor Mayer-Schönberger）。愈來愈多的理論界和實務界的研究者都傾向於認為數據將成為個體的財產和資產。2012年達沃斯世界經濟論壇發佈的《大數據，大影響》報告認為，數據已經成為一種新的經濟資產類別。姜建清在2014年達沃斯世界經濟論壇上發表的觀點認為個體的數據其實就是個體財產的一部分，沒有經過本人同意不應該被濫用。因此，需要建立相應的會計制度對數據價值進行科學有效的評估。有學者對此進行了初步研究，例如，劉玉（2014）從會計的角度對數據的資產可行性進行了分析，探討了數據資產的計量方法，研究了大數據資產的折舊、披露等問題。[4]

（侯暢、唐時達參與本文的起草與討論，本文發表於《金融理論與實踐》2016年第2期。）

1　葉文輝：《大數據徵信機構的運作模式及監管對策——以阿里巴巴芝麻信用為例》，《海南金融》，2015（7）：66-68。

2　韓天琪：《個人信息保護圈如何劃》，《中國科學報》2014-11-02（5）。

3　齊愛民、盤佳：《數據權、數據主權的確立與大數據保護的基本原則》，《蘇州大學學報（哲學社會科學版）》2015（1）：64-70。

4　劉玉：《淺論大數據資產的確認與計量》，《商業會計》2014（18）：3-4。

金融科技的發展歷程與核心技術

　　金融科技基於大數據、雲計算、人工智能、區塊鏈等一系列技術創新，全面應用於支付清算、借貸融資、財富管理、零售銀行、保險、交易結算等六大金融領域，實現金融＋科技的高度融合。金融科技涉及領域廣泛，應用場景多元，本文重點介紹人工智能、區塊鏈這兩大核心金融科技在智能投顧、數字貨幣、保險業領域的應用。

　　12 世紀之前，歐洲還處在自給自足的農業經濟時代，日常交易主要通過物物交換達成。13 世紀開始隨着城市的形成，商品貿易活動逐漸集中繁榮，催生了貨幣體系的構建。此後威尼斯建立的資金清算所，使得地區硬幣運輸減少，交易成本下降。同時威尼斯開始採用的新的大面額的純銀鑄幣，成為貨幣流通使用的標準，城市與商貿的繁榮催生了以貨幣為核心的金融體系的建立。18 世紀 60 年代英國爆發的第一次工業革命，使得其生產能力發生了質的飛躍，債券、銀行以及券商體系隨之誕生，實現了全國資金融通。無論是從前還是現在，金融工具的變革都是金融體系變革的必要條件，從海外市場的角度看，金融科技（Financial Technology，簡稱 Fintech）更專注於科技（Technology）。而 Financial 更多的是表達科技所運用的領域。我們有理由相信金融創新能夠推動產業發展，而技術則是金融科技發展的關鍵。一言蔽之，金融科技是將科學技術應用於金融行業，服務於普羅大眾，降低行業成本，提高行業效率的技術手段。

● 金融科技的過去和現在

從信息技術（IT）對金融行業的推動和變革角度來看，至今為止金融科技經歷了三大發展階段。

第一階段為金融 IT 階段：主要是指金融行業通過傳統的 IT 軟硬件來實現辦公和業務的電子化，提高金融行業的業務效率。IT 公司並不參與金融公司的業務環節，IT 系統在金融公司體系內屬於成本部門。代表性產品包括自助取款機（ATM）、POS 機、銀行的核心交易系統、信貸系統、清算系統等。

第二階段為互聯網金融階段：金融業搭建在線業務平台，通過互聯網或者移動終端渠道匯集海量用戶，實現金融業務中資產端、交易端、支付端、資金端等任意組合的互聯互通，達到信息共享和業務撮合，本質上是對傳統金融渠道的變革。代表性業務包括互聯網基金銷售、P2P 網絡借貸、互聯網保險、移動支付等。

第三階段為金融科技階段：金融業通過大數據、雲計算、人工智能、區塊鏈等最新 IT 技術，改變傳統金融的信息採集來源、風險定價模型、投資決策過程、信用中介角色等，大幅提升傳統金融的效率，解決傳統金融的痛點。代表技術如大數據徵信、智能投顧、供應鏈金融等。

經歷了上述三個發展階段後，許多研究通過風投融資額來判斷 Fintech 領域在全球的發展現狀。從不同的地域來看，Fintech 的發展以北美為主導，歐洲與亞洲緊隨其後，三大洲幾乎佔據了所有的 Fintech 市場。在過去的五年間，三大洲 Fintech 投融資規模從 2014 年開始暴增，2015 年，北美、歐洲、亞洲地區風投驅動下的融資額分別為 77.0 億美元、14.8 億美元、45 億美元，同比增長 75.00%、33.33%、309.09%。截至 2016 年 6 月，全球共有超過 1362 家 Fintech 公司，來自 54 個國家和地區，融資總額超過 497 億美元。埃森哲的研究報告表明，全球金融科技產業投資在 2015 年增長 75% 至 223 億美元。美國納斯達克和精品投資銀行 KBW 攜手推出了 KBW Nasdaq 金融科技指數 KFTX，該指數共 49 隻成分股，全部市值約為 7850 億美元，佔美國國內股票市值的 4%，這也是第一只僅包含在美國上市的金融科技公司的指數，預示着該行業愈來愈受到全世界的關注。中國金融科技的發展尤其迅猛，2015 年中國金融科技行業增長 445%，接近 20 億美元。中國人民銀行也表示將考慮應用數字貨幣並着手開始研發相應技術。

從業務類型發展來看，行業內 Fintech 公司大部分是以支付和借貸為主要業務，根據澳洲金融科技風投公司 H2 Ventures 公司與畢馬威（KPMG）公司發佈的《2015 年金融科技 100 強》報告中的數據統計，主營業務為借貸或者支付的公司佔據了 69%。從知名大數據調研機構 CB IN-SIGHTS 網站上獲得的國外估值前 10 家 Fintech 獨角獸公司主要業務情況數據也可以看出，在估值排名前十的公司中，以貸款或支付為主要業務的公司佔到了 80%。由於支付和借貸是人們使用金融的基礎需求，加上網絡借貸和移動支付提升了傳統金融的便利程度，預計在 Fintech 金融領域之中，支付清算以及借貸融資或將成為 Fintech 初創公司打開市場並累積客戶數的途徑之一。

●○ 金融科技的核心技術

從金融的功能角度來說，金融的核心是跨時間、跨空間的價值交換，所有涉及價值或者收入在不同時間、不同空間之間進行配置的交易都是金融交易。然而人工智能以及區塊鏈是基於大數據和雲計算，在時間和空間上加速推動金融科技發展的兩大核心技術。

區塊鏈是從空間上延展了消費者支配價值的能力。區塊鏈最初為人所知是因為它為數字貨幣底層的核心技術，包括守恆性、不可篡改和不可逆性。區塊鏈誕生的那一天創造了一種數字貨幣，它可以藉助區塊鏈點對點地進行支付和價值轉移，無須攜帶，持有這種數字貨幣的人一樣可以得到區塊鏈跨越空間進行價值傳遞的好處。相當於自己通過技術手段在空間上到了異地，直接掌控錢包和個人保險箱。另外，區塊鏈還可以解決因通過中介交換價值而產生的信息不對稱的問題，比如通過區塊鏈設計事後點評的智能合約，將所有實名消費記錄記載在區塊鏈上。如果簽署的差評多到一定程度，就可以通過智能合約發佈商家事先私顧簽名的含有退賠、召回、道歉等具體內容的聲明，這樣的技術手段可以真正做到由消費者而非中介來直接掌控交易信息。

人工智能正在提升價值跨時間使用的能力，證明時間就是金錢的這一說法。人工智能能夠在以下三個方面"跑贏"時間。

首先是快速吸收信息，將信息轉化為知識的能力。人工智能在對文本、語音和視頻等非結構化信息的獲取方面出現了較大飛躍，人類手工收集、整理、提取非結構化數據中有用信息的能力已不如人工智能程序。特別是文本信息，在自然語言處理和信息提取領域，這樣的技術不僅限於二級市場的量化交易，對一個公司上市前各融資階段或放貸對象的基本面分析乃至在實體經濟中對產業生態和競爭格局的分析等都可以使用這樣的技術來爭取時間優勢。

其次是在領域建模和大數據分析基礎上預測未來的能力。時間最本質的屬性就是其不可逆性。未來是不確定的，但又是有規律可循的。基於知識圖譜的領域建模、基於規模化大數據的處理能力、針對半結構化標籤型數據的分析預測算法三者的結合，是人工智能在時間維度上溝通過去和未來，減少跨越時間的價值交換帶來的風險的優勢所在。

再者是在確定的規則下優化博弈策略的能力。價值交換領域充滿了博弈，博弈皆須解決局勢判斷和最優對策搜索兩個基本問題。人工智能可以比人更充分地學習有史以來的所有公開數據，可以比人更充分地利用離線時間，採用左右互搏的方式來增強學習效果，還可以使幾萬台電腦共同協作，相對於幾萬人的協作而言不存在人類面對利益時的考量以及各種不淡定乃至貪婪的表現，所以人工智能在博弈環節的普遍應用也是一個必然的趨勢。

●○ 金融科技核心技術應用場景探索

金融科技核心技術的實操水平決定了 Fintech 企業的核心競爭力，大數據思維主導了 Fintech 行業的發展方向。人工智能和區塊鏈作為金融科技的核心技術，目前已經在很多可應用的場景嶄露頭角。新業務模式、新技術應用、新產品服務對金融市場、金融機構以及金融服務供給產生了重大影響，但其與傳統金融並不是相互競爭的關系，而是以技術為紐帶，讓傳統金融行業通過擯棄低效、高成本的環節從而形成良性生態圈循環。傳統金融機構是否能成功轉型或是金融科技公司能否具備行業競爭力，取決於其是否能夠研發出自己的核心技術並且讓核心技術與金融環境相結合而使金融服務更高效。從具體應用上看，金融科技核心技術目前在如下領域已經開始成熟且逐漸延伸。

人工智能的應用場景之一：智能投顧、量化投資

對標全球，世界最大的對沖基金橋水在 2015 年組建了一個新的人工智能團隊。Rebellion Research 運用機器學習進行量化資產管理，於 2007 年推出了第一隻純投資基金。2016 年 9 月末，安信證券開發的 A 股機器人大戰 5 萬名投資者的結局揭曉，從 6 月 1 日至 9 月 1 日的三個月裏，機器人以 24.06%（年化 96%）的累計收益率戰勝了 98% 的用戶。機器人運作模式是先從基本面、技術面、交易行為、終端行為、互聯網大數據信息、第三方信息等衍化成一個因子庫，屬於數據準備過程。之後將因子數據提煉生成訓練樣本，選取機器學習算法進行建模訓練，最後保留有效因子生成打分方程輸出組合。

機器人大數據量化選股較人類智能而言，更偏向從基本面、技術、投資者情緒行為等方面挑選因子，對 IT 技術、數據處理技術的要求較高。另外人工智能還能夠自動搜集企業公告、上百萬份研報、維基百科等公開知識庫等，並通過自然語言處理和知識圖譜來自動生成報告，速度可達 0.4 秒 / 份，60 分鐘即可生成全市場 9000 份新三板掛牌公司報告，在時空上的優勢由此得以體現。

人工智能的應用場景之二：信用卡還款

截至 2015 年年末，全國人均持有銀行卡 3.99 張，現代消費模式中人們已習慣了通過信用卡或者手機綁定信用卡進行消費。一人多卡的現象有時會讓持卡人忘記按時還款，逾期不還款的高額滯納金會讓用戶產生損失。此類情況下人工智能能夠將用戶所有的信用卡集中管理，幫助用戶在不同的還款期內合理安排資金，以支付最少的滯納金。若賬戶沒有餘額的情況發生，開發公司會提供比信用卡公司利率更低的貸款，幫助用戶還信用卡賬單。

區塊鏈的應用場景之一：數字貨幣

瑞銀、德銀、花旗等許多銀行都已着手開發自己專用的數字貨幣。領先的比特幣支付處理商 Snapcard 與格魯吉亞共和國最大的支付服務提供商之一的 UniPAY 達成了戰略合作夥伴關系，整合 Snapcard 的數字貨幣支付處理技術，並將為商家和用戶提供一種新型支付選項，除了可以使用比特幣支付以外，還可使用萊特幣、狗狗幣等其他數字貨幣，商家和用戶還能將這些數字貨幣兌換成當地貨幣。未來數字貨幣或將通過其交易效率高、交易成本低的優點代替現金以及信用卡。

區塊鏈的應用場景之二：保險業規避傳統保單中的信息不對稱風險

陽光保險推出的“區塊鏈＋航空意外險卡單”，是國內首個將區塊鏈技術應用於傳統的航空意外險保單業務中的金融實踐。傳統的航空意外險對於普通投保人一直存在着顯著的信息不對稱問題，這也造成了航空意外保險一直是保險中介"上下其手"的"重災區"。區塊鏈技術正好可以解決中介環節中信息不對稱性問題。保險公司、航空公司、客戶依托區塊鏈技術多方數據共享的特點，可以追溯保單從源頭到客戶流轉的全過程，各方不僅可以查驗到保單的真偽，確保保單的真實性，還可以進行自動化的後續流程，比如理賠等。區塊鏈作為一項分佈式共享記賬技術，利用統一共識算法構建不可篡改的數據庫系統與保障機制，結合傳統保險諸多環節形成資產數據流，使保險產品自動"流動"起來，減少了由於信息不對稱造成的成本與道德成本。此外區塊鏈航空意外險卡單設立在區塊鏈上，沒有中間商，保險卡單價格會很明顯地降下來，還可以防止保險產品被中間商抬高價格後轉嫁到消費者身上。

區塊鏈的應用場景之三：其他領域

區塊鏈在其他領域的應用場景可概括為三大類：一是登記，區塊鏈具有可追溯的特點，是記錄各種信息的可靠數據庫，可在客戶信息登記領域廣泛使用。二是明確產權，區塊鏈數據共享的特點使得各個機構和個人均可參與整個系統的運作，每個參與節點都能獲得一份完整的數據庫資料。三是智能管理，區塊鏈"去中心化"的特點可以使智能合同自動執行合約條款。在各個領域的應用可歸結在表 1 中。

表 1　區塊鏈技術分佈式賬本在登記與明確產權等方面的應用

分類	實　例
公共記錄	土地和房產證、車輛登記證、營業執照、結婚證、死亡證。
證件	駕駛證、身份證、護照、選民登記證。

分類	實　例
私人記錄	借據、貸款合同、投注、簽名、遺囑。
證明	保險證明、權屬證明、公證文件。
實物資產	豪宅、汽車租賃、酒店客房。
無形資產	專利、商標、版權。

資料來源：Ledra Capital Mega Master 的區塊鏈清單，中國上市公司研究所。

此外，金融科技核心技術能否促使金融行業健康發展，與監管模式是否創新也息息相關。對比西方國家，初創公司和大型金融機構均在政府的監管要求下不斷地進行創新和探索。反觀國內，"行業自律先行─政府監管跟上"的監管發展路徑也許在某種程度上有利於促進創新，不會將金融創新扼殺在搖籃中，但探索監管的創新模式也需要和行業發展齊頭並進，清晰的監管體系或許能夠讓行業創新保持可持續發展。希望金融科技初創公司或是傳統金融機構能夠在健康的監管環境下，適當借鑑西方國家的創新概念將應用場景落地，縮短中西方行業發展的差距，使國內金融行業更加高效、便捷、安全、利民。

（白海峰參與本文的起草與討論，本文發表於《清華金融評論》2016［11］，原題目為《金融科技的發展歷程與核心技術應用場景探索》。）

金融科技 ── 改變中國的金融業

●○ 全球金融科技市場：電子支付和個人金融主導，中美領先

全球金融科技（Fintech）交易規模不斷增長，2016 年交易金額達到 2.6 萬億美元，同比增長 26%。從交易結構來看，電子支付佔比最高，達到 85.4%，其次為個人金融，比例為 9.6%，商業金融僅為 5%。根據 Statista 的估計，未來商業金融和個人金融增速高於電子支付，2021 年電子支付比重將下降到 67% 左右。

從地域來看，中國金融科技交易金額位居世界第一（見圖 1）。2016 年中國金融科技交易金額達到 1.08 萬億美元，居第一位，其次為美國 1.02 萬億美元。中美兩國交易金額相比於第三位的英國的交易金額（0.19 萬億美元），已經拉開數量級的差距。

國家	金額／億美元
中國	1,086,492.5m
美國	1,025,519.0m
英國	190,773.8m
日本	145,104.7m
德國	115,016.4m

圖 1　2016 年全球金融科技交易地區排名

數據來源：Statista。

●○ 金融科技目前究竟包含哪些領域？

金融科技通常被界定為金融和科技的融合，就是把科技應用到金融領域，通過技術工具的變革推動金融體系的創新。2016 年 3 月，全球金融穩定委員會發佈了《金融科技的描述與分析框架報告》，這是第一次從國際組織層面對金融科技做出初步定義，即金融科技是金融與科技相互融合，創造新的業務模式、新的應用、新的流程和新的產品，從而對金融市場、金融機構、金融服務的提供方式形成非常重大影響的業務模式、技術應用以及流程和產品。

金融科技的外延囊括了支付清算、電子貨幣、網絡借貸、大數據、區塊鏈、雲計算、人工智能、智能投顧、智能合同等領域，它們正在對銀行、保險和支付這些領域的核心功能產生非常大的影響。

目前，巴塞爾銀行監管委員會將金融科技分為支付結算、存貸款與資本籌集、投資管理、市場設施四類（見表 1）。

表 1　金融科技的分類

支付結算	存貸款與資本籌集	投資管理	市場設施
零售類支付	借貸平台	智能投顧	跨行業通用服務
移動錢包	借貸型眾籌	財富管理	客戶身份數字認證
點對點匯款	線上貸款平台	電子交易	多維數據歸集處理
數字貨幣	電子商務貸款	線上證券交易	技術基礎設施
批發類支付	信用評分	線上貨幣交易	分佈式帳戶
跨境支付	貸款清收		大數據
虛擬價值交換網絡	股權融資		雲計算
	投資型眾籌		

●○ 金融科技漸進前行的三個發展階段

如果從 IT 技術對金融行業推動變革的角度看，目前可以把它劃分為三個階段。

第一個階段可以界定為金融 IT 階段，或者說是金融科技 1.0 版；第二個階段可以界定為互聯網金融階段，或者稱為金融科技 2.0 階段；第三個階段是金融科技 3.0 階段。

大致判斷，中國正處於從金融科技 2.0（互聯網金融）向金融科技 3.0 過渡的階段，現階段金融科技備受一級市場關注的兩個領域為人工智能和區塊鏈技術，這是金融科技 3.0 的核心底層技術，行業正在對金融科技 3.0 領域開展從 0 到 1 的積極探索（見圖 2）。

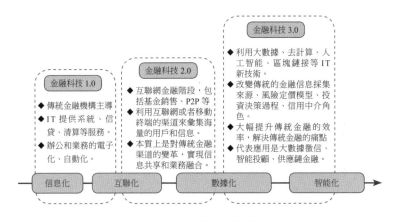

圖 2　金融科技的三個發展階段

●○ 中國的金融科技究竟會如何劇烈地改變現有的金融體系：競爭 or 互補？

金融科技將如何改變現有的金融體系？這取決於不同的市場環境，以及在不同市場環境下不同行業的競爭者的博弈互動。金融科技主要涉及的金融領域有如下幾方面。

支付結算類

互聯網第三方支付業務發展迅速並趨於成熟，但由於其對銀行支付系統仍有一定程度的依賴，並未從根本上替代銀行的支付功能或對銀行體系造成重大衝擊，二者更多是實現分工協作，優勢互補。互網聯的誕生，更強化了這種優勢互補的定位。

存貸款與資本籌集類

此類業務主要定位於傳統金融服務覆蓋不足的個人和小微企業等融資需求，也就是通常所說的長尾客戶群，雖然發展較快，參與機構數量眾多，但與傳統融資業務相比，所佔比重仍然較低，更多是對現有金融體系的補充。

投資管理類

主要包括智能投資顧問和電子交易服務，在國內市場上目前這兩項業務都是處於銀行主導的狀態，其實質是傳統金融培育、服務傳統金融的業務模式。

市場設施類

此類業務科技屬性較強，大部分金融機構會選擇外包此類業務，應用這類科技創新服務於現有金融業務。

綜上，金融科技可以說是技術帶動的金融創新，它與傳統金融並不是單純的競爭關系，同時也存在以技術為紐帶的合作關係，影響和衝擊的主要是傳統金融行業低效、高成本的環節，從而從總體上有助於提升金融體系的效率。

如果對比中美兩國的金融科技的發展路徑，可以發現，美國是活躍的華爾街金融機構積極吸收技術部門的創意，人才是從科技部門流向金融部門；中國的人才流向，則主要是從金融部門流向似乎更有活力、更有競爭力的科技部門，這種流向的差異值得我們深入思考。

　　當然，金融科技在提高金融市場效率的同時，也帶來了新的風險。例如，金融科技通常會引入高風險用戶，降低了風險控制模型的有效性，提高了機構整體風險水平。另外，在金融科技的推動下，跨行業、跨市場的跨界金融服務日益豐富，不同業務之間相互關聯與滲透，金融風險更加錯綜複雜，需要及時跟進相應的風險監管舉措。

　　（文章來源：《今日頭條》2017 年 8 月 14 日，原題目為《中國 Fintech：正在改變中國的金融業》。）

參考文獻

1　巴曙松：《中國科技金融發展的現狀與趨勢》，《21 世紀經濟報道》2017 年 1 月 20 日。

2　巴曙松：《金融科技公司的探索與思考》，《中國時報》2016 年 11 月 7 日。

3　巴曙松、白海峰松：《金融科技的發展歷程與核心技術應用場景探索》，《清華金融評論》2016（11）。

中國金融科技應用的場景與路徑

金融科技實際上是把技術應用到金融領域，通過特定工具的變革來推動金融體系的創新，隨之產生有重大影響的新的應用、新的流程、新的產品，比如支付清算、電子貨幣、智能投顧。

金融領域的技術革新最初從美國西海岸發起，之後迅速蔓延到華爾街，這主要是因為其在原有發展路徑上碰到了很大的約束，擴張空間不大，所以只好向內求，減少內部的成本，優化流程，提高效率，尋找新的商業模式，實際上這正是全球金融業面臨的轉型壓力在金融行業這個大環境中的突出表現。

總體來看，金融科技可以分成三個不同階段，第一個階段是金融的 IT 階段，也就是 1.0 階段。這個階段的典型特點是金融行業（銀行、證券、保險）將傳統的 IT 軟件硬件應用到辦公、業務、產品等方面。電子化提高了行業的業務效率。這一階段 IT 公司參與程度有限，僅限於金融機構內部，包括銀行、證券的科技部門，也包括自動取款機（ATM）系統、核心系統，這對銀行效率提高發揮了重要作用。第二個階段是互聯網金融階段，也就是 2.0 階段。金融業搭建一些在線業務平台，通過互聯網，或者移動終端的渠道來接觸、服務大量用戶，這實際上是對傳統金融渠道的一個變革，代表性的業務包括互聯網基金銷售等。如果按照金融學的角度來評估，它談不上有什麼創新，無非就是把一個支付工具的留存資金和一個貨幣基金產品進行了聯結，但是因為互聯網強大的滲透能力，所以它發展非常快。第三個階段是金融科技，也就是 3.0 階段，通過大數據、雲計算、人工智能、區塊鏈這些技術來改造傳統的金融信息的採集或者是風險的識別、量化、定制，改變決策定價、投資決策的過程，能夠大幅提升傳統金融行業的效率，比如說大數據徵信。

　　金融科技的核心技術集中在以下幾個方面。一是人工智能。據了解，十年、二十年前在美國上大學的學生，學人工智能是找不到工作的，而現在這個專業還沒有畢業的就已經有好幾個工作邀約了。人工智能的意義在於，首先是怎麼快速地吸收信息，把信息轉化為知識；其次是在確定的規則下推出一個優化博弈的策略；最後是在預見某個大數據分析的基礎上對未來進行一個預測。實際上，雲計算也是大數據計算的一個技術保證。二是區塊鏈技術，它重構的是金融行業的底層架構，作為數字貨幣底層的一個核心技術，它能夠實現一個分散式的、跨越空間的價值傳遞，來解決中間交換產生的信息不對稱問題。如果把它用在交易所中，交易所這個業務形態將來還有沒有存在的必要是一個值得思考的問題。有些香港的銀行將技術用在住房按揭上，用在住房的登記和估值以及最後的貸款、償還上。區塊鏈技術經歷過幾個不同的發展階段，比如說啟蒙和探索階段、加速發展階段。後來，一些知名的技術公司介入，推動了區塊鏈技術的成熟和行業應對階段，從而在真實的生活、生產環境中出現了區塊鏈技術的產品化和工程化的現象。

　　目前，對中國金融科技主要應用的五類機構[1]、六大業態來說，筆者印象最深的是一張圖片：街邊一個大爺賣烤地瓜，旁邊擺一個二維碼。這說明支付已經滲透到了生活的各個領域。除此之外，還有 P2P 的網絡借貸，互聯網支付，股權眾籌的借貸、股權、融資，互聯網基金銷售，互聯網保險和互聯網消費金融等六大業態。

　　當前中國內地市場科技金融運用的幾個主要場景的路徑在實際上差異較大。

1　這五類機構包括傳統金融業、互聯網機構、新興互聯網金融、通信機構和基礎設施。

比如說阿里巴巴，它構建了一個自己的電商場景，積累了大量的銷售數據和支付數據，以及信貸交易、貨物買賣這些數據，所以它很自然地通過這些支付和貿易的數據來延伸到徵信、眾籌、借貸等領域。在公司的工作屏幕上能顯示每一秒在全國及時成交的貨物的地區和金額，這種商業模式離通常所說的金融是很近的，而且構建了一個封閉的場景。螞蟻金服服務的年輕人，不一定有太多錢，但未來他們要走到“舞台”的中央，所以他們會成為消費支付的主力，而這個不斷成長的群體的習慣的消費場景跟傳統的商業銀行沒關系，這也是對傳統銀行的挑戰。

第二個是騰訊，騰訊的強項是社交場景，本來它離金融科技有點遠，但是它推出了紅包業務，紅包延伸出微信支付，這樣就帶來了小額借貸、保險、個人消費這一路徑。

第三個是百度，目前來看百度離金融科技比較遠一些，因為它是搜索公司，它有流量，但它很有可能後發制人，因為它可以通過智能搜索、信息採集來進入個人消費、小額借貸和保險這一階段，所以在不同的場景中金融科技的路徑是不一樣的。

經過十幾年的發展，中國金融科技不同細分領域裏發展最成熟的就是網絡支付，它成為金融科技未來廣泛應用於各個行業不同場景的一個非常重要的介入基礎。支付具有金融數據的雙重屬性，支付場景擁有的數據資源是進一步發展信貸、徵信這些複雜金融的非常重要的基礎，社交場景可以從各個平台整合個人的消費領域；安全領域的這些信息可以轉化到金融服務提供平台中；搜索場景是利用搜索頻道把用戶流量引入金融領域。未來大數據、人工智能技術將進一步拓展金融科技的發展空間。

總體上來看，中國叫互聯網金融也好，叫作金融科技也好，實際上跟發達經濟體相比，是比較包容和開放的，市場探索空間也比較大。看同類型的產品，往往金融科技或者互聯網金融產品因為沒有牌照，反而在監管上比較寬鬆，有一些犯錯的機會，但是也帶來了創新的空間。從中可以看到，國內不同時期發展的路線現在也慢慢逐步規範化。從國際上看，國際監管跟中國的從寬鬆到逐步強化相比正好有點相反，是從收緊開始轉向積極的政策，強調市場互動和行業自律。

從監管措施看，主要強調幾個原則，包括監管一致性原則、漸進適度原則、市場自律原則，從事後評價來看，監管一致性原則是主要的。比如餘額寶就遭到了一些公募基金和貨幣基金公司的抱怨，因為它實際上享有一些公募基金不具有的特權，比如說它的期限錯配、存款利息的計息結息辦法。因此只要實質上是一個金融產品，就應該適用同樣的監管原則。

奧巴馬在快離任總統之前發佈了《金融科技框架白皮書》，其中很重要的一點就是注重監管的一致性，它是按照金融產品和服務的性質來決定適用的法律和監管機構。比如說在股災的時候，為什麼監管部門不能掌握全面的情況，中國證監會只了解它熟悉的證券公司、基金公司的情況，但是互聯網配資並不能掌握這些情況。從嚴格意義上來說，互聯網配資在成熟市場有一個典型的證券借貸任務，它是要領牌的，所以同樣是證券借貸業務，在場內做兩融，在證券公司和基金公司牌照下做槓桿，和在互聯網金融企業做配資，其受到的監管差異很大，沒有達到體現監管一致性的原則。

為了鼓勵創新和探索，美國等發達經濟體開始進行監管原則的升級，在基本原則的基礎上有所放鬆，比如說"沙盒監管"，這個架構允許金融科技公司在特定的範圍內，能合理或者嘗試衝撞一些政策和法律的灰線，同時突出市場的自律，英國的 P2P 金融協會，在監管法規之前，在規範成員的經營發展上就設立了很多監管原則。

同時，國際社會對金融科技未來監管架構也有很多設想，其中比較有代表性的是在 2016 年 3 月份舉行的金融穩定理事會（FSB）正式討論金融科技的系統性風險和全球監管，以及金融穩定的影響和在國際上的監管等相關問題，FSB 提出的幾個問題，比如說對創新產品、創新服務實質的界定，和現有的金融服務有哪些同質性的特徵，對外擴張、創新探索的邊界在什麼地方，對於整個社會的經濟結構層面的影響，這個服務有哪些功能是獨有的、增量的價值。

在微觀層面上，這個創新是否會把金融業務轉移出現有的監管框架，或者說金融科技會不會變成影子銀行的一個拐杖，把它轉移出去，這樣將會導致監管套利。在宏觀層面上，評估比較多的是會不會形成新的壟斷，影響整個新的市場份額的集中化，這樣反而有可能形成另一種層面的系統風險。

另一方面，跨市場是否會對市場的流動性、槓桿率、期限轉換、流動性錯配產生新的衝擊和影響，市場之間風險的傳導、跨境的傳導，對比原來又會有哪些變化？所以在中國監管體制需要的借鑑就是，行業自律加上行政監管裏面的監管一致性，以及參與國際合作來為中國佔優勢的金融科技的技術和企業去拓展國際市場提供條件。

目前，中國金融業對金融科技的利用有三種主要形式。一是在自建的互聯網的場景裏面滲透金融服務，比如說工行的融 e 行、融 e 購，比如說平安好車、好房、好衣，圍繞衣食住行構建的場景。二是在互聯網場景裏提供金融服務，比如說眾安保險，不同平台用這個數據來設計相應的保險產品，在這個平台上銷售。三是金融互聯網，就是利用互聯網來提升優化現有業務，提高支付開戶、盡職調查這些環節的效率等。

通過對比中國不同的互聯網企業金融化參與路徑的不同，發現金融科技在發展商品場景中是不一樣的。實際上中美的差異也很明顯，美國線下現存的金融體系本身就比較發達，所以金融科技本來的定位就是覆蓋這些傳統的金融服務，最開始它是作為一個技術創新，在美國西海岸的硅谷流行起來的，很快重心就轉到了華爾街，而且這些金融機構通過大規模地吸收科技專業的人員來改造原有的模式。

中國傳統的金融服務在總體上存在着供給不足、嚴格的牌照管制制度等問題，所以科技公司的發展有很大的服務空白點，而且傳統的金融行業雖然競爭有所加劇，但整體發展穩定。

在美國，金融科技的融合是金融業主動去吸收技術人員，來改進自己的產品和技術商業模式，而中國發展的路徑則是活躍的科技公司去吸引金融機構的高管來加盟，所以這一路徑的不同就說明，中國還有很大的空白市場需要去填充，其中，解決的路徑之一可能就是給這些互聯網金融企業特定的牌照，讓它跟現有的機構去競爭，來改進這個服務。

再比如美國的金融科技和智能投顧，興起比較快的主要原因在於它的養老金體系，每個人都要做出自己的投資決策，很多人不具備這個知識怎麼辦呢？智能投顧就提供了這一服務。而反觀中國的養老金，主要是通過選幾個管理人去管理養老金，普通中國民眾並不知道這個商品有多少收益、走的路線是什麼。這主要是因為中美所處的市場環境、金融結構、需求結構不一樣，發展的路線也不一樣。

（文章來源：《今日頭條》2017 年 4 月 20 日，原題目為《中國金融科技應用的不同場景與路徑》。）

金融科技助力中小銀行轉型

●○ 中小銀行在競爭中面臨轉型壓力

近年來中國中小銀行業金融機構數量及市場份額總體呈現持續上升的趨勢，市場集中度下降，競爭激勵程度進一步加劇。根據中國銀監會的統計信息，截至 2017 年 6 月末，中國銀行業金融機構總資產 243.2 萬億元，其中股份制商業銀行、城市商業銀行、農村金融機構資產總和佔比 43.76%，同比上升 0.27 個百分點，所佔比重超過了大型商業銀行（見圖 1）。

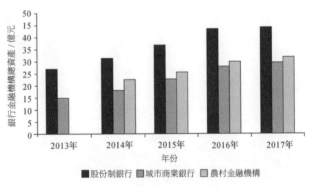

圖 1　中國中小銀行資產

數據來源：中國銀監會統計信息。

但另一方面，從整個行業的發展趨勢看，銀行傳統息差收入持續下降，銀行面臨發展轉型期，中小銀行較大銀行的淨利差收窄壓力更大。2015 年以來，股份制銀行及城市商業銀行的淨息差下降趨勢顯著快於大型商業銀行。在此背景下，銀行各類業務發展對整體收入增長的貢獻呈現不同的趨勢，其中息差收入逐漸下降，非利息收入貢獻度穩步提高，商業銀行在競爭壓力下積極探索新的轉型方向（見圖2、3）。

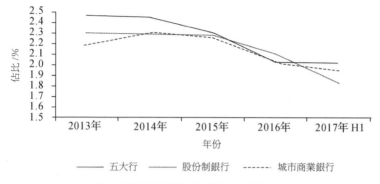

圖2　中國不同商業銀行淨息差下降趨勢分化

數據來源：中國銀監會統計信息。

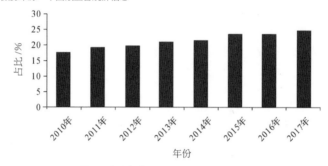

圖3　中國商業銀行非利息收入佔比變化

數據來源：wind。

從總體趨勢來說，在中國的銀行體系中，相對於大型銀行，股份制銀行和中小銀行資產規模在持續擴張，但傳統業務日漸收縮，新興業務佔比持續增長，銀行面臨轉型。在該轉型過程中，中小銀行發展仍然存在着諸多問題。

從運營管理的角度來看，中小銀行傳統網點面臨功能約束，亟待轉型

根據中國質量協會發佈的《銀行業客戶滿意度調查報告 2016》，2016年銀行客戶總體滿意度較去年相比下降 2.2 分，其中最主要因素為“排隊等候時間長”，傳統網點辦理業務由於通常需要填寫煩瑣的單據，大大降低了其櫃面業務辦理效率。另外傳統商業銀行物理網點人力運營成本也往往居高不下，一個櫃員人均年成本約 10 萬元，與一台價格稍高的智能設備價格相仿，但後者服務能力卻提升約 80%。而中小銀行由於資產規模較小，相同規模的物理網點給其帶來的成本壓力更大。總體來說由於服務效率低下及運營成本過高，許多中小銀行已經開始削減傳統網點規模，2017年上半年，中信銀行、光大銀行、平安銀行、招商銀行 4 家銀行分別減少員工 1458 人、915 人、5164 人和 144 人，中小銀行傳統物理網點亟待轉型。

從業務模式的角度來看，中小銀行以存貸利差為主的傳統模式需要改變

目前中國的股份制銀行和中小銀行主要盈利模式還是以存貸利差為主的傳統盈利模式，以股份制銀行為例，如果將資產規模最大的 7 家股份制銀行作為樣本，將其利息收入佔比進行加權平均，計算得到中國股份制銀行的傳統利差收入平均佔比約 80%，其利潤來源依然是嚴重依賴利差的商業模式。隨着利率市場化基本完成，未來存貸利差預計將在競爭中不斷縮小，以存貸利差為主的傳統盈利模式將面臨更大的壓力。另外隨着互聯網時代消費者主權上升，客戶不再滿足於傳統銀行提供的標準化產品和服務，個性化服務需求不斷提高。但由於大多數中小銀行的平台較小，資產規模相對較小，創新型專業人才儲備不足，也使得一些中小銀行在開展投行、私人銀行、資產管理等創新型金融業務時受到制約。

從客戶資源的角度來看，中小銀行的優質貸款客戶資源存在明顯劣勢

對於過去的銀行來說，大量一線的物理網點是最主要最集中的獲客渠道和營銷場所，即使現在受到互聯網金融衝擊，其優勢下滑，但在積累優質客戶資源方面仍具有優勢。絕大部分中小銀行營業網點有限，且區域特性明顯。由於網點數量較少，覆蓋的地域範圍相對局促，從農信社、城市信用社脫胎而來的中小銀行在高端客戶積累能力上也非常有限，因此中小銀行找到優質貸款客戶的能力及為其提供高端服務的能力，與大型商業銀行相比可能就會處於一定的劣勢。

從風險管控的角度來看，針對中小型客戶群的傳統風控手段較為乏力

在交易互聯網化的時代，融入場景、一鍵申請、一秒放款且價格合理的純線上小額信貸對小微企業來說極具吸引力，將有潛力催生一個龐大的市場，因此成為中小銀行的重要努力方向。但中小銀行傳統的風控機制卻基本不適用於小微企業，由於小微企業往往可能沒有完整準確的財務報表，也缺乏足夠可供抵押的資產，相較於大型企業，銀行的調查審核成本較高。另外個人客戶的風險模型需要經過大量數據樣本計算，才能夠較好地對其進行風險評估。中小銀行由於發展規模較小，發展時間較短，數據的積累缺乏充足的時間和資本，因此針對數量龐大的中小型客戶群體來說，其本身傳統的風控手段需要強化。

●○ 金融科技助力中小銀行建立新的專業優勢

在現行背景下，中小銀行想要順利實現轉型，可以從金融科技創新中找到新的動力。具體來說，如果能很好地利用金融科技，就可以使金融科技幫助中小銀行縮小與大型商業銀行的規模及技術水平差距，發揮自身決策效率高、本土化優勢明顯的特點，探索適合中小銀行的特色差異化發展道路。

金融科技能夠突破地域、時間的限制，突破傳統業務模式下大型銀行的地域和時間限制

傳統的金融業務，對分支機構網絡和地域分佈依賴性較強，此時擁有營業網點覆蓋優勢的大型商業銀行競爭力更強；隨着用戶需求的多樣化，非現場、全時段、自動化、移動化的應用場景，打破了傳統金融服務的固有模式，有利於部分並不具備網絡優勢的金融機構突破地域、時間的限制。

在這個背景下，中小銀行可以將線下與線上的金融服務結合起來，將傳統的網點向輕型化、智能化、社區化方向發展。

（1）利用金融科技將網點輕型化、智能化。如此前所述，根據現狀粗略地進行評估，一台與人工成本相仿的智能設備的效率更高，中小銀行發展金融科技逐漸用智能設備代替部分重複勞動的櫃台人員，然後騰出人員來從事專業服務，將有利於提高其工作效率，同時也可以削減多餘的傳統網點面積，提升空間利用率。

（2）中小銀行一般區域特性明顯，在一定的區域範圍內可能具有信息成本優勢，可以發揮其優勢發展社區銀行，建立基於特定區域的精細化的大數據庫，完善客戶關係管理，支持其開展區域特色的金融服務，以增強其客戶黏性。銀行可以將網點融入社區，針對社區居民群體的生活需求，以便利為核心，開展各式的特色營銷工作。有的中小銀行通過設立特色金融便利店來實現這個目標，這些金融便利店的面積一般不超過 50 平方米，但功能非常齊全，甚至還配備了例如醫藥箱、血壓計等生活工具幫助社區居民，以支持其融入社區發展金融服務。

金融科技革新傳統業務的服務模式，大數據分析為個性化差異服務及產品提供支持

隨着大數據、雲技術、區塊鏈、人工智能、物聯網等技術日漸成熟，銀行提升數字化業務能力有了新的動能和方向。在此背景下，對中小銀行來講，可以藉助大數據分析，通過挖掘分析客戶行為特點和交易習慣，識別客戶真實需求，為精準營銷提供數據支持，從而細分客戶群，對其進行差異化競爭，針對不同客戶的需求推出對口的產品和服務。

金融科技的發展為中小銀行利用線上渠道拓展優質客戶創造了條件

目前電子銀行業務替代率普遍達到 90% 以上，客戶到店率逐年遞減，櫃面人工辦理的業務只佔 30%，這個現狀可以反映出客戶對傳統銀行業務在實時便捷、智能服務、理財咨詢和移動辦公等方面的服務提出了更高的要求，而藉助互聯網信息技術，服務提供商和客戶雙方不受時空限制，可以通過網絡平台更加快捷地完成信息甄別、匹配、定價和交易，降低了傳統服務模式下的中介、交易、運營成本。互聯網技術優勢大大縮小了中小銀行在客戶服務效率方面與大型商業銀行的差距，為其線上拓展優質客戶提供了良好機遇。

中小銀行可以通過金融科技積累海量信息，建立大數據風險預警體系，改進傳統風控手段缺乏的問題

中小銀行可以通過金融科技平台，利用大量數據和互聯網海量信息，建立預警機制，用自動化數據分析和展示系統替代大量的人工控制，從而大大地提高了風險管控效率。

●○ 中小銀行發展金融科技創新的方向與趨勢

根據畢馬威中國發佈的《中國銀行業轉型 20 大痛點問題與金融科技解決方案》，銀行可以通過自行研發創新金融技術、與金融科技公司合作以及共建科技平台等三種方式發展金融科技，中小銀行需立足自身資源稟賦選擇合適的發展路徑，以獲取長足發展的可能。

借鑑金融科技產業創新思路，自行研發創新金融技術

中小銀行可以利用第三方成熟技術選擇自主發展金融科技項目，這是最為直接的發展途徑。在這種途徑下，一項科技創新的發展建設需要金融和科技兩方面的知識，需要大量的複合人才，且建設期需要投入大量資金成本，中小銀行難以獨立負擔研發成本，因此選擇該發展路徑的中小銀行較少。

與金融科技公司合作，建設互聯網金融平台

隨着互聯網金融的深入發展，中小銀行可以選擇與大型金融科技公司進行全面合作。中小銀行的區域優勢明顯，可以通過引進金融科技公司專業人才和技術的方式，進行某一區域的合作。

中小銀行之間通過合作，共建科技平台，共享平台價值

由於中小銀行規模相對較小，不能負擔直接與金融科技公司合作的投入成本，因此目前選擇合作共建科技平台，通過數據互通、產品互享等方式共享平台價值，成為中小銀行發展金融科技創新的便捷途徑。

金融科技對銀行業的影響正處於起步階段，在目前的發展階段，可以說中小銀行在金融科技的發展上與大型銀行的差距相對較小，中小銀行如果合理運用體制靈活和本土區域的優勢，將業務優勢與金融技術結合，實現金融與科技的融合，那麼將有可能在激烈的競爭中探索出差異化的模式。

（文章來源：《今日頭條》2017 年 10 月 19 日。）

參考文獻

1 李偉：《金融科技時代的電子銀行》，《中國金融》2017（1）：68-69。

2 中國人民銀行：《中國金融穩定報告》，http://www.cfen.com.cn/sjpd/jrtz/201707/t20170707_2640532.html。

多管理人基金投資模式與金融科技應用的展望

　　近年來基金中的基金（Fund of Funds，簡稱 FOF）和管理人的管理人基金（Manager of Managers，簡稱 MOM）熱潮興起，其通過投資市場上不同類型基金管理人的產品來豐富母基金投資策略，進一步分散投資風險，且組合管理多元化，降低了普通個人投資者的投資門檻。多管理人基金雖不是新生產物，但或許是公募基金下一階段豐富產品條線、創新發展的方式之一。且從國際成熟市場經驗來看，全球私募股權基金資產總額的 38%（5000 億美元）由 FOF 管理。截至 2017 年 5 月，全球最大共同基金所在地美國市場上公募 FOF 基金超過 1300 隻，管理資產規模超過 1.6 萬億美元；歐洲市場緊隨其後，FOF 超過 3700 隻，規模逾 5600 億美元。中國台灣地區較大陸先行一步，FOF 數超過 70 隻，規模超過 40 億美元。大陸第一隻多管理人 FOF 基金由招商證券於 2005 年發行，目前市場上尚未出現公募基金公司發行的多管理人產品，私募 FOF 管理規模約 400 億元，大概有 260 多隻產品，僅佔私募基金 1.8 萬億元管理規模的 2.6%。總體而言，中國市場 FOF 規模和數量與美國仍存在一定差距。

●○ FOF 宏觀理論框架：自上而下選擇大類資產

　　美林投資時鐘模型是資產配置的宏觀理論經典模型，已充分運用在國內外基金擇股的投資運作中，它將資產輪動、行業策略與宏觀經濟周期聯繫起來判斷市場所處的經濟周期，自上而下篩選當下具有特殊投資機會的大類資產。

簡單而言，在經濟衰退階段，經濟下行通脹下行，資產投資收益率排列為：債券＞現金＞股票＞大宗商品；在復蘇階段，經濟上行通脹暫維持低位，資產投資收益率排列為：股票＞債券＞現金＞大宗商品；經濟過熱階段，經濟增速快，通脹維持高位，投資收益率排列為：大宗商品＞股票＞現金＞債券；在經濟滯脹階段，經濟先下行，通脹暫維持高位，資產投資收益率排列為：現金＞大宗商品＞債券＞股票。若從行業角度來看，當經濟增長加速時，股票和商品表現較好。周期性行業如科技和鋼鐵可以並且容易獲得超額收益；當增長放慢時，債券、現金和防禦性行業表現優秀；當通貨膨脹回落時貼現率下降，金融資產表現較好，投資者可以購買持續時間較長的成長股；當通貨膨脹上升時類似商品和現金實物資產最好；在衰退階段可考慮利率敏感性強的行業，如銀行、消費股票等。若洞察美林時鐘上對角線的行業與大類資產可以發現，其實這幾類資產是可以做對沖交易的。比如經濟過熱期做多商品與工業類股票，做空對角債券和金融行業股票。根據大類資產配置理論，FOF、MOM 的母管理人可以在選擇子基金或者子管理人時對其擅長的領域進行篩選，並根據市場經濟周期的變化進行調整。

●○ 各大類資產自身輪動與經濟周期的關係

美林投資時鐘模型簡要說明了宏觀經濟周期與債券、股票、大宗商品及現金之間的關係。從資產配置來看，大類資產自身的輪動與經濟周期之間也存在一定關係。

比如從債券市場來看，債券定價主要反映了投資者對未來通脹水平和實際利率的預期。比如在衰退期，隨着央行屢次加息，提升存款准備金率之後市場借債意願變強，而資金短缺，短期利率大幅度上漲，甚至會出現收益率曲線倒掛現象（從美國的情況看來，一般倒掛現象都預示着經濟衰退），即衰退期債券短端收益上行，是投資的最佳時期。且根據逐漸寬鬆的貨幣政策在經濟衰退期債券投資順序為：利率債→高評級債→低評級債；高評級債→利率債→低評級債；低評級債→高評級債→利率債。而在經濟強勢復蘇時期，股票最受青睞，債市熊市帶來的流動性壓力成為影響信用利差最主要的因素，高、低等級債的信用利差呈持續擴大的趨勢，因此投資順序應為：利率債→高評級債→低評級債。當經濟進入過熱時期，受益於較快的經濟增速，信用利差呈縮窄趨勢；過熱中後期，緊縮貨幣政策接連出台，信用利差呈縮窄趨勢，到過熱末期流動性壓力增大和緊縮貨幣政策帶來信用利差結束回落並呈擴大趨勢，所以根據貨幣政策逐漸趨於收緊，投資順序應為：低評級債→高評級債→利率債；低評級債→利率債→高評級債；利率債→高評級債→低評級債。而在滯脹時期經濟增速和通貨膨脹兩股反向動力的博弈下，收益率可能出現上行或下行的趨勢，無論收益率的方向趨勢如何，受兩股反向動力的牽制，收益率變動的幅度不會很大；債市的流動性風險將主要受資金寬裕程度的影響，所以隨着貨幣政策的鬆緊不同，債券投資順序不同。

　　同理觀察股票市場，經濟周期處於蕭條期時適合投資金融板塊；經濟周期處於蕭條後期及恢複前期時，可選擇消費領域，如旅遊、汽車、電器等；經濟恢復期的後期和繁榮期的前期階段則可投資工業制造等相關板塊；經濟進入繁榮期後則可投資資源類股票；而當經濟開始衰退後則首先要避免強周期性行業股票的風險等。

　　再觀察大宗商品市場，大宗商品通常分為能源類、工業類、農產品類、貴金屬類、家畜類等。通常在經濟復蘇階段商品市場會率先復蘇，金屬板塊複蘇快於農產品等；在經濟過熱階段大宗商品價格與居民消費價格指數（Consumer Price Index，簡稱 CPI）保持同漲，金屬板塊價格走勢相對較強；在經濟衰退階段金屬板塊領先下滑；在滯漲階段大宗商品價格走勢與 CPI 呈反向關係，CPI 上揚，企業成本增高導致經濟放緩，從而牽引大宗商品市場下跌。

●○ FOF 多管理人基金策略的制定步驟

基於上述宏觀策略理論框架，多管理人基金在宏觀策略制定方面可以簡單分為三步。

首先在資產配置方面，從權益資產、固定收益證券、大宗商品、房地產、貴金屬、現金等備選投資資產中結合實時宏觀經濟及市場動向分析全球特殊投資機會，制定出最優資產配置比例。

其次應進行地域配置。在資產配置的大框架下，需要在全球範圍內研究包括中國、北美、歐洲等其他發達市場及新興市場的國內生產總值（GDP）增長率、採購經理指數（PMI）、CPI、利率以及政治經濟環境穩定性等，從而做出合理地域投資策略及配比倉位。

最後須選擇策略配置。基於謹慎的資產及地域配置之上，選擇動態配置與宏觀經濟市場動向相符的若干優化投資策略，策略大致分為市場型（如做多港股）、方向型（如做多澳洲國債）、相對價值型（如美國科技股對小盤股），以達到緊握市場機遇，尋求絕對回報的投資理念。

●○ FOF 子基金或子管理人的選擇

FOF、MOM 產品的資產配置方向是基於市場大環境下產生的，而子管理人和子基金的選擇也是多管理人基金核心環節。多管理人基金並不需要設定固定的標的投資策略，母基金管理人需要通過自上而下的方式構建投資組合，通過自下而上的方式甄選各大類資產表現優秀子基金和子管理人。

母基金管理人首先應進行資源搜集，挖掘專注於以基本面分析為基礎的機會主義管理人，同時每季度調研大量候選管理人，在較早階段積極約見子管理人的核心團隊。其次須做好信息管理，跟蹤備案候選子管理人的業績表現、團隊及策略變更，確保子管理人投資策略緊跟市場動向，把握市場機遇；並維護候選基金池，更新其對未來市場看法及投資策略。再次，須進行動向研究，確保子管理人及時合理地根據市場跟進其業務結構以保證投資策略的一致性及業績的穩定性，並關注其投資行動的實施能力及策略調整的頻繁度。

子管理人的篩選也需要進行定量、定性的分析，可分為初選、複選、精選三個層面：在初選層面，主管理人參考子管理人的管理資產規模、具備完整牛熊周期的投資業績、管理人投資年限等；在複選層面，結合管理人的過往投資業績、淨值波動率和最大下行風險等指標等進行篩選；在精選層面，運用 5P 篩選法對目標子管理人進行逐一調研，即從公司素質、投研團隊、投研流程、投資組合、投資業績五個維度對子管理人進行全面客觀的定性分析。在滿足了三層篩選之後建立候選人 / 候選基金備選池。在篩選的整個流程中，定量和定性的分析需要數據支持，同時需要建立打分表，對每個指標設置一定的權重以進行評分。

●○ 多管理人基金的投後管理及風控制度

無論哪一類產品，是否嚴格遵守風控紀律是投資能否持續的前提條件，多管理人產品也是如此，需要做到規範化評估體系和事前、事中、事後實時監控，並在投後形成一定績效評估體系和出庫流程。

其中，績效評估體系需要從子管理人當期業績和業績持續性兩個維度進行評估：當期業績由總體分析和分析業績構成，總體分析需要從絕對收益、相對收益（相對於基準、風險、其他同類別子管理人）兩個維度展開；分析業績構成則需要從板塊配置能力（是否有效歸因分析）、個券選擇能力（板塊龍頭、黑天鵝）、把握市場時機的能力等幾個維度展開，指標包括：收益差、收益增速差、夏普比率（Sharpe Ratio）、特雷諾比率（Treynor Ratio）、詹森阿爾法，又稱詹森指數（Jensen's Alpha）、信息比率（Information Ratio）等。業績持續性分析可分為短期持續性和長期持續性。短期持續性檢驗可以通過馬爾科夫檢驗、收益自相關系數、相鄰秩差檢驗；長期持續性可通過半期平均秩差、相交積比率等方法檢驗。建立了相應績效評估體系後，對於投資不達標的子管理人需要嚴格遵守出庫流程。

同時，對整個投資過程中事前、事中、事後的風控環節也絕對不容忽視。投資前需要對子管理人做出具體翔實的盡職調查，調查子管理人各項定量與定性要求，對子管理人提供的歷史數據做出回測分析，確保其滿足入庫標準。同時，須對子管理人提供的模擬組合進行壓力測試，確保在最壞情況下模擬組合月基淨值波動率不應超過 10%，月基最大回撤不超過 25%（具體閥門由母基金管理人制定）。母基金管理人也須對子管理人盈利能力進行預測分析，母管理人有責任根據資產配置決策在子管理人庫中篩選出產生風險調整後回報能力最強的子管理人。在事中環節，母管理人要對子管理人做出每日監控，每月召開投資決策委員會例會，定期審議各子管理人月度報告，適時更新對各子管理人投資額度的分配，並在有重大情況發生時，須與子管理人聯絡，由其做出解釋，並由投資總監做出是否召開特別投資決策會之決定。在事後環節，子管理人對二、三級資產配置決策進行歸因；主管理人依據子管理人提供的資料對各子管理人進行絕對收益歸因，適時適度調整一級資產配置。

●○ 多管理人基金的發展模式

目前，中國基金業的牌照紅利正逐漸消失，基金公司須突破舊有體制和思路，創新組織架構，延伸業務鏈，做大體量，也許才能重塑話語權。多管理人基金產品實質上形成基金管理投資決策權限外移和分散化，標誌着基金從專業管理資產進入專業管理基金的新階段。然而中國的多管理人基金整體還是"新生兒"，對多管理人基金的研究，除了研究精選優秀的基金以及基金經理的框架體系之外，還要建立市場風格研究體系、大類資產研究體系，綜合上述三點才能構成完整的基金研究體系。對於基金管理人而言，好的管理人基金也不應該只局限於在子管理層做阿爾法系數（Alpha）[1]，或是只局限在選出大類資產然後配相應的交易所交易基金（ETF）來做出 Alpha，應該是以追求雙層 Alpha 為導向；主管理人也不僅是監督和評估的角色，也需要在自己這一層大類資產選擇時首先做出一層 Alpha，其次在相應的大類資產裏甄選有能力做出第二層 Alpha 的子管理人，有兩層收益的疊加才是多管理人基金除了風險分散以外，在收益方面優於其他單層基金的地方。

●○ 金融科技在多管理人基金中的運用及展望

多管理人基金的標的篩選或許可以通過金融科技的支持而更加深入和全面。人工智能能自動搜集大量相關信息並做出處理，用大數據和行為數據可進行個性化風險偏好測評，智能投顧能對基金產品進行深度挖掘並為客戶提供個性化動態解決方案。全球許多大型基金公司已經着手將金融科技運用到各類基金的投資研究以及面對市場個性化設計中去。世界最大的對沖基金橋水在 2013 年開啟了一個新的人工智能團隊。Rebellion Research 運用機器學習進行量化資產管理於 2007 年推出了第一個純投資基金。2016 年 9 月末安信

1　現代金融理論認為，證券投資的額外收益率可以看作兩部分之和。第一部分是和整個市場無關的，叫阿爾法（Alpha）；第二部分是整個市場的平均收益率乘以一個貝塔系數。貝塔可以稱為這個投資組合的系統風險。

證券開發的 A 股機器人大戰，從 6 月 1 日至 9 月的 3 個月裏，以 24.06%（年化 96%）的累計收益率戰勝了 98% 的用戶。2016 年末招商銀行重磅發佈 App 5.0 "摩羯智投"，運用機器學習算法構建以公募基金為底層資產，在全球範圍配置 "智能基金組合配置服務"。智能投顧（Robo-Adviser）結合了金融機構牌照優勢、用戶流量及數據、智能化分析技術、金融 IT 基礎設施等幾大核心要素，有望撬動萬億級長尾財富管理。且海外市場的智能投顧領域已經較為成熟，主要有投資推薦、財務規劃和智能分析三種。例如 Wealthfront、Betterment、Personal Capital 等智能投顧的管理規模截至 2016 年 2 月都已超過 30 億美元。

如果將金融科技運用到 FOF 或 MOM 中或許效果能夠更加明顯。可以先利用大數據對客戶的投資偏好進行信息篩選和智能評定，將結果與客戶自行選擇的投資期限、風險偏好、目標收益綜合以後，來構建基金組合，組合的標的池是由投資經理基於雙層 Alpha 投資理念篩選出的 "基金庫"。同時，結合金融科技的多管理人基金會實時進行全球市場掃描，選出大類資產範圍並根據最新市場狀況計算出最優組合比例，對組合提出調整意見，不斷優化基於客戶的個性化投資解決方案。

截至 2017 年 5 月，中國資本市場有股票 2600 餘隻、公募基金 2700 餘隻，滬港通、深港通的開閘，以及滬倫通、深港通、債券通等的開放，都為多管理人基金提供了更多的選擇範圍和產品。《公開募集證券投資基金運作管理辦法》的出台標誌着公募 FOF 正式起航，並提出 "支持有條件的機構圍繞市場需求自主開發跨境跨市場、覆蓋不同資產類別、多元化投資策略、差異化收費結構與收費水平的公募基金產品。研究推出商品期貨基金、不動產投資基金、基金的基金品種"，"支持基金管理公司拓展業務範圍，鼓勵探索定制賬戶管理、多元經理管理模式創新"。且隨着中國居民財富不斷積累、理財需求的增長、養老金資金運營水平和規模不斷提升、制度體系不斷完善等都促使投資者權益得到切實保障，以及金融工具的不斷豐富，都將為基金產品創新提供良好的市場環境，推動多管理人 FOF、MOM 產品不斷創新發展。

我們需要結合自身經濟的特點，吸取國外基金行業的優點，完善國內多管理人基金監管制度，豐富產品類型，使管理費率更加合理化，從而改變現階段單純依靠產品批文或者發行渠道來拓寬市場的商業模式，為該類型產品創造良好發展環境。

（白海峰參與本文的起草與討論，本文發表於《清華金融評論》2017［5］。）

人工智能時代的機遇和挑戰

可以預計，隨着人工智能的不斷發展，人工智能對於就業的影響將愈來愈明顯。

在移動互聯網技術發展與應用不斷成熟的基礎上，互聯網＋人工智能已在大力發展中，成為未來科技革命和產業變革的新引擎，也將帶動和促進傳統產業的轉型升級。將來人與物、物與物之間的對話、指令、自動化控制，大部分將由人工智能程序來操作，甚至實現“萬物互聯”。如今的人工智能應用範圍甚廣，例如在機器翻譯、智能控制、專家系統、機器人學、語言和圖像理解、自動程序設計、航天應用等領域。

人工智能的時代正在來臨。人工智能不是說要和人類具備一樣的智能，它的作用是幫助人類；未來，人工智能可以作為一個商品來售賣，把人工智能運用在某一個領域進行工作。對人工智能來說，使用的人越多，它就越聰明；隨着它愈來愈聰明，使用它的人就會愈來愈多，這是一個循環。人工智能給人類創造新的工作機會。未來人們的收入高低，將很大程度上取決於能否與機器人默契配合。

每一輪科技革命都會帶來新一輪工作革命，人工智能將大量淘汰傳統勞動力，很顯然會有不少行業因為人工智能的興起而消亡。未來機器人將會替代人工服務和操作，這可能將導致大量的服務工作、流程工作和中層管理環節“消失”，只有新型勞動力才能適應智能時代。

同時，雖然機械性的、可重複的腦力或體力勞動，將被人工智能或機器人取代。但是，會有更多新的、深度的、創意性的人才需求出現。人工智能相關“新行業”將帶來“新崗位”，隨着人工智能時代的到來，必定會產生一些新領域和新崗位，比如已經被行業認可的自然語言處理領域、語音識別工程師、人工智能或機器人產品經理。而且其他行業"舊崗位"也需人工智能化，如大多數保安、翻譯會被人工智能取代，但剩下的少數人，可能收入會更高，比如能操控安保機器人又有豐富安保經驗的安保負責人，比如垂直於某個細分領域的翻譯人才。從歷史上看，技術進步會不斷消滅舊的就業崗位，也會創造新的就業崗位。例如，轎車的普及消滅了黃包車車夫的就業崗位，卻創造了出租車司機的就業崗位。

人工智能時代的到來給我們帶來機遇，也帶來挑戰。首先，對新技術的發展與影響要有充分的敏感性。其次，只有不斷學習，提高自己的認知能力，才能對當下和未來的事物有比較清晰的認知，並適時做出選擇。其實，不斷地學習是在未來給自己留有更多的選擇餘地。要有意識提高自己的創新意識和能力，按照智能社會的分工，創新勞動將佔有主導地位。提升自己的適應能力和協作能力，人工智能時代的到來，將給我們的社會分工、文化、習慣等各方面帶來巨大的改變。最後，要積極擁抱人工智能，充分認知自身職業特點或職業規劃與人工智能的關係，積極運用人工智能提升崗位價值，如成為機器人、人工智能的調配管理者，成為人工智能的個性化、定制化創意設計師，成為運用思維、策劃方案引領人工智能完成任務的高端營銷策劃師，等等。

（本文發表於《濟南日報》2017 年 7 月 24 日，原題目為《人工智能時代，既有機遇也有挑戰》。）

"區塊鏈" —— 顛覆生活的下一個風口

　　區塊鏈技術現在廣受關注，業界也十分期待，當然分歧也非常多，應當說市場應用還處於比較初級的階段。

　　區塊鏈是伴隨比特幣為代表的數字貨幣所發展起來的新技術，其獨有的去中心化、分佈式、開放性、安全性等特徵逐步為市場所熟悉。很多企業或者機構開始研究和探索區塊鏈技術的應用。不同企業或機構根據自身行業的特點，試圖去發掘區塊鏈的部分特性。目前最被各行業所看重的是其中的安全性，也就是分佈式數據庫，這個特性在一定程度上解決了各行業交易過程當中的信息不對稱和信用摩擦的問題（去中心化特性雖然也討論較多但其實具有很大爭議）。

　　目前探索中的區塊鏈應用場景總體分為兩類：支付交易類、信息備份類。其中支付交易類場景最貼近區塊鏈起源——比特幣，其目標是解決資金劃轉過程當中的安全問題，而之前總是需要第三方機構（例如支付寶）進行協調或增信。信息備份類則是將重要信息放在區塊鏈上進行分佈式存儲，能更好地解決信息安全防篡改等問題。這兩方面也是常見的行業痛點。目前受到較多關注的供應鏈金融、農業、汽車製造等細分行業應用場景，也可以歸入上述兩大類之中，例如在供應鏈金融中監管資金走向，製造業農業的生產信息備份、銷售流程和資金周轉管理等。未來區塊鏈技術如果能廣泛應用，對證券市場的金融格局也會產生非常深刻的影響，特別是對交易所的商業模式影響更為直接。

　　然而，從目前的發展水平看，區塊鏈技術也並非完美無缺，比如出現智能合約漏洞、硬分叉、51% 攻擊、區塊信息負荷等問題。國家互聯網應急中心實驗室 2016 年底發佈的安全報告顯示，抽樣的區塊鏈領域開源軟件代碼層面高危安全漏洞與隱患共 746 個，中危漏洞共 3497 個。

因此目前區塊鏈的應用總體上處於探索階段，並沒有典型的應用場景出現，只有個別案例的試點。

（文章來源：微信公眾平台《金融讀書會》2017 年 7 月 12 日，原題目為《顛覆生活的下一個風口，"區塊鏈"究竟是什麼？》。）

區塊鏈加速金融行業變革

● 區塊鏈持續成為資本追逐的熱點，在金融行業的應用更受關注

區塊鏈技術作為比特幣等多種數字貨幣的底層技術，依靠加密算法、智能合約等技術創造了獨特的新互聯網模式。目前，全球關於區塊鏈的熱度不減，常常被市場視為是可能與大數據、移動互聯網、雲計算等新技術共同推動經濟金融轉型升級的第五次顛覆式產業革命浪潮。

基於這些判斷，許多主流的金融機構也開始積極佈局區塊鏈技術應用。為推動區塊鏈技術落地，以摩根大通、高盛為代表的四十餘家領先金融機構已經組建了 R3 CEV[1] 聯盟，共同制定適合金融機構使用的區塊鏈技術標準。2015 年年底，Linux 基金會牽頭建立的旨在促成底層技術提供方、區塊鏈創新公司、技術實施方及各行業技術應用方通力協作，打造跨行業分佈式賬本的超級賬本（Hyperledger）項目也吸引了摩根大通等眾多金融機構。

這些趨勢吸引了創投積極佈局區塊鏈技術。2015 年、2016 年區塊鏈技術公司成為風投基金項目庫中最熱門的項目方向之一，2015 年一年全球比特幣和區塊鏈初創公司就獲得了約 4.8 億美元的風投資金，2016 年風投資金規模增長更是迅猛，僅第一季度就達到 1.6 億美元，總體來看增長趨勢明顯（見圖 1）。根據博鏈數據庫顯示，截至 2017 年 4 月底，全球 455 家區塊鏈和比特幣相關公司累計獲得融資額為 19.47 億美元。對比中美兩國，從統計

1　R3CEV 是一家總部位於紐約的區塊鏈創業公司，其發起了 R3 區塊鏈聯盟。

上看美國比特幣和區塊鏈獲投創業公司披露融資總額達到 12.52 億美元，佔比達到全球份額的 64.30%。中國已披露的融資總額為 1.14 億美元，佔比為 5.86%，雖然在全球範圍內來看算是十分活躍的市場，但是對比美國市場來說目前的融資總額偏少（見圖 2）。

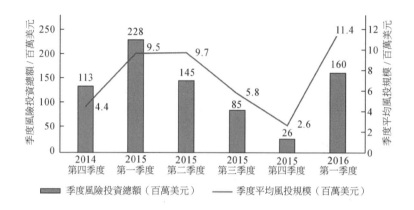

圖 1　投資在比特幣和區塊鏈創新公司的風險資金規模

數據來源：2016 年區塊鏈共識大會。

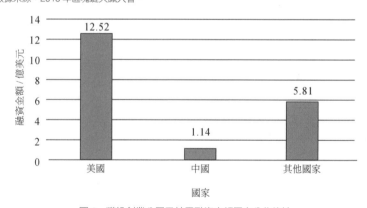

圖 2　獲投創業公司已披露融資金額國家分佈統計

數據來源：博鏈數據庫。

區塊鏈目前在世界範圍內發展的重點行業有金融、公共服務、物聯網、供應鏈及公益慈善。在應用領域中，金融服務佔比達到 55.43%。另外在企業服務（34 家）、防偽存證（20 家）、知識產權（15 家）等領域，獲投公司數量也較多。從目前的趨勢看，未來會看到更多領域優秀的"區塊鏈＋"行業應用創業公司登上舞台，也會有各自領域內更多的公司應用區塊鏈技術來升級自身產品（見圖 3）。

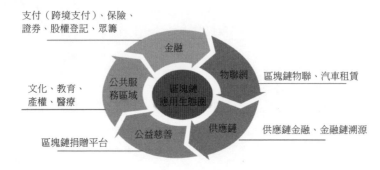

圖 3（a） 區塊鏈目前發展的重點行業

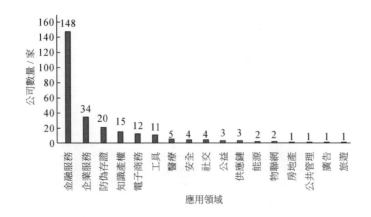

圖 3（b） 區塊鏈獲投創業公司應用領域分佈統計

數據來源：博鏈數據庫。

●○ 區塊鏈技術有條件以創新方式解決當前金融應用領域存在的痛點

區塊鏈核心技術

一是基於時間戳的"區塊＋鏈"結構，即每個區塊的塊頭包含了前一區塊的交易信息壓縮值，每個區塊主體上的交易記錄是前一區塊創建後、該區塊創建前發生的所有價值交換活動，信息記錄帶有時間戳且不可篡改，保證了交易信息的不可偽造、不可虛構、不可篡改和交易活動的可追蹤查詢（見圖4）。

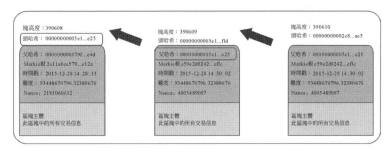

圖4　區塊鏈結構示意

二是非對稱的加密算法，即區塊鏈的加密和解密過程使用的是一對非對稱的密鑰對，用公鑰加密、私鑰解密，私鑰可以對信息簽名，而對應的公鑰可用以驗證簽名，實現了透明數據背後的匿名性（見圖5）。

圖5　私鑰、公鑰及比特幣地址之間的關係

三是共識證明機制，即通過某種證明算法證明區塊的正確性和所有權，以使各個節點達成共識，主要有工作量證明機制（Proof of Work，簡稱POW）、權益證明機制（Proof of Stake，簡稱 POS）、股份授權證明機制（Delegated Proof of Stake，簡稱 DPOS）和各種拜占庭容錯算法。目前比特幣使用的是工作量證明機制，完全去中心化，節點可自由進出。

四是分佈式記賬與存儲，即區塊鏈的記賬和存儲功能分配給了每個節點，所有節點共同組成一個超級大數據庫，使得系統具有強大的容錯能力。區塊鏈系統構建了一整套開源的、去中心化的協議機制，讓每個節點參與記錄的同時也參與驗證其他節點記錄結果的正確性，並且參與記錄的網絡節點會實時更新並存放全網系統中的所有數據。

區塊鏈的金融應用場景

支付清算

在金融體系中，消費支付是出現頻率最高的交易之一，也是在目前條件下區塊鏈技術應用最早和最為成熟的領域之一。區塊鏈技術在資金轉移，尤其是在跨境消費和支付結算業務上的潛在優勢格外突出。區塊鏈摒棄了中轉銀行的角色，在跨國買賣方和收付款人之間建立了直接交互的關係，從三方交易變為兩方交易。由於不需要中轉行之間的業務關係，支付網絡的維護費用可以被取消，同時競爭加劇將對手續費和外匯業務利潤造成壓力，可以有效降低總體成本。並且區塊鏈端對端的支付簡化了處理流程，加快了清算速度，有效提高了資金利用率。除此之外區塊鏈降低了差錯率和人工工作比例，分佈式賬本提高了信息安全性，並且為實時審計以及合規檢查提供了可能。

在跨境支付領域，瑞波（Ripple）支付體系已經開始的實驗性應用，主要是為加入聯盟內的成員商業銀行和其他金融機構提供基於區塊鏈協議的外匯轉賬方案。在國內的落地項目中，2016 年 OKCoin[1] 推出了從跨境服務切入的新一代全球金融網絡產品 OKLink，與 Ripple 不同的是，OKLink 聚焦為全球中小型金融參與者提供服務，致力於通過區塊鏈技術解決中小金融參與者跨境匯款手續費成本高、效率低、操作不方便等痛點問題。

在回購領域，高盛 2016 年區塊鏈研究報告中測算顯示，區塊鏈技術能夠為淨額結算的回購業務增加 1 萬億美元的規模，並節約 50 億美元的成本（見圖 6）。這主要是由於更高的淨額結算規模可以有效減少交易商的資本需求。除此之外，區塊鏈還可以通過提高交易流程的效率來節約資本：一方面，區塊鏈加快了回購的交易執行速度，交易雙方可以實時議價，智能合約也可以有效捕捉抵押物需求；另一方面，區塊鏈實現了端對端的高效結算，加上分佈式賬本的特性，使得所有參與者都可以實時監測抵押物及資金流轉狀況並進行交易細節的協商調整，可以有條件地大大降低違約風險和交易成本。

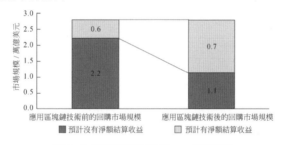

圖 6　區塊鏈技術應用前後 repo 市場規模

資料來源：高盛 2016 年區塊鏈研究報告。

票據業務

票據真實性難以保證、資金轉移不及時、票據掮客降低業務透明度等是

1　國內的比特幣交易平台，於 2013 年 10 月上線。

目前金融行業共同關注的幾大痛點問題。區塊鏈技術不可篡改的時間戳和全網公開的特性可以有效防範傳統票據市場"一票多賣""打款背書不同步"等問題，降低系統中心化帶來的運營和操作風險，同時，可以藉助數據透明的特性促進市場交易價格對資金需求反映的真實性，控制市場風險。而區塊鏈點對點的價值傳遞方式，消除了中介的介入，不需要特定的實物票據或中心系統進行控制驗證，解決了人為違規操作的行業痛點問題。目前區塊鏈票據產品可以實現的功能包括供需撮合、信用評級、分佈式監管、數據存證和智能交易等。

供應鏈金融

供應鏈金融努力的方向，是基於產業鏈中的核心企業與上下遊企業的貿易信息進行徵信，為上下遊企業解決融資困難問題。供應鏈信息流、物流以及商流的數據真實性難以保證將直接導致信貸風險大幅提升。同時由於供應鏈金融高度依賴人工成本，大量人工審閱、驗證單據等環節使得人工失誤機會大大增加。基於區塊鏈的供應鏈信息流具有不可篡改性，供應鏈徵信數據的真實性可以得到保障。藉助區塊鏈技術，所有參與方都能使用同一個去中心化的賬本，並且可以將紙質作業程序數字化，在預定時間和情況下自動支付，減少人工失誤的同時提高效率。目前 Wave 已與巴克萊銀行達成合作，將信用證、提貨單以及貿易流程文件置於公鏈進行驗證，使交易流程透明化，提高效率，降低人工風險。

客戶徵信與反欺詐

為應對趨嚴的監管要求，各大銀行投入大量人力、時間搜集錄入客戶信用信息及信用審核，以提升反洗錢、反欺詐能力，防止因金融衍生品過度頻繁交易引發的系統性風險，但這樣會產生較大成本負擔。利用區塊鏈非對稱加密原理，銀行可以將客戶信息存儲在區塊鏈中，利用密鑰證明所有者身份，使得識別過程更安全便捷。區塊鏈中客戶信息及交易記錄可以及時更新，減少了很多銀行業徵信的重複工作。同時，具有透明共享特性的分佈式賬本便於實時監控，為反欺詐、反洗錢提供了技術保障。數字貨幣跟蹤公司Chainalysis目前在為銀行設計異常交易行為監測分析系統，以在區塊鏈中尋找不法行為，提高反洗錢、反欺詐能力。

智能合約

智能合約實際上是在另一個物體的行動上發揮功能的電腦程序，是區塊鏈的行業衍生應用。智能合約本身是整個確立、管理與執行過程的參與者：在合約確立階段，智能合約對接收到的價值和信息做出回應；在合約管理階段，智能合約將臨時保管價值；在合約執行階段，當滿足協議的條件出現時，智能合約自動執行，輸出價值和信息（見圖7）。這種合約最終可能會取代法律行業的核心業務，即在商業和民事領域起草和管理合同的業務。而區塊鏈技術則提供了更好的記錄及安全保障。

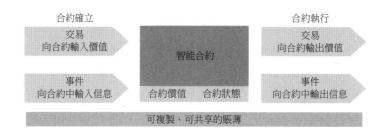

圖7　智能合約應用原理

由於數字資產易於規範，因此智能合約首先會在新貨幣、網站、軟件、雲服務以及股票交易等數字資產領域發展，隨後向實物資產領域擴展，例如遺囑執行、汽車租賃、房屋租售等。

●○ 金融領域內區塊鏈技術的主要挑戰及發展趨勢

金融領域中區塊鏈技術發展面臨挑戰

儘管區塊鏈技術在金融等領域有很大的應用潛力，但目前技術應用還在起步階段，在未來的實踐應用中仍面臨着諸多挑戰。

區塊鏈技術本身的限制

在技術層面上，首當其衝的是吞吐量和存儲帶寬的矛盾。以比特幣為例，目前公有鏈的處理能力無法滿足社會整體的支付需求，而且區塊上交易數據的存儲量已經接近普通電腦的極限值。如果只是簡單提高區塊大小來提高吞吐量，比特幣很快就變成只有少數幾個大公司才能夠運行的系統，有違去中心化的設計初衷，將會減弱支付清算的效率提高程度，同時會因中心化而出現信息泄露的安全隱患。智能合約由於依靠的是聯盟鏈，節點在處理或者驗證交易的時候無法並行，只能逐筆進行，降低了節點的數據處理效率。其次，公有鏈"硬分叉"和"軟分叉"等升級機制存在遺留問題，並且加大了錯誤修複的難度。除此之外，區塊鏈一旦寫入不可篡改的特性，就使得失誤操作或者錯誤交易等事件不可回退，需要設計額外追索修正機制，靈活性較差。

隱私安全有待加強

在隱私層面上，區塊鏈技術的去中心化使得所有參與者都能夠獲得完整的數據備份，數據庫完全透明共享。比特幣可以通過密鑰隔斷交易地址和地址持有人真實身份的關聯，達到匿名的效果。但如果區塊鏈需要承載更多的業務，比如實名資產，又或者通過智能合約實現具體的借款合同等，就會出現隱私保護和合同驗證的矛盾。未來通過合理設計系統鏈上的數據，安排鏈外信息交換通道等機制，或許可以解決一些隱私保護的難點問題。

在安全層面上，由於有一部分互聯網金融行業的准入門檻較低，所有的交易記錄全部公開透明，增加了惡意詐騙和信息泄露的風險，因此網絡安全認證體系的建設責任重大。另外，區塊鏈消除了中介的角色，通過程序算法建立起信用擔保，例如客戶徵信信息被儲存在區塊鏈中進行信息共享，只能通過密鑰識別，信息的這種不可逆性將增大信息泄露等安全問題的追責難度，一旦密鑰丟失可能會造成客戶資產無法挽回的損失。

金融監管的難度增加

在監管層面上，金融監管是區塊鏈信息安全的有力保障，區塊鏈去中心化的特性使其成為一個分散均衡的節點體系，大大降低了金融監管的針對性和有效性。並且區塊鏈技術給傳統的管理機制、業務流程、交易模式帶來了顛覆性的變化。目前區塊鏈領域的學術研究還處於初級階段，理論研究和准備也並不十分充分，應對區塊鏈影響的相關監管政策還未出台，各國的監管機構還處於觀察和研究階段。當創新技術發展速度快於監管出台速度時，容易造成監管短期內的缺失可能帶來的金融系統性風險上升；如果盲目監管過嚴又可能會在一定程度上阻礙區塊鏈創新技術的正常發展。

因此，評估目前的進展，可以說區塊鏈的應用整體上還處於探索階段，當前也並沒有典型的應用場景出現，只能說是僅僅有個別案例的試點。

區塊鏈技術在金融領域的未來發展趨勢

目前，世界各國政府、金融界和學術界都高度關注區塊鏈的應用發展，未來具體有以下幾個趨勢。

一是各金融機構將有可能逐步組建聯盟，共同制定區塊鏈技術標準。由於區塊鏈發展處於初級階段，技術還不夠完善，監管法規尚不明晰，金融科技公司、各大金融機構以及監管部門都可能極大影響區塊鏈的應用和發展。

因此，以摩根大通、花旗銀行為代表的全球領先銀行會同金融科技公司共同組建行業聯盟 R3 CEV，期望在監管部門的參與下，建立符合監管要求及金融業需要的分佈式賬本體系，制定區塊鏈技術的行業標準，搶佔市場先機。超級賬本（Hyperledger）是由各金融機構、金融科技公司以及其他產業企業共同打造的跨行業聯盟，通過建立開放平台，致力於開拓不同行業的應用案例。中國分佈式總賬基礎協議聯盟也將結合政策法規、行業邏輯，開發符合國家政策標準和行業邏輯習慣的區塊鏈技術底層協議。

二是各金融機構將有望重點開發核心業務中的區塊鏈應用場景。核心業務是各金融機構的首要創新試點，基於此，未來各金融機構將聯合科技公司探索可應用於核心業務的區塊鏈技術。維薩（Visa，信用卡品牌）目前已與區塊鏈創業公司 Chain 合作，希望藉助區塊鏈技術不可篡改的特性為信用卡使用的安全性提供保障，同時將探索區塊鏈在業務流程中的應用，期望提高金融服務效率。星展銀行和渣打銀行也與科技公司 Ripple 聯手，準備開發區塊鏈在供應鏈金融業務中的應用，希望通過將紙質文件數字化，提高流程的自動化水平及其安全性，並且藉着區塊鏈技術信息共享和不可篡改的特性，降低金融機構的信貸風險。

三是各金融機構將快速推進區塊鏈應用領域的試點工作。在探索區塊鏈技術應用場景的同時，各金融機構也將通過建立實驗室，對適於自身業務發展的區塊鏈技術進行試點實驗。瑞士聯合銀行集團（UBS）正在對在債券發行清算過程中可以提升交易速度、降低交易成本的區塊鏈技術進行試點推進、快速孵化。花旗銀行與電信運營商合作，已經通過區塊鏈實現了數據的點對點支付。未來還將繼續進行支付及跨境交易領域的測試工作。

（文章來源：《今日頭條》2017 年 10 月 12 日，原題目為《當區塊鏈融入金融行業，變革會如何發生？》。）

參考文獻

1　巴曙松：《中國金融科技（Fintech）發展現狀與趨勢》，"2017 亞洲金融論壇" 上的演講。

2　方燕兒、何德旭：《區塊鏈技術在商業銀行產業鏈金融中的發展探索》，《新金融》2017（04）：24-27。

3　李政道、任曉聰：《區塊鏈對互聯網金融的影響探析及未來展望》，《技術經濟與管理研究》2016（10）：75-78。

4　中國人民銀行數字貨幣研究項目組：《區塊鏈的優劣勢和發展趨勢》，《中國金融》2016（17）：39-40。

5　孫建鋼：《區塊鏈技術發展前瞻》，《中國金融》2016（08）：23-24。

6　高盛：《2016 年區塊鏈研究報告》2016 年 5 月。

7　麥肯錫：《區塊鏈，銀行業遊戲規則的顛覆者》，2016 年 5 月麥肯錫大中華區金融機構咨詢業務報告。

房地產電商的未來發展

近年來，在電子商務熱潮中，房地產電商不甘示弱，掀起了一股全新的浪潮，改變了房地產行業的業務模式、銷售模式和營銷模式，互聯網對房地產這個傳統行業的影響逐步駛入實質性階段。

然而，在迅速崛起的同時，房地產電商的硬傷也逐漸顯露，亂象叢生。規範房地產電商的政策相繼出台，而房地產電商正面臨着遊走於政策邊緣的質疑。2016 年底，監管層在全國範圍內開展 "商品房銷售明碼標價專項檢查"，其中 "在標價和公示的收費之外加價、另行收取未予標明的費用" 被列為嚴格監管條款，這對於向購房者收取電商服務費作為主要盈利模式的房產電商公司，是釜底抽薪般的打擊。

那麼到底什麼是房產電商？房地產電商的優勢在哪裏，又存在哪些硬傷？對於房地產企業、新房代理和二手房中介公司等不同行業參與者而言，房地產電商的意義和機會點是什麼？

●○ 如何界定房產電商？

中國的房地產電商可以區分為三個層次：媒體電商、渠道電商和交易電商。第一，媒體電商是過去幾年普遍存在的形式，主要的代表是搜房、安居客、搜狐焦點等軟件，其核心屬性是媒體，貨幣化模式是廣告，本質是開發商和二手房中介公司的廣告平台。

第二，渠道電商是 2014 年以來迅速發展的一種新型電商，主要的代表是房多多、好屋中國、吉屋科技等，其本質是渠道的整合，它們存在和發展的邏輯是傳統的新房代理渠道，二手房經紀公司渠道極其分散，在房地產市場低迷的情況下，單一代理或中介公司都無法高效地完成買賣雙方的匹配，特別是在新房領域，只有把分散的渠道整合起來才能為開發商快速拓客，加速去化，同時整合之後的集中渠道才有能力向開發商拿到更多的優惠以及更快地結算傭金。

第三，交易電商代表未來的模型，無論是新房還是二手房，房地產電商的終極目標必須是最大限度地接近交易。事實上，也只有以交易為中心的電商才能真正意義上被稱為電商。相比之下，無論是媒體，還是渠道整合，距離最終的交易都有一段路程，雖然都有效率的提升，但是它們都沒有真正意義上顛覆或取代傳統，而是使傳統更有效。然而，交易電商的未來一定是局部或徹底顛覆代理公司或中介公司。目前看，初步具備交易電商雛形的典型代表是鏈家網、Q 房網以及正在向交易轉型的搜房網等。

●○ 房產電商的背後邏輯是什麼？

房產電商之所以在近年來成為市場廣泛關注的焦點，主要的市場邏輯在於，第一是互聯網的邏輯，目前中國正在經歷有史以來最大的一次人口大遷移，這是從線下向線上的轉移，這個大浪潮會重塑不同領域的商業邏輯。更為突出的是，目前中國手機用戶數已突破 13 億人，超過個人計算機（PC）用戶數，中國是一個典型的手機用戶超越 PC 用戶的國家，移動互聯網發展速度遠遠超過美國。這裏的直接影響就是人們買房、賣房交易決策的第一步都是從互聯網，特別是從手機端開始的，傳統的紙媒、售樓處、中介門店在信息獲取和信息處理方面的作用已經被弱化。

第二是市場的邏輯，一方面，中國的房地產市場正逐步從賣方市場向買方市場過渡，通過互聯網使房子最大限度地曝光，吸引潛在買家顯得比以往任何時候都要更為重要，人們在售樓處深夜排成長龍買房的階段已經一去不返，開發商需要通過更有效的渠道、更大的用戶平台尋找買家。

另一方面，中國的房地產市場正逐步從新房主導向二手房主導的階段過渡，一線城市如北京、上海和深圳都已經是二手房主導的市場，二線城市的舊城區或核心區同樣如此，二手房交易信息更加不透明，交易流程更加複雜，這些都是互聯網可以發揮作用的地方。從這個角度看，未來的房地產電商平台一定是二手房交易撮合平台，所以我們會看到新房電商將會加大在二手房市場的佈局。

●○ 作為非標準化商品有何不同？

通常來看，房地產的本地化和非標準化屬性決定了房產電商和其他電商存在很大的不同，互聯網在進行房地產交易時，也存在着一定局限及瓶頸，那麼到底互聯網能在多大程度上改造這個傳統？

關於這一點，我們可以從正、反兩個角度來看。第一，房屋交易具有頻率低、交易額大以及本地化、非標準化、高度複雜和信息密集等特徵，這使得它明顯不同於一般的商品交易。例如，無論信息平台多麼完備，人們都不太可能直接在線上下單付錢，最多會形成交易的意向，交易撮合、看房、簽約等環節都無法減少直至杜絕銷售人員或經紀人的參與。從這個角度看，互聯網對房地產交易的改變一定是緩慢的，房地產電商平台一定是重資產的。

第二，相反來看，正是基於這樣的特徵，未來的房地產交易撮合平台的價值更大，更重要的是，一旦形成壟斷，便難以被撼動，"護城河"足夠深。可以預計，未來 3-5 年一定會出現一個或幾個大型的區域性房地產交易平台，它不僅提供信息，撮合交易，而且還會提供以交易為中心的金融服務等。

●○ 房地產電商的硬傷在哪裏？

目前的房地產電商仍處於蠻荒時代，雖然發展勢頭足，但盈利模式粗放，監管措施還不夠健全，出現了各種問題。首先是誠信問題，類似於卷款逃跑、假優惠等侵佔消費者利益的事情層出不窮。比如，某樓盤收取了客戶誠意金，但當買家因故要求退款時卻被告知，當時收款的工作人員是與房產公司合作的電商企業的員工，目前人已卷款離職不知去向。

第二，房企與房產電商之間存在矛盾，房產電商之間競爭激烈。對於一些無法大幅讓利的樓盤，房產電商能起到的作用其實並不明顯。一些大型開發商在產品質量、客戶信譽以及營銷團隊素質等方面情況較好，在樓盤去化相對較好的情況下，不大會選擇和房產電商合作，只有部分去化不佳或者競爭壓力大的樓盤，可能才需要電商的介入來增加客流。此外，房地產電商為了取得和大型房企的合作，相互之間的競爭非常激烈。

第三，打政策的"擦邊球"。一直以來，商品房交易由於總價高、流程複雜等特徵，交易過程均受到嚴格政策監管。但房產電商作為新興事物，卻始終遊離在政策監管之外，以購房優惠為名向購房者提前收取誠意金，更是房地產電商採用的打政策"擦邊球"收取訂金的做法。但是，隨着相關監管政策的逐步出台，房地產電商正受到不小的打擊。

●○ 傳統中介公司如何向互聯網公司轉型？

對這個問題要先做一個區分，傳統中介公司之間的區別是十分明顯的，從規模上看，有大型經紀公司，如鏈家在北京市場的門店就超過1000家，佈局的幾個二線城市，門店數量幾乎都在100家以上，市佔率都是第一或第二。相反，有的本地中小型經紀公司，門店只有幾十家，還包括很多的夫妻老店。從模式上看，既有大型的直營連鎖公司，還有特許加盟公司。對於不同規模、不同模式的經紀公司而言，如何向互聯網轉型本質上是一個差別非常大的問題。

第一，對於大規模的，以直營連鎖為主的公司，鏈家是最典型的代表。以北京為例，鏈家已經擁有50%的市場份額、80%以上的房源份額，在這種情況下，鏈家向互聯網的轉型便具有相當穩固的線下基礎，目前鏈家網在北京市場所能提供的流量或客源佔比已經遠遠超出搜房網，可以預計，鏈家網在北京的影響力還將逐步加大。對於鏈家而言，所謂轉型，真正的問題是鏈家網要不要開放，線下要不要從直營變成加盟，從重資產變成輕資產。

第二，中小型經紀公司，幾乎不可能轉型，也沒有能力轉型，因為市場規模不夠大，房源不夠多，門店覆蓋度不夠廣，品牌影響也只限於部分社區，向互聯網轉型沒有意義，線上沒有網絡效應，線下沒有規模效應。它們的未來非常有壓力，而且可能是壓力最大的。

第三，傳統大型加盟公司轉型是最複雜的，對於它們而言，既需要加強線上業務，也需要加強對經紀人的管控，還需要加大企業資源計劃（Enterprise Resource Planning，簡稱ERP）系統的投入，這個系統是一切經紀公司的內容，它不單純是一個工具，或一個功能，一個簡單的房源、客源或客戶關系管理系統，本質上是一個生態圈。生態圈的建立不僅需要有技術支撐和流程優勢，更需要有強有力的執行，而執行靠什麼？靠的是人事權、嚴格的獎懲機制等，這些都是現有加盟公司所不具備的，它們甚至連經紀人的培訓系統都不完善，如何轉型，挑戰很大。

（文章來源：《今日頭條》2017年7月13日，原題目為《房地產電商未來路在何方？》。）

參考文獻

1　巴曙松：《房地產電商的機會在哪裏？》，《中國房地產業》2015（3）。

2　智研咨詢：《2016—2022年中國房地產電子商務行業分析及發展戰略咨詢報告》。

3　《房產電商禁向購房者加價》，《每日經濟新聞》2016年11月25日。

"人工智能＋金融" 促進中國智能金融的新突破

●○ 客觀的需求推動智能金融在中國市場快速發展

觀察不同時期的中國國家戰略的重點內容發現，2016 年上半年之前，中國的國家人工智能戰略主要集中在智能制造和機器人層面；到 2016 年下半年，中國開始重視人工智能的整體生態佈局，為人工智能發展應用提供資金和創新政策鼓勵與支持。在這個環境下，金融成為人工智能落地最快的行業之一，智能金融也被列入了國家規劃之中。

智能金融是指人工智能技術與金融服務和產品的動態融合，通過利用人工智能技術，創新金融產品和服務模式，改善客戶體驗，提高服務效率等，而智能金融生態系統由提供人工智能技術服務的公司、傳統金融機構、新興金融業態以及相關監管機構共同組成。

基於普惠金融等需求，中國政府對金融提出了自動化和智能化的發展要求，銀行業最早嘗試利用人工智能打造智能化運維體系。《十三五國家科技創新規劃》中也明確提出重點發展大數據驅動的類人智能技術方法，推動科技與金融融合。《新一代人工智能發展規劃》更是對智能金融提出了明確的要求，如建立金融大數據系統，提升金融多媒體數據處理與理解能力；創新智能金融產品和服務，發展金融新業態；鼓勵金融行業應用智能客服、智能監控等技術和設備；建立金融風險智能預警與防控系統；等等。

智能金融的發展前景也吸引了日趨活躍的資本，近年來人工智能和金融科技項目的投資熱情高漲。2012 至 2016 年，中國人工智能投資額和投資次數不斷上升，特別是從 2014 年開始進入爆發式增長。2016 年，中國人工智能投資金額 166000 萬美元，投資次數達到 285 次（見圖 1）。中國金融科技投資額於 2012 至 2016 年也呈現快速增長，複合增長率為 119%。2016 年中國金融科技投資額為 460 萬美元，投資次數 46 次（見圖 2）。

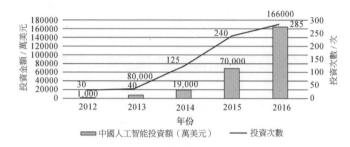

圖 1　2012—2016 年中國人工智能投資額和次數

數據來源：CB insights。

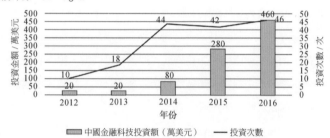

圖 2　2012—2016 年中國金融科技投資額和次數

數據來源：CB insights。

在技術層面，深度學習使人工智能取得了新的突破。早期人工神經網絡的研究由於技術研究難度及有限的訓練數據和計算力在很長時間內處於發展瓶頸期；"深度學習"概念在 2006 年被首度提出，2012 年其逐步實現了視覺識別和語音識別功能，引領人工智能技術走向商業化、產品化。

與此同時，居民可支配收入和可投資資產不斷增加，對金融服務的需求提出了新的要求，促使金融機構要尋求新的技術手段，來滿足這些新的需求。另外，經濟體系中還有不少的金融需求，在傳統的金融體系中因為高成本等原因，得不到有效的滿足，出現了不少的金融服務空白地帶，而如果可以有效引入智能金融，也有助於將金融服務引入這些空白地帶。如圖3、圖4所示，2011至2016年，中國個人可支配收入一直保持7%以上的增長速度，2016年個人可支配收入已達33616元。個人可支配收入的提高使得金融行業資產管理規模不斷增長。根據貝恩與招行聯合發佈的《中國個人財富報告》，如圖5所示，自2011年以來中國個人可投資資產規模一直保持13.7%以上的增長速度，2011至2016年複合增長率為17.72%。可投資資產規模增加，以及不同分層的客戶的金融服務需求出現明顯的分化，促使金融機構探索多樣化的金融技術手段來提升原有的金融服務效率。

圖3　2011—2016年中國個人可支配收入

數據來源：中國政府統計局。

圖4　2012—2016年中國個人可支配收入與金融行業資產管理規模

數據來源：中國產業信息網。

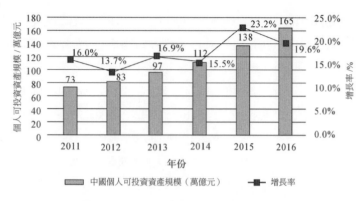

圖5　2011—2016 年中國個人可投資資產規模

數據來源：貝恩中國財富報告。

●○ 人工智能在金融領域的應用場景

人工智能作為計算機科學的一個分支，其目的在於試圖了解智能的實質，並生產出一種新的能與人類智能相似的方式做出反應的智能機器，主要應用場景包括信息收集與識別、信息綜合分析與預測、控制與決策等方面。當前，按照金融機構前台、中台、後台三大主要模塊分類，人工智能至少可運用到金融的七大領域，前台為智能支付、智能營銷、智能交易，中台為智能風控、智能投顧和智能投研，後台為智能監管。相信未來隨着人工智能的不斷發展，可以應用到金融領域的場景會迅速拓展。

智能支付

金融用戶需要驗證身份的真實性，主要技術包括人臉識別、語音識別、指紋識別和虹膜識別等，這個場景努力的方向，就是要逐步使得金融產品能夠"看懂文字""聽懂語言"，實現與用戶的無縫連接與協作，為公眾提供智能化金融消費體驗。

智能營銷

不同金融用戶擁有不同的風險承擔能力和意願，對金融產品與服務的需求具有差異性，而人工智能可以通過大數據技術精準刻畫用戶畫像，並基於此策劃營銷方案，進行精準營銷和個性化推薦，同時實時監測，不斷優化營銷策略，建立用戶數據庫，幫助企業引流獲客，留存促活。

智能交易

通過建立金融業務智能感知與處理系統，使得電腦代替人腦，模擬人腦的邏輯思維完成信息收集、數據建模、推理判斷、結果預測等，將交易策略變成電腦程序，做出最優化的交易決策。即用“電腦判斷＋電腦操作”代替“主觀判斷＋人工交易”。

智能風控

利用大數據人工智能技術，可以使用海量的多維度數據，塑造出高度精細化的風險控制模型，在感知金融環境的動態變化基礎上，不斷進行深度挖掘與智能學習，實現針對市場變化的適應性更新調整。

智能投顧

又稱機器人理財、數字財富管理等，即機器人根據個人投資者提供的風險承受水平、收益目標以及風格偏好等要求，運用一系列智能算法及投資組合優化等理論模型，為用戶提供最終的投資參考，並依據市場動態為資產配置調整提供建議。

智能投研

投資研究工作涉及大量的資料搜集、數據分析、報告撰寫等內容，智能投研是基於知識圖譜和機器學習等技術，搜集並整理信息，形成文檔，供分析師、投資者等使用，輔助決策，甚至自動生成投研報告。但智能投研缺乏創新性，因此在技術提高效率的同時，人機協作可以大大提高投研質量。

智能監管

全球每年產生約三億條法律法規數據，人工儲存難度較高。人工智能可學習、存儲金融法規，並結合金融機構的實際情況提供合規建議。機器可以從海量的交易數據中學習知識和規則，發現異常行為，對欺詐與洗錢行為進行警示。

●○ 智能金融：在挑戰中走向新的發展階段

智能金融面臨潛在挑戰

從技術層面看，目前智能金融發展進程中的潛在挑戰主要有以下幾個方面。第一是基礎設施層面，具體包括通信、架構、系統、應用和數據安全等問題，隨着人工智能等技術在金融中的應用，金融網絡安全的重要性也相應提高。金融體系對智能科技越依賴，這些技術層面如果出現故障可能產生的衝擊也就更大。第二是數據聯通及有效應用的實現障礙，目前用戶數據高度集中在少數幾家企業中，容易形成數據寡頭現象，帶來一定程度的數據壟斷，造成所謂的數據鴻溝問題，形成信息孤島，不利於智能金融公司數據的聯通。如果數據使用不當，精確的數據挖掘也可能會導致不合乎現實乃至荒謬的結果，如何深入理解數據與金融的邏輯，挖掘數據真正的價值成為又一大挑戰。第三是對智能金融認知偏差可能會導致一定的信任危機，從發展進程評估，目前人工智能還處於"弱人工智能"階段，大部分智能金融還處於概念階段，距離其真正落地還有很多問題待解決。如果在目前的發展水準上就一味對智能金融過於誇大事實，使得大眾的期望值比較高，一旦出現一些故障，就容易造成信任危機。

智能金融未來走向

從目前的進展看，人工智能在金融領域的應用，開始了優化金融現有流程，在前端應用於服務客戶，在中台支持授信、各類金融交易和金融分析中的決策，在後台用於風險防控和監督，使金融服務更加個性化與智能化，金融風控能力更強。展望未來，智能金融呈現出以下幾個方面的發展趨勢。

（1）創新傳統金融業態，促進智能技術與金融的融合，逐步實現智能化、場景化、個性化。以智能化為基礎，可分為三個層次：第一層次為計算器（Robot），即可以實現簡單的數據收集整理工作（可以簡單視為助理分析師）；第二層次為聰明的（Smart），即可以實現數據的簡單分析（初級分析師）；第三層次為智能的（Intelligent），即可以實現數據的決策支持和深度洞察（高級分析師）。場景化即使金融業態更貼近生活。同時通過智能金融驅動金融服務和產品的創新，提供多元化選擇，實現相對個性化的金融服務。

（2）降低金融服務成本，使得金融業能夠覆蓋到傳統的金融體系覆蓋不到的客戶與領域，推動金融普惠化。在智能金融中的智能營銷可以幫助金融機構精準定位客戶，減少不必要的營銷成本；智能風控在整個業務流程中可提高風險識別、預警、防範及風險定價能力，也可以降低風險甄別成本。而經營成本的降低是基於整個金融業務流程的智能化，實現從部分到整體的成本降低。智能金融總體成本的降低將擴大金融產品和服務的範圍，拓展用戶基礎，推動金融的普惠化。

（3）技術企業和金融企業參與智能金融雖然是基於不同的起點、比較優勢和路徑，但是從趨勢看它們呈現出相互影響、相互融合的態勢。金融機構與科技公司的合作方式主要包括購買、投資並購、建立加速器等，目前金融機構與科技企業之間的往來大部分停留在向科技公司購買技術服務上，或與科技公司合作建立聯合實驗室。出於規避金融機構與科技企業合作存在的信息技術安全、監管不確定等問題或對長遠發展的考慮，未來金融機構有望以更深入協作的方式成為技術的共同所有者。而技術企業表現出的活力和對市場的敏感，也會深刻影響傳統金融行業的金融服務方式。

（文章來源：《今日頭條》2017 年 9 月 19 日。）

參考文獻

1　巴曙松、白海峰：《金融科技的發展歷程與核心技術應用場景探索》，《清華金融評論》2016（11）：99-103。

2　中國人民銀行武漢分行辦公室課題組、韓飆、胡德：《人工智能在金融領域的應用及應對》，《武漢金融》2016（07）：46-47、50。

3　李偉：《金融科技發展與監管》，《中國金融》2017（08）：14-16。

| 責任編輯 | 梁偉基 |
| 書籍設計 | 吳丹娜 |

書　　名	新金融　新格局：中國經濟改革新思路
著　　者	巴曙松
出　　版	三聯書店（香港）有限公司
	香港北角英皇道 499 號北角工業大廈 20 樓
	Joint Publishing (H.K.) Co., Ltd.
	20/F., North Point Industrial Building,
	499 King's Road, North Point, Hong Kong
香港發行	香港聯合書刊物流有限公司
	香港新界大埔汀麗路 36 號 3 字樓
印　　刷	美雅印刷製本有限公司
	香港九龍觀塘榮業街 6 號 4 樓 A 室
版　　次	2020 年 4 月香港第一版第一次印刷
規　　格	大 32 開（142 × 210 mm）336 面
國際書號	ISBN 978-962-04-4595-8

© 2020 Joint Publishing (H.K.) Co., Ltd.

Published & Printed in Hong Kong